企业社会责任信息披露规制机理与路径研究

——基于五大发展理念视角

叶陈云　著

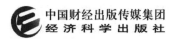

中国财经出版传媒集团

经济科学出版社

图书在版编目（CIP）数据

企业社会责任信息披露规制机理与路径研究：基于
五大发展理念视角/叶陈云著．--北京：经济科学出
版社，2021.12
ISBN 978 - 7 - 5218 - 3312 - 6

Ⅰ.①企…　Ⅱ.①叶…　Ⅲ.①企业责任 - 社会责任 -
信息管理 - 研究 - 中国　Ⅳ.①F279.2

中国版本图书馆 CIP 数据核字（2021）第 257069 号

责任编辑：汪娟娟　常　胜
责任校对：刘　娅
责任印制：邱　天

企业社会责任信息披露规制机理与路径研究
——基于五大发展理念视角
叶陈云　著

经济科学出版社出版、发行　新华书店经销
社址：北京市海淀区阜成路甲 28 号　邮编：100142
总编部电话：010 - 88191217　发行部电话：010 - 88191522
网址：www. esp. com. cn
电子邮箱：esp@ esp. com. cn
天猫网店：经济科学出版社旗舰店
网址：http://jjkxcbs. tmall. com
北京季蜂印刷有限公司印装
710×1000　16 开　16.5 印张　260000 字
2021 年 12 月第 1 版　2021 年 12 月第 1 次印刷
ISBN 978 - 7 - 5218 - 3312 - 6　定价：66.00 元
（图书出现印装问题，本社负责调换。电话：010 - 88191510）
（版权所有　侵权必究　打击盗版　举报热线：010 - 88191661
QQ：2242791300　营销中心电话：010 - 88191537
电子邮箱：dbts@ esp. com. cn）

　　本书是国家社会科学基金面上项目"国家审计化解系统性金融风险的机制与路径研究"（20BGL079）、国家审计署重点科研课题"高素质专业化审计人才队伍建设研究"（20SJ04002）和山东管理学院教研与教改项目（ZJG2019－02）的阶段性成果，受山东管理学院学术著作出版基金、博士科研启动基金（SDMU202011）和山东管理学院内部控制与风险管理研究所建设基金资助。

前　言

改革开放四十多年来，我国国民经济一直处在持续高速的发展轨道上。一方面，经济高速增长为我国市场与企业繁荣发展提供了良好的环境，给国家和人民带来了巨大的价值、财富和社会福利；但是另一方面，在带来发展丰硕成果的同时也导致了贫富差距拉大、效率与质量不高、收入分配存在不公、环境承载压力越来越大等诸多社会问题，大多数企业都面临着产品、产量与产业结构亟待调整，承担社会责任行为良莠不齐，难以有效落实可持续发展目标等系列难题与压力。这种压力不光是来自政府要求，更多是来自广大社会公众的需求。因此，企业不仅面临内部治理结构调整优化、外部市场竞争份额急需扩大和可持续发展趋势积极维持等硬强度经济改革目标的挑战，还承受着精神文明建设、践行公民社会责任与权益保护意识提升等软文化环境约束压力。基于此背景，习近平总书记在党的十八大报告中指出中国政府和企业未来应当坚持以提高发展质量和效益为中心，实现实实在在、没有水分的发展。也就是说应采取措施同步提升增长质量与效益；增强经济增长动力与活力；依赖创新驱动增长、协同联动共赢、与时俱进的公正治理、公平权益普惠化等模式来保障我国企业的长期稳健发展。说明了企业的"责任"和"发展"仍然是市场经济主体——企业关注的问题，也是社会公平正义与和谐进步的前提条件。从长远角度来看，中国企业作为国家经济稳定力量需积极贯彻创新、协调、绿色、开放和共享五大理念，致力于逐步建设和完善适合企业自身发展的社会责任信息披露机制与规范控制机制，必将有助于优化企业内部的治理结构、提升企业在海内外市场的核心竞争力，保障利益相关者合法利益和促进经济可持续发展。

本书的研究内容主要包括：首先，通过介绍企业社会责任发展的新形势，指出目前我国企业社会责任信息披露存在的相关新问题，如企业社会责任信息披露透明度弱、信息含量低、规范性不高、企业社会责任信息披露透明度评价与管控机制弱化等现象。其次，通过企业社会责任信息披露规制理论分析和五大发展理念视角下企业社会责任信息披露机制的机理分析，指出了五大发展理念指引下企业社会责任信息披露机制的特征，并认为基于五大发展理念的企业社会信息披露机制不仅是与中国现今环境要求的必要行为，也是最为符合企业经济效益原则的现实举措。再次，通过企业社会责任信息披露及其规制经济后果的定量研究，国内外企业社会责任信息披露规制的比较得出完善社会责任信息披露制度构建、社会责任信息的披露形式多样化、加强对企业社会责任信息披露的独立审验、鼓励企业自愿披露社会责任信息等启示。最后，根据我国企业社会责任信息披露规制的战略方向与实施途径，提出政府应大力推进社会责任信息披露规制、企业应坚定不移贯彻五大发展理念方针、坚持以可持续发展目标为导向等结论，以期对促进中国更多企业的社会责任信息披露机制完善以及为促进各级政府领导下的社会经济的可持续发展提供有益的政策建议和智力贡献。

目 录

第1章　绪论 ··· 1

　1.1　引言 ··· 1

　1.2　研究背景 ·· 3

　1.3　研究意义 ·· 7

　1.4　研究目的 ··· 15

　1.5　研究框架和内容 ··· 17

　1.6　研究方法 ··· 21

　1.7　技术线路 ··· 22

　1.8　主要创新点 ··· 24

第2章　文献研究回顾与综述 ·· 26

　2.1　国外文献研究 ··· 26

　2.2　国内文献研究 ··· 38

　2.3　企业社会责任相关科研项目立项概况 ····················· 48

　2.4　文献研究评述 ··· 58

第3章　企业社会责任信息披露规制问题基本理论分析 ········· 65

　3.1　企业社会责任信息披露基本概念界定 ····················· 65

　3.2　企业社会责任信息披露规制基础理论及运用阐释 ········· 81

第 4 章 嵌入五大发展理念的企业社会责任信息披露规制机理分析 ································· 98

4.1 中国企业社会责任信息披露现状与问题 ················· 98

4.2 中国企业社会责任信息披露规制动因与可行性 ··········· 117

4.3 企业社会责任信息披露规制行为的经济学分析 ··········· 136

第 5 章 企业社会责任信息披露规制经济后果的实证研究 ········ 141

5.1 企业社会责任信息披露规制的量化研究基础 ············· 141

5.2 企业社会责任信息规制的计量与分析模式研究 ··········· 148

5.3 企业信息责任披露规制经济后果的实证研究 ············· 150

第 6 章 企业社会责任信息披露规制的经验研究 ············· 168

6.1 中国企业社会责任信息披露规制的实践状况 ············· 168

6.2 国外企业社会责任信息披露规制的历史经验 ············· 182

6.3 中外企业社会责任信息披露规制比较研究 ··············· 191

第 7 章 企业社会责任信息披露规制的战略方向与实施途径 ····· 200

7.1 企业社会责任信息披露规制的战略意义与发展方向 ········ 200

7.2 构建新时代中国企业社会责任信息披露规制模式的框架 ···· 213

7.3 推动中国企业社会责任信息披露规制高质量发展的路径 ····· 219

第 8 章 研究结论与启示 ····························· 230

8.1 研究结论 ··································· 230

8.2 研究启示 ··································· 233

参考文献 ······································ 236

第 1 章
绪 论

1.1 引言

根据古典经济学的观点以及社会大多数人的一般概念和认知，所谓企业社会责任其本意就是指企业作为构成整个大社会系统中的一个子系统或微系统，除了作为市场主体应当履行盈利维持生存发展的本来使命即需要承担基本的经济系统中的根本责任以外，还需要对所处的社会环境中的生态环境保护，法人行为的法律合规，平等安全劳动权利和维护人道、慈善、平等及道德等社会意义上应尽的义务及应承担的其他相关责任，是企业在社会中存在的广义责任。有时亦可称之为企业公民责任或者公司社会责任，它最初是从西方传入中国的一种关于企业社会行为或企业管理思想中的专有名词，CSR 是英文 Corporate Social Responsibility 的缩写（以下简称 CSR），其基本概念也可泛指是企业的社会道德伦理义务和产权所有人及其他利益相关者交付的委托责任。

在现代市场经济社会中，鉴于公众企业对外披露与报告的社会责任信息内容是衡量该企业社会形象及可能显著影响期市场竞争声誉的关键性指标，于是作为现代企业制度的主要制度设计的内容之一——企业的公民责任或社会责任信息披露（含政府要求的强制性企业社会责任披露报告、企业自主的自愿性披露企业社会责任报告、企业综合报告和企业可持续发展报告等）的质量及其是否能够得到政府职能部门的监管与控制等问题就自然成为人们热议和探讨的主要问题。因此，中国的各类企业是否建立了定期化进行社会责任信息披露的内外部制度规定和体系化的监管安排就成为影响这些企业内部治理结构是否持续优化及其促进对外企业社会责任报告信息披露机制不断完善的重要制度性约束因素。对于中国各类企业在不确定性的情境条件下，如何才能达到社会责任行为的规范化与社会责任信息公允化的时代要求等系列问题，一直是中国企业社会责任理论界与实务界致力于要研究与解决的重要核心问题，它对于促进中国企业责任事业的健康发展和在国内外市场中竞争能力的实质性提升具有深远的影响。但是对企业界而言，有关社会责任实践状况的确难以令人感到乐观，目前仍然有相当一部分企业由于管理层乃至员工的社会责任意识淡薄，社会责任内部管控制度不健全，社会责任行为缺失严重，唯利是图不讲伦理道德的市场竞争行为严重偏离了国际化企业的惯常伦理要求与道德发展轨迹，加之不熟悉、不了解国际上关于社会责任的新倡议与新规则的要求，企业决策者或管理者放任企业自身不负责任的行为，导致不少企业在国内外竞争中常常出现道德失位、伦理丧失、规则虚置和制度空转等非正常现象；特别是在企业社会责任履行已成为大势所趋的情况下，却仍然有相当数量的企业社会责任信息披露存在着各行其是、故弄玄虚、华而不实等现象，其社会责任信息披露的透明度弱、质量低、规范性差，这些缺陷和不足的长期积累会显著与深度地损害或锈蚀着企业竞争能力与市场声誉。因而，有此类失责行为的企业必然会面临着更多市场竞争风险与压力、面临更多的社会责任失位的危机与损失，它们在导致或造成自身经济与物质损失的同时，也对社会和谐与稳定产生了巨大的现实或潜在威胁和危害，有很大可能性会导致潜在的社会不和谐现象的频频出现。

四十多年来，有关企业社会责任信息披露不充分和不明晰情况等系列案例，充分说明了一些大中型企业还存在企业社会责任信息披露方面的机制缺陷。为了实现中国企业与社会可持续稳定协调发展，实现中华民族的伟大复兴，融入国际社会的经济与文化等多维度的交往，且中国企业国际化竞争与发展已是势在必行，不可阻挡，中国社会公众在增强企业社会责任意识、熟悉企业社会责任国际惯例、加强对企业社会责任信息披露进行规则与约束、建设企业社会责任信息披露的鉴证运行机制和提高企业社会公民责任意识与公允信息报告行为等方面的呼声与实质性要求日益高涨，这些因素与背景构成了进一步规范中国公司社会责任信息披露行为的制度约束体系建设，不断强化社会责任信息披露的规范，努力构建能够公允评价企业社会责任履行状况的社会责任信息披露审计鉴证（包括国家、社会和内部审计、审阅与其他鉴证）创新机制的强有力的专业监督与政府治理制度环境。

同时，在国际上，自从 2010 年 5 月 21 日 ISO（International Organization for Standardization，国际标准化组织，简称 ISO）正式通过 ISO26000（2010 年 11 月 1 日社会责任国际指南标准）最终草案，该标准的出台开创了社会责任运动新纪元，开始进入了企业履行社会责任新的国际标准的新时代。在世界经济日益全球化和社会责任履行已经成为企业国际化、国际竞争力重要标志之一的今天，可以预见 ISO26000 必将成为在全球范围内指导企业建立社会责任的概念以及评估的重要标准。基于此，本书的研究目的主要是立足于市场经济实质是契约责任的经济理念，从世界经济全球化与中国企业国际化视角出发，结合全球认可推行的最新 ISO26000 国际标准中对企业社会责任与公允报告社会责任信息行为的规范与控制的规定，对企业社会责任理论思想多次演化、企业社会责任信息披露理论内在结构、企业社会责任绩效考评模式及其信息报告机制、社会责任信息披露行为鉴证和问责规制运行机制建设等若干重要理论及实践问题进行探索性和创新性的研究，以期对加快中国公司治理进程，落实并履行企业社会责任，推进社会公平与企业正义理想的实现、积极落实科学发展观与社会主义荣辱观，为建设和谐社会、实现中国梦而作出我们每一个中国企业责任理论研究者与实务者应尽的贡献。

1.2　研究背景

1.2.1　企业社会责任信息披露规制是公民社会的重要现实课题

从法律意义上讲，责任是与权利相对应的概念，是一个社会能否维持正常运行秩序的基本规范。如同中国古代经典《左传》中提到："礼，能经国家，定社稷，序人民，利后嗣者也"。在公民社会中，企业也应当遵从"礼"，即应当积极履行社会责任。原因在于履行企业社会责任对于促进企业的社会形象改善、社区精神文明的进步和增加现实效益等目的有重要影响。当今企业管理者要想保持企业在市场经济中的核心竞争力和良好的经营前景，就必须重视充分履行社会责任的行为标准和理念，主动履行必要的社会责任，这是市场经济发展的必然要求。

阿达姆·史密斯（Adam Smith，1776）认为"理性经济人"包括"慎重""正义""仁爱"等基本品德，"社会不稳定的原因主要源于来自社会的财富并未被全社会共享"。20世纪50年代起美国学者们最早开始对企业经济组织视角的社会责任问题进行探讨。其实企业是这个社会中的一分子，倘若担负起更广泛意义的社会责任而非狭窄的自身经济利益责任，不但既能够帮助企业获取短期直接盈利的利益和间接获取的长期利益；还可以收获广义的社会福利和满足社会公众期望的多种非经济利益。正如中国古代一句名言所讲："大商谋道，小商求利，前者道与利兼得，后者小利和大道均失"。一般情况下一家企业规模越大，其企业的经济实际收益通常就会越多，相应地其应承担的责任就越大，才可能名利双收。否则只讲自身的经济利益，不讲社会责任，可能名利皆失，未来遭受的经济损失会更大。当代社会中，在世界各个国家和地区范围内人们更多倾向于重视、强调社会责任的潜在价值和积极履行企业社会责任的现实利益，企业和个人乃至国家都在主动履行社会责任已成为世界性潮流与重大发展趋势。因为企业社会责任履行与否不仅仅影响企业自身盈利与发展，更重要的是影响与企业相关的其他群体的利益，影响社会和谐、经济稳定和国家的可持续发展。因此，企业社会责任问题是公民社会影响效应广泛的重要现实问题，是值得广大理论工作者深入研究的新的重要现实课题。

1.2.2 企业社会责任信息治理是国家社会治理现代化的新使命

鉴于企业社会责任具有深远的社会扩散效应和丰富的社会实践的价值，对企业经济增长、财务收益、持续经营能力、社会公众中的形象、社会公平、区域社会稳定和国家的和谐与进步等方面的重要影响与冲击，企业社会责任就自然成为了中国作为社会主义国家，其党中央和各级政府必须从战略层面考虑的重要问题。具体而言，这些问题包括：如何通过行政监督纠正企业社会责任缺失行为、如何通过制度监督完善、如何通过加强法制体系建设与法律执行力度来净化营商环境、如何通过倡导社会主义优秀的企业文化和商业伦理来促进商业市场的社会秩序稳定与有序、如何通过倡导企业公益慈善行为来落实社会责任的履行目标、如何通过法律、制度、执行和监督等措施促进企业社会责任信息的公开化和规范化。

自从中国共产党第十八次全国代表大会以来，在中国社会主义市场经济就处于亟待调整和优化之中，全国 31 个省市自治区的区域经济均处在主要产业结构亟待调整转变，国民经济开启供给侧改革进程、保持适当国民经济增长速度的发展新常态、促进生态文明建设等重大改革与转型的重要时刻。同时，中国经济社会还面临着极其复杂的国内外社会经济竞争环境与新技术发展的严峻挑战，那么，如何才能有效实现社会、政治、法制、经济、自然资源、生态环境、公民与企业社会责任和区域社会可持续发展等相互依存、相互影响、相互融合和相互促进的问题，自然将会是中国共产党和中央人民政府继续进行新时期社会主义现代化政治和经济体制改革乃至以后很长一段时间内事关各地政府及各地人民群众生活质量、前途与命运的重大战略性问题。因此，对中国企业的社会责任履行过程进行监督与治理将是中国共产党和国家各级政府及职能部门推进社会治理现代化的新使命与新任务，这说明企业社会责任问题是党和国家决策部门高度关注的重要社会和市场经济治理制度设计的组成内容。

1.2.3　企业社会责任信息披露质量影响企业治理形象的关键因素

为了倡导中国社会主义核心价值观，进一步推动中国社会主义国家精神文明建设、物质文明建设和制度文明建设，2015 年习近平总书记在中国共产党全国代表大会第十八届五中全会明确提出创新、协调、绿色、开放、共享的发展理念，以指导各级政府和市场经济建设的主体——各类企业转变体制与机制，端正推动社会高质量发展的准确经营管理态度与理念。

基于这五大发展理念的指引，有关企业特别是作为优质公司的代表——中国上市企业中关于生态环境保护、内部员工权益保护、产品技术和服务质量、社会公益慈善捐赠和支持乡村扶贫事业等社会责任行为及信息披露等问题日益受到越来越多社会公众的关注。因此，这些上市企业中纷纷决定定期发布企业社会责任信息的总结和报告，主动选择披露企业社会责任相关的信息，满足社会舆论和公众对上市企业相关的信息需求显得尤为重要。在新发展形势下企业不仅面临内部治理结构亟待优化、外部市场竞争份额急需扩大和可持续发展趋势积极维持等硬经济改革目标的挑战，还承受着公民社会责任与权益维护意识全面提升等软文化环境的约束压力。随着社会公众对企业社会责任日益关注，企业披露企业社会责任报告会相应地提升其在社会公众之中的影响力，而且相关政策和准则也对企业披露企业社会责任报告作出了一系列规定，所以近年许多企业开始陆续地披露企业社会责任报告，其数量与规模在近 12 年间增加了32 倍之多。

如表 1－1 所示，随着全社会对企业社会责任的重视与关注，越来越多的中国上市企业开始意识到企业社会责任信息披露质量是影响上市企业治理形象的关键因素，因而，大多数企业愿意坚持积极主动地履行企业社会责任，自愿性公开披露自身的社会责任行为等相关信息，以便在预期市场中能够获取更良好的社会声誉、信誉和形象，争取更好的市场竞争份额和更宽广的发展前景及机会。

表 1－1　　　　　2006～2018 年中国上市企业社会责任（CSR）

信息披露报告数量及性质（部分年份）

单位：份

年份	2006	2009	2012	2015	2018
企业社会责任报告数量	32	105	790	1426	1978
企业社会责任报告性质	自愿	自愿	自愿	自愿	自愿

资料来源：中国企业社会责任报告白皮书（2019）。

1.2.4　企业社会责任信息披露规制是满足利益相关者权益新需求

虽然在政府、媒体等外部机构的监管下，企业主动对外报告企业社会责任信息的规模与容量都越来越多，这是一个积极良好的趋势，但是企业社会责任信息披露过程与结果也出现了若干新问题。其中一个重要表现就是某些上市企业社会责任的缺失行为造成只满足少数控股股东和内部人的利益而忽视或损害了大多数其他利益相关者的权益。比如，缺少实质性的社会责任信息履行的付出资金物资的数据、公益项目执行情况、履行公益活动的经济后果等具体信息内容，普遍性地有选择的只公开对自己有利的正面信息，而较少披露对企业不利的负面信息。因此，上市企业既有企业社会责任信息披露透明度弱、质量低、规范性差等表象，又存在企业社会责任信息披露透明度评价与管控机制弱化等制度缺陷，这些问题已深度地锈蚀着企业经营资源、核心能力、竞争优势及市场声誉，加剧了中国社会深层次经济矛盾并导致产业经济发展的失速、失衡与失控。同时，与企业社会责任信息披露制度良好的国家相比，中国社会责任信息披露的强制性规定较少，企业很可能出于对自身利益的考虑，不披露或隐瞒披露社会责任信息。因此，为应对中国企业社会责任信息披露规制存在的新要求，进一步实现优化企业治理结构、提升市场核心竞争力、保障利益相关者合法权益和促进可持续发展等目标，亟待从顶层制度上设计和探索适合中国社会经济法制环境的企业社会责任信息披露规范与制约体系等理论及现实问题，从而能够有效地推动中国上市公司在新的"双循环战略"时代背景下得以保持高质量发展的经营状态。

1.3　研究意义

面对着四十多年来中国企业社会责任履行及其信息评价披露中存在的种种不规范行为的现实问题与企业社会责任理论研究的演进方向及趋势不明确等困惑，本书的笔者认为无论是基于理论还是实务角度确有必要对中国企业社会责任信息披露行为制度化建设及其规制监督机制进行拓展性理论探索和创新性研究，以回答怎样才能合理构建社会责任信息披露多维度规制机制的路径，并引领中国企业社会责任信息披露行为规制机制的制度化变革与更新。概括而言，笔者认为本书的研究具有理论发展价值、实务应用价值、实践指引价值与政策导向价值等重要意义。

1.3.1 理论意义

在现代市场经济中，企业是具有双重身份的法人；从市场经济的角度来讲，它是主体，但同时也是公民社会的主体和核心细胞之一。一方面，它有义务通过若干经营活动实现一定经济利益，进而积极促进区域经济增长；另一方面，也需要履行社会责任对参与经济活动的债权人借入资金和投资者投入资本提供更有利的环境，以便促进所在地经济社会可持续稳定平衡与区域内相关主体的协调发展。不过目前，在中国理论界，鉴于中国企业社会责任的理论与实践均落后于西方发达国家。因此，不同学者基于不同的视角在关于企业社会责任的理论研究在基本概念、理论基础、责任边界、践行原则、评价标准、公信力判断等方面均存在一定的差异研究或不尽相同的看法，并未形成一个统一的概念框架与理论体系，自然无法有效地正确引领与指导中国企业管理自身的社会责任活动。基于思路决定出路，境界决定前途，理论深度决定实践效果这一指导思想，为了能够真正改善社会责任行为，提升社会责任信息披露质量，当前确实很有必要在已有的社会责任及其信息披露的基础理论研究基础上继续进行更严谨的探索与创新。本书问题的主要理论研究价值与意义可概括如下：

（1）社会责任信息披露及其规制问题是国内外学者研究企业社会责任相关课题中的重要研究方向。特定地区内企业经济的不断发展与进步，加剧与扩散了企业社会责任行为的影响，引起了大量理论与实务界人士对企业社会责任相关问题进行关注与探讨，不过，目前仍然缺乏紧密结合国家发展战略与政策的企业社会责任信息披露的规制问题研究。所以，在理论意义上，本书是对新时代企业社会责任信息管理理论研究空间进行的积极拓展，是基于企业社会责任信息披露规制新视角，通过提供系统化构建模式，进而实现可持续发展而进行的研究。同时，本书试图建立起一整套符合国际化要求的中国上市公司社会责任信息披露理论框架，并以此为基础，全面推进包括社会责任信息披露制度约束规制、企业自我规制、行业专业规制、社会鉴证与监督规制和交互合成规制等内容在内的企业社会责任信息披露制度规范化研究的理论创新与发展。

（2）对企业社会责任信息披露规制问题进行研究，将会进一步丰富企业社会责任信息披露的研究内容，通过深入探索企业社会责任信息披露规制问题，全力推进企业社会责任信息披露规制的理论研究基础与框架的建立，促进企业社会责任规制与绩效之间定量化探索，本书的研究选题创新性地提出了一系列基于"制度约束、边界披露、专业规制、诊断规制、透明度传递效应"等新概念研究，为社会责任信息披露规制理论研究提供了新的研究起点或基础。

（3）借助国内外研究经验，对企业社会责任信息披露规制问题进行研究，分析基于"创新、协调、绿色、开放、共享"五大发展理念为指引的企业社会责任信息披露规制机理，对企业社会责任信息披露及其规制的经济后果进行定量研究，是对有中国特色"规范化、系统化和透明化"上市企业社会责任信息披露制度化规范与约束体系理论基础的深入研究与探析。

（4）重构上市公司国际化竞争环境下社会责任信息披露的功能定位，凸显社会责任信息的"价值创造"功能与辐射效应；全面整合包括多维规制模式以及融"外部强力规制、内部自觉规制、行业治理规制和第三方客观规制"等于一体的全面规制系统，以此有效地促进或推动中国目前研究基础还比较薄弱的企业社会责任信息披露管治理论体系的全面发展与不断进步。

总之，本书涉及问题的理论研究价值在于：系统构思与创建基于五大发展理念和符合未来能够保持可持续发展目标要求的中国现代企业社会责任信息披露规制机理及实现路径等理论研究体系，积极推动中国企业社会责任治理理论研究框架、研究方法的创新与整体理论研究水平的提升。

1.3.2 实践意义

本书作者认为研究与探索中国企业的社会责任信息披露规制问题具有多方面的积极实践意义，具体如下：

（1）实务应用价值。本书通过建立企业社会责任信息披露的制度化约束框架，致力于实质性提升中国上市公司社会责任信息披露质量与规范化程度。

伴随着中国经济改革与对外开放历史进程的推进，由于企业社会责任行为及其信息披露报告的公开传播后果对企业经营状况改善和市场竞争声誉的影响越来越大，更多企业开始充分意识到履行社会责任、保护公众利益的积极价值与意义，主动增加对外披露企业社会责任报告的数量与内容。近几年来中国上市公司通过社会责任信息披露宣传其企业形象，使得中国公司社会责任信息披露不透明状况有了明显改善，依据中国社科院定期发布的《中国企业社会责任报告白皮书》可知，2001 年首份中国企业社会责任报告问世，其后 4 年经历了缓慢增长阶段，至 2005 年累积起来才有 24 份社会责任报告，不过，2006 年以后，中国企业社会责任报告的数量开始呈现了"井喷式"的增长，从 2006 年的 33 份，到 2018 年猛增至 1978 份，年平均递增速度超过 20%，发布报告企业的行业分布也涉及国民经济多个领域，其重要原因还是在于国资委、环保部、中国人民银行、证监会、银保监会等多个政府机构通过出台过规范企业履行社会责任行为的制度。作为中国企业发展的领先者，上市公司的社会责任信息披露也取得了长足的进步，根据中国上市公司协会在首届"中国资本市场社会责任年会"上发布的《上市公司社会责任信息报告》可知，截至 2018 年 4 月 30 日，中国 A 股上市公司发布独立社会责任报告共计 1638 份，综合评价的分值在及格（甲类）及良好（乙类）以上的分别增加了 2.3 倍。沪市不同板块的上市公司的评分情况见表 1 - 2。

表 1 - 2　　2018 不同板块上市企业社会责任信息披露水平比较（沪市）

企业板块	金融保险	木材家具	钢铁建材	农林牧渔	煤炭采掘	信息科技
平均得分	73	56	51	63	56	64
信息质量	比较好	偏低	偏低	一般	偏低	较好

资料来源：笔者参考《2019 年中国企业社会责任报告》和上市公司的年报资料整理而成。

尽管中国整体的企业社会责任信息披露质量与效率确实有所改善，但是我们仍然应当正视目前中国企业社会责任信息披露方面仍然存在的不少问题和缺陷，如：①披露内容不够充分。有调查数据显示每年有50%的公司社会责任报告主要对其社会贡献和员工福利支出内容进行披露，而对其他产品与服务、公益捐赠、环境保护等内容则披露较少。②披露适用对象缺乏针对性。报告多针对政府或监管部门的要求，而并非满足全部社会公众的需求。③披露制度不健全。多数企业的社会责任报告多是企业自发的行为，缺乏制度性约束与规范。④披露格式单一，有价值的信息含量不多。⑤披露报告缺乏专业鉴证，可靠性与可信度不强。以上问题的根源实质上可以归结为中国社会还十分缺乏系统化的信息披露制度安排与约束规范，即使有些规范也缺乏协调与整合，需要建立与完善各种内外制度因素的约束与监督制衡机制以及可以影响社会责任信息报告的原则、标准、依据、绩效等各个方面，使得信息披露形成与质量更为规范，信息披露质量更高。

此外，如今的中国企业发展环境已经发生了重大的变化，既存在传统的规范企业市场经营行为的管理制度（国有、民营和外资等行业企业的工商管理制度），也有专门化的企业内部制定的企业社会责任规章，还有一些企业存在着引入或应用企业社会责任的国际惯例与质量控制标准。如同人民网锐评的说法："企业社会责任是企业进入国际市场的准入门票或者通行证。"因此，笔者认为针对企业社会责任评价指标体系的积极研究与探索，也必将有利于中国企业社会责任体系的设计与建设、规范与落实，并能够切实增强中国企业在国际市场的认可度和竞争力，从而逐步推动中国公司制企业逐渐步入制度化约束、规范化治理与国际化发展的良性轨道。因此，本书的研究可以通过逐渐形成与完善企业社会责任的明晰化、制度化约束框架体系，提升企业社会责任信息管理的整体质量。这是本书所具有的积极应用价值与研究成果的推广价值。通过观察与分析企业社会责任信息披露报告的内容与形式，剖析企业市场经营行为的缺失与不足，宣传企业参与社会经营活动的正能量，可提升中国企业的公民责任与对社会作出贡献的努力程度。有关中国企业的企业社会责任报告数量增长和变动幅度等相关情况可见图1-1。

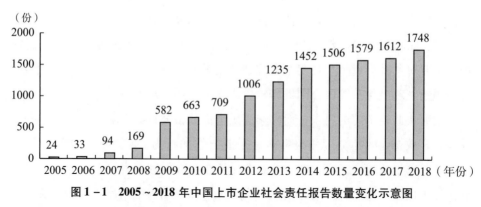

图 1-1 2005～2018 年中国上市企业社会责任报告数量变化示意图

资料来源：根据《中国企业社会责任报告白皮书（2019）》和《中国统计年鉴（2019）》整理。

（2）实践指引价值。本书通过搭建以鉴证为核心的企业社会责任信息披露社会规制运行机制，指引中国上市公司切实增强社会责任信息的公信力与价值增值力。

笔者通过检索相关文献后发现，已有五十多篇现有研究文献得出了企业社会责任信息披露的行为结果对股东财富的多少能够产生同方向影响的研究结论。

企业的社会责任实质上就是企业主体在承担应尽的经济责任基础之外，为维持更好的环境和得到更多的社会响应所承担的非经济责任。包括：遵纪守法的法律责任、保护生态健康的环境责任、为社会提供更多人性化服务的道德责任、承担社会贡献的慈善责任和维护未成年健康的网络安全责任等。易开刚（2006，2008）研究了当今国际环境下国家之间的贸易摩擦对国际企业社会责任披露的影响，发现企业社会责任信息披露更充分与明确，其竞争能力更强，这些企业往往更容易突破东道国的贸易限制的屏障。通常，企业核心竞争力则是指企业在长期生产经营过程中形成的独特的、与其他企业相比是独一无二的，融合了企业各种关键运营能力的一种综合表现，是其他企业短期内无法模仿的能力。从这两个概念的内涵可以看出，片面追求物质利益的活动不仅实现不了企业生存与发展的根本目标，也是背离社会发展方向与趋势的、不负责任的失德行为，只会给企业带来更多的经营风险或其他方面不利的社会经济后果。

　　不过，令人忧虑的情况是中国上市公司的企业社会责任行为及信息披露水平仍然比较滞后，承担社会责任的情况与程度并未实质性地得到改善或提升。根据社会科学院 100 强上市企业的企业社会责任研究报告可知：中国上市公司整体企业社会责任信息质量虽有明显的进步但是质效仍然不高①。如表 1 – 3 所示，社会责任表现最好的企业数量极少，只有 1 家。表现较好的行业企业只有 29 家，还不到全部样本的一成。超过 60% 的多数企业对外提供企业社会责任信息较少，难以满足社会公众对该类信息的基本需求，说明对多数中国的企业而言需要进行企业社会责任信息披露的规制。事实上，众多企业社会责任卓越者与领先者的国际化经营业绩已经充分证明了企业履行社会责任能力是企业形成核心竞争力的重要方面的论断的正确性，即社会责任履行行为良好的企业在国内外市场上的竞争力要更强、国际化经营水平要更高。

表 1 – 3　　中国 100 强企业（公司）的社会责任位置及信息披露含量

企业社会责任位置	卓越者	领先者	追赶者	起步者	旁观者	合计
企业数目（个）	3	29	42	41	185	300
百分比率（%）	1	9.67	9.33	14	61.67	100.00
信息容量	非常充分	比较充分	较多	一般	较少	

资料来源：《企业社会责任蓝皮书（2018）》中国 100 强系列企业社会责任发展指数。

　　虽然中国已经有相当一部分企业开始重视自身社会责任行为信息的披露，并进行了公开的报告，如中国社科院《企业社会责任蓝皮书（2018）》中已经排列前 100 强中企业的社会责任表现。不过，这类缺乏独立性与公开性的相关机构或部门发布的社会责任评价质量究竟可靠性与有效性如何？是否值得信任？大多数公众对此疑虑重重。这说明此类社会责任的信息评价公信力不够，需要由与企业没有经济利益关联、独立性较强的、专业性的社会

---

　　①　中国社科院．中国 100 强系列企业社会责任发展指数（2018）[M]．北京：社会科学文献出版社，2019 年。

中介机构比如政府审计和会计师事务所鉴证，才能获得公众的信任，也才有可能公正地评判中国企业真实的社会责任状况的好坏与企业伦理道德文化建设水平的高低。

基于此背景，本书的积极实践指导价值主要表现在：首次通过系统化构建以鉴证为核心的企业社会责任信息披露社会规制运行机制，强化社会公众对企业社会责任信息披露制度的规范化与标准化的预期，可以有助于尽早建立有中国特色的企业社会责任信息鉴证规制机制，促进中国企业国际化竞争水平与核心竞争能力的全面提升，指引这些企业切实增强社会责任信息的公信力与价值增值潜力。

（3）政策导向价值。本书系统提出服务于中国上市公司竞争能力提升的微观社会责任信息披露规制体系创新模式，谋求国家宏观监管制度体系的全面升级。

本书将围绕国际化与转轨经济背景下中国上市公司社会责任信息披露管制理论的重构和事件创新展开专题研究，以有序规范与控制上市公司的社会责任缺失风险、有效集合企业内外部的各种资源和要素、确保企业保持高度透明化的社会责任信息披露质量为目标，整合性构建上市公司社会责任信息披露管控创新体系，以中国多元化经营的上市公司展开大样本研究，提炼上市企业社会责任信息规制的关键成功要素与制度安排路径；探索中国企业社会责任信息披露规制的战略方向与实施路径，为政府和市场监管部门制定企业社会责任信息披露管控政策及企业社会责任信息透明度的内部治理机制完善提供具体行动参考。

本书的政策指导价值在于：一方面，通过全面加强企业社会责任信息披露鉴证创新机制的研究，从微观层面为上市公司提供社会责任信息评价制度安排和信息披露规制体系的创新模式，促进企业公民化意识的真正确立与全面责任行为的切实履行；另一方面，从宏观层面为国家监管机构提供用以保障上市公司社会责任信息披露规制机制流畅运行的前瞻性政策建议，完善基于中国复杂经济背景下各类上市公司社会责任信息披露规制创新的宏观监控与管制体系，为充分发挥动态化和层次化的公司社会责任信息披露监管体系的效能提供可靠的智力支持，谋求实现企业公民效益最大化的综合监管目标。

总之，通过对企业社会责任信息披露规制的研究，推动企业社会责任信息披露自我监控、行业监管、社会监督和国家监察四位一体综合约束与治理模式的科学发展，为中国社会责任信息披露公允化、规范化与透明化目标以及全面落实"创新、协调、绿色、开放、共享"五大发展理念提供宏观政策参考。对于中国的上市公司及更多的非上市企业而言，在推动社会主义物质文明和精神文明建设的历史进程中，重视与加强对企业社会责任信息披露管理是驱动企业持续性发展的必由之路，亟须进行深入的探讨与广泛的研究。

1.4 研究目的

本书注重学术思路的创新，力求以新的企业社会责任信息披露理论研究回应和寻找到解决社会现实问题或难题的思路与答案。针对中国企业（上市公司）社会责任发展机遇和挑战并存的现实状况，以利益相关者的社会责任信息需求及企业社会责任信息披露的缺陷为切入点；考虑国内外市场竞争中的中国公司面临在特殊社会生产环境与多元化责任的需求等变量的不同影响，以企业社会责任信息传导的经济效益、组织管理效益、社会福利效益为目标导向，以制度因素规制、披露边界规制、诊断鉴证规制等保障方式为实现机制，以社会责任信息质量的提升和规制方式持续改进为渠道，从信息披露行为与公司治理两个视角，对于国际化背景下中国企业社会责任信息披露多维度规制体系的构建研究进行深入探索与全新诠释，以构建一个较为完善的、有中国特色的上市公司社会责任信息披露行为规制体系创新研究基础。

1.4.1 总体研究目的

本书的总体研究目的在于：基于中共中央和国务院在中国共产党第十八次全国代表大会后为了落实两个一百年奋斗目标和国家"十四五"经济社会发

展重要战略部署，及时提出了用以指导与明确我国各行业、各级政府和各类社会经济主体在推进国家富强、人民幸福的国民经济改革发展与对外开放伟大事业不断深入的指导方针——即坚持以"创新、协调、绿色、开放和共享"五大发展理作为我们日常一切业务管理工作（包含行政管理、企业经营、国防强大、教科文卫事业发展、社会福利、民众素质提升和文化和谐繁荣等各方面工作）的核心指导思想、施政理念和行为原则，深度探讨如何进一步构建能促进上市公司得到可持续发展的企业社会责任信息披露规制体系，以顺应公民社会期望和国家变革趋势，提升企业软实力、推动经济迈向高端水平、建设美丽中国和实现中华复兴梦想。本书应当密切契合国家宏观战略规划中对企业社会责任缺失与信息披露失范问题进行全面遏制与强力治理的需要，有效抑制企业社会责任不当行为的负外部效应，构建完善的企业社会责任信息披露规范体系来约束企业社会责任行为，为政府决策部门推动"稳增长、促改革、调结构、惠民生、防风险"等可持续发展目标的实现提供积极的政策建议，助力中国社会经济的持续稳健发展目标的顺利实现。

1.4.2　具体研究目的

根据本书的框架结构的设计，本书具体的研究目的如下：

首先，基于文献回顾与评述，致力于通过企业社会责任信息披露规范化动因调查与分析探究国家决策机关提出的"创新、协调、绿色、开放、共享"五大发展理念与企业社会责任履行及其信息披露行为之间的管理学、经济学和社会学方面的内在关系。

其次，通过分析基于五大发展理念的企业社会责任信息披露的机理、实证分析、企业社会责任信息披露规制方面的经验研究，来深入探讨中国上市企业社会责任信息披露规制体系与可持续发展的关联影响及其框架结构。

再次，通过分析上市企业的企业社会责任发展历程和经济学分析，进一步探讨中国现实环境下上市企业社会责任信息披露的"互联网"智能信息平台建设的思路与方法。

最后，通过中国上市企业信息披露规制的战略方向与实施途径的方向，积极探索中国上市企业社会责任信息披露规制协同体系的构建路径：即应当采取由国家主导的、分步式、渐进型协同推进模式，探索可全面促进企业、行业、区域和国家经济的可持续发展目标逐步实现的模式与实施的路径。

1.5　研究框架和内容

本书主要从提出问题、分析问题和解决问题三大逻辑层面，对五大发展理念指导背景下的中国企业社会责任信息披露规制现状、障碍、机理和可持续发展的路径等问题逐步开展研究，本书内容共分为八个章节，每个章节分不同的主题来进行阐述，主要研究框架与内容分别概括如下：

第 1 章为本书的绪论研究部分。本章属于全书提出问题的部分，即提出企业社会责任信息披露的规制体系建设问题应当以五大发展理念为基础，积极响应国家层面的整体科学发展观与生态文明建设战略，同时，应符合中国经济社会的平衡、包容和可持续发展的大趋势，并以中国上市公司社会责任信息披露现状与问题和中国构建企业社会责任信息披露规制体系的优势与可行性两个大方向为研究起点。

（1）第 1~3 节的内容是阐述从中国当前经济发展所面临的国内、国际形势介绍企业社会责任信息披露进行规制的研究的背景，并结合理论和实践等两个方面，分别指出研究企业社会责任行为及其企业社会责任信息披露是否需要进行规制等问题，以及进行深入研究与探索的迫切性及其研究意义。

（2）第 4 节内容主要是阐述本书的主要研究目的和具体研究目的，为本书的后续各章的研究过程指出了明确的研究方向。

（3）第 5 节内容是概括本书的研究程序与工作步骤，安排本书的各章研究的主要标题和各节目的详细标题，帮助读者了解本书研究的主要内容与安排。

（4）第 6 节内容是介绍本书研究中计划采用的主要研究方法，帮助读者了解本书探索与分析的基本工作方式或研究范式。

（5）第 7 节内容主要是介绍本书与思路的主要工作的流程图，目的是帮助读者了解和理解本书的逻辑结构。

第 2 章为本书的文献综述研究部分。本章属于全书分析问题的部分。本章主要是针对企业社会责任信息规制相关研究问题进行收集整理，共设三节内容。

（1）第 1~2 节的内容主要是针对该问题的国外研究文献和国内研究文献，分别概述国内外文献研究的历史、现状和动态，总结已有相关成果。

（2）第 3 节的内容主要是通过汇集、阅读、梳理和对比研究企业社会责任及其信息披露规制方面的国内外文献，进行既有研究综述后的文献评析，对企业社会责任信息披露的理论价值与实践价值分析，指出其研究的不足以及本书研究的方向，同时针对这些已有文献进行研究评述和总结，指出已有研究为本书提供了坚实的理论基础和模型方法借鉴，以及说明可进行继续研究的空间和范围。

第 3 章为企业社会责任信息披露规制问题基本理论概述部分。本章属于全书定性分析问题的部分。本章主要包括两节内容：

（1）第 1 节内容主要是针对本书后续研究内容将要使用的相关概念进行定义。比如对五大发展理念、企业社会责任信息披露规制、可持续发展内涵及其价值进行明确的界定，明确本书研究的起点和基础性概念。

（2）第 2 节内容主要是针对本书理论论述中需要得到支撑的经典理论进行介绍和分析。本节涉及的主要理论包括：利益相关者理论、企业契约理论、企业公民理论和可持续发展理论等经典经济学理论内涵、演化及其应用效果的解析。

第 4 章为嵌入五大发展理念的企业社会责任信息披露规制机理分析部分。本章属于全书定性分析问题的部分。本章主要包括如下三节内容：

（1）第 1 节内容是概述中国企业社会责任信息披露现状与问题。本节主要介绍新的发展环境下中国企业社会责任过程中进行信息披露的动因、目的、行为和结果等方面内容，即企业社会责任发展到现在的基本状况，并且概括总结了中国上市企业社会责任信息披露过程中存在的主要问题及其表现。

（2）第 2 节内容是分析中国企业社会责任信息披露规制动因与可行性。

从社会政治文明与治理程度、经济发展水平、法制环境改善、企业文化和社会文明等视角去分析影响中国企业社会责任信息披露规制动因，并剖析进行多维规制的可行性。

（3）第 3 节内容是中国企业社会责任信息披露规制行为的经济学分析。本节主要从经济学的角度分析中国企业社会责任信息披露规制行动的预期综合收益与必要资金支出或发生的相关成本，以便为说明企业社会责任信息披露规制决策的科学性与合理性提供充分理论依据。

第 5 章为中国企业社会责任信息披露规制经济后果的实证研究部分。本章属于全书中定量化分析问题部分的内容，主要分为六节：

（1）第 1 节主要是针对学术界关于企业社会责任信息披露规制已进行的实证研究方面的文献进行理论分析与文献简述，为本书的量化分析和评价提供基础理论依据。

（2）第 2 节主要是对本书的研究样本如何进行选择的过程进行阐述。

（3）第 3 节主要是说明研究变量选取的相关内容，包括主要自变量、因变量和控制变量的形式与内容说明。

（4）第 4 节主要是对企业社会责任信息披露规制与经济后果关系运用数学模型进行具体的研究模型设计的相关内容。

（5）第 5 节主要是利用主成分分析法进行实证研究、分析与过程的说明。

（6）第 6 节主要是形成量化的综合得分，并对企业相关社会责任信息披露后果等研究结论进行概述与总结等。

第 6 章为中国企业社会责任信息披露规制经验的比较研究。本章属于全书中实地调查分析问题的部分，主要分为如下三节内容：

（1）第 1 节内容主要是总结中国企业社会责任信息披露规制实践活动的概况。包含上市公司社会责任信息披露的现状、问题、规制意愿的实地调查情况的总结与说明，以及中国企业社会责任信息披露规制实践活动存在的突出问题。

（2）第 2 节内容主要是回顾描述国外知名企业社会责任信息披露规制的实践经验。主要介绍国际组织关于企业社会责任信息披露惯例与安排；总结美国、英国、日本等国家大型跨国公司或上市企业社会责任信息披露的成功的可借鉴的做法；中外企业社会责任信息披露规制的比较研究及其启示。

（3）第3节内容主要是对中外企业社会责任信息披露规制进行多方面的比较研究。本节核心内容是借鉴美、英、德、法、日社会责任信息披露惯例与制度，并与中国国内经济开发地区知名企业社会责任信息披露行为进行对比分析。从而得出中国政府应当针对企业社会责任信息披露不正常状况进行约束、规范与控制。

第7章为中国企业社会责任信息披露规制的战略方向与实施路径部分。本章属于全书中解决问题的部分，其中主要分为三节内容：

（1）第1节内容主要是指出对中国上市企业社会责任信息进行规制的战略意义与发展思路。包括：在社会责任信息披露方面坚持创新、协调、绿色、开放、共享的战略性指导思想；坚持企业社会责任信息披露管理高质量与上市企业的可持续发展。

（2）第2节内容主要是构建新时代我国企业社会责任信息披露的规制模式的基本框架，包括：基于可持续发展目标下的企业社会责任披露规制模式与框架，基于五大发展理念的企业社会责任信息披露规制模式与框架。

（3）第3节内容主要是描绘中国企业社会责任信息披露规制实现路径。包括：完善企业社会责任信息披露规制法律在政府主导型路径的理论——利益相关者理论以及委托代理理论的基础上，得出企业社会责任信息披露规则体系构建路径，即通过健全法规制度等多种方式，由政府主导的上市公司试点，向非上市公司推广，并向全国企业普及化。在了解企业社会责任信息披露规则体系构建路径后，为其列出几个关键步骤：明确政府的主导责任、维护利益相关者的合法权益、制定企业社会责任信息披露管理制度、构架互联网大数据企业社会责任信息平台、建立企业社会责任信息披露规则协调机构。最后，本书提出将研究成果转化的主要去向：为中国证监会、国有资产监督管理委员会、人力资源和社会保障部、生态环境部等国家主管部门提供宏观决策参考；为逐步落实党的十八大提出的在"四个全面"战略布局下，实现"五位一体"总体布局，为五大发展理念的实现提供理论支持与可操作性的工作指导。

第8章为本书的结论部分，目的是对全书的主要内容和观点进行汇集、概述与总结，让读者对全书进行整体了解并获得相关启示。

本章主要阐述的研究结论主要包括：建设政府主导型企业社会责任信息披露规制制度是中国政府完善社会治理体系必然选择；全面贯彻五大发展理念已成为中国企业（上市企业）加强企业社会责任信息管理的核心原则；坚持以可持续发展目标为中国企业社会责任实现良性发展的战略导向；实现中国企业社会责任信息披露规制长远目标必须依靠灵活治理组合策略等内容。此外，本章还阐明了本书对建设和谐中国的启发意义。

1.6 研究方法

本书应用资料的数据信息新颖、及时，核心观点的分析依据主要来自一手问卷调查、访谈和公开数据库的信息，主要运用了定量与定性结合的研究方法，对中国企业社会责任信息披露规制服务需求的宏微观影响因素展开深度分析。具体而言，主要采用了：实地调查研究法、理论规范研究法、数理实证研究法、实务比较研究法等多种研究方法，具体内容可分述如下：

（1）实地调查研究法。该方法主要是运用计算机随机抽样调查分析，且以典型企业责任案例调研分析为辅助手段，从供给和需求两个方面设计问卷，调查在深股主板和创业板上市的企业。供给方面的问卷，主要针对所选择的企业的社会责任信息披露现状及问题。需求方面的问卷，主要针对北京、上海、广州、武汉、杭州、兰州、长春、昆明、深圳等城市的投资者和关联企业进行企业社会责任信息披露需求情况的调查，每个城市发放问卷300份，应用 SPSS 等工具进行分析，依据研究目标拟好访谈提纲，对企业和利益相关者开展调查，针对调查数据资料开展定量和定性分析，再对10家知名企业进行长期观察、深度访谈、实地调研与动态追踪，揭示中国企业社会责任信息披露与报告的动因与机理，分析法律等正式制度环境与非正式制度环境对企业社会责任信息披露状况的影响程度以及企业社会责任信息报告框架的改进设想。

（2）理论规范研究法。该研究方法主要是根据一定企业社会责任践行活动以及信息披露领域主流研究思想、古典经济学理论、具体企业社会责任的行为理性动机等问题进行理论分析与归纳，以发现特定社会环境中相关企业社会行为的规律及变化特征的分析方法。本书在系统梳理了"十二五""十三五"期间，中国政府及国资委、证监会、生态环境部等职能部门为进一步建立和推动企业社会责任信息披露行为规范发展而先后颁布的23项涉及社会责任相关文件规定的同时评估其政策实施效果。此外，以制度经济学理论和信息不对称理论为基础，研究已有政策运行存在的问题，促进中国上市企业在"十四五"期间能成功实现其可持续发展战略。

（3）数理实证研究法。该方法是以实证研究文献为基础，围绕基于新理念和高质量持续发展观的现代公司治理的多维特征与企业社会责任信息披露质量、可持续发展能力之间的关系提出研究假设；适当选择与确定公司治理、社会责任和可持续发展等相关研究变量；进行研究设计并构建研究模型与选择研究方法；对实证结果进行分析（描述性统计、回归分析和稳健性检验）；根据实证分析结果，提出研究结论和相关的政策建议。

（4）实务比较研究法。首先，本书梳理国外成功企业的社会责任信息披露制度模式，总结能实现企业可持续增长目标的经验，为构建中国"四位一体"型社会责任披露规则体系提供借鉴路径。其次，对北京、上海、广州、深圳、武汉、济南、南京、西安、成都、重庆、深圳、长沙、南昌等城市上市企业探索的多元立体化的企业社会责任信息披露规则模式展开比较研究，总结规制管理的经验，为政府职能部门提出相关政策参考或决策建议。

1.7 技术线路

本书拟实施研究的主要程序与基本工作步骤安排如下，内容参见图1-2。

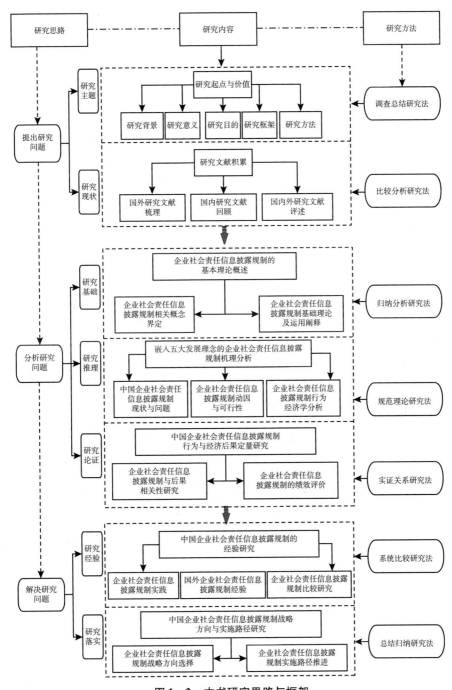

图 1-2 本书研究思路与框架

1.8 主要创新点

（1）学术思想方面的创新。

①本书在针对已有企业社会责任信息披露规制相关研究文献进行回顾的基础上，提出企业社会责任实际上是源于社会契约理论，即企业社会责任是对企业公民社会协作剩余收益进行合理配置的广义契约行为。基于社会契约理论构建起满足中国企业特别是上市企业管理层需要和社会公众共同利益需求的企业社会责任信息披露规制机制与体系，建立高透明度的一体化、实时化的企业社会责任信息发布平台与协调企业社会责任信息共同渠道，是各个阶段企业社会责任应当积极履行的既定法定责任和社会义务。

②本书基于可持续发展理论，运用系统化与整体性思维，研究提出了应当构建起将"以制度化为基础的企业、行业、社会和政府等利益相关方有机融为'四位一体'"的企业社会责任信息规制体系与多维推进的制度设计实现路径，以政府力量为主导和核心，建立依靠关键利益相关者"共同参与"的企业社会责任信息多元供给机制。

（2）学术观点方面的创新。

①作者认为企业社会责任信息披露机制应以五大发展理念为指引，集合企业、社会与政府资源，方能构建起四位一体企业社会责任信息披露监管模式。

②主张预期企业社会责任信息披露规制建设应当利用"互联网＋"技术，搭建开放式、透明化企业社会责任信息网络平台，实现企业社会责任信息披露供给与需求无缝衔接。

③论证企业社会责任信息披露规制行为本质上是整合宏观公共治理政策导向与促进可持续发展的媒介、链条、渠道与桥梁，是净化社会和商业环境的一种稳定系统。

（3）研究依据及视角方面的创新。

①资料来源新颖。本书进行理论与实务分析的基础数据，完全来自研究者亲自获取的第一手资料。比如，研究制定多样本和多方式的问卷调查、进

行专家访谈和建立企业社会责任信息数据库，并运用定量与定性相结合的方法，以便对中国企业社会责任信息披露规制行为需求的宏微观影响因素展开深度的分析。

②研究视角独特。本书提出的研究思路是应持续强化对中国企业社会责任信息进行高层次、高水平和高质效的规制，认为该目标导向才是国家决策部门提出的五大发展理念和推动"五位一体"总体布局的根本需求，其中实现一体化综合治理的路径是促进企业实现可持续发展目标需要解决的迫切问题和关键路径。

| 第 2 章 |
文献研究回顾与综述

2.1 国外文献研究

国外学者比国内学者更早开始对企业社会责任信息披露问题进行研究。比如穆乌瑞斯（Jl. Maurice，1916）针对企业可能有必要承担的非经济责任与义务的状况，创造性地提出了"企业社会责任"的说法，此后便在西方国家企业社会责任理论与实务界中迅速、广泛地流行或扩散开来，很快就成为形容企业社会责任行为与企业社会责任信息含量的专有名词。经历针对企业社会责任理论与实务出现的诸多问题一百多年时间的深入研究，关于企业社会责任信息公开与披露的动机、形式、风险和经济后果等理论问题，已经逐渐成为众多利益相关者和科研工作者们予以关注的重点课题。本书通过对国外学者的学术文献研究情况进行回顾，归纳出国外学者对企业社会责任信息披露的研究内容，主要包括：起点理论、相关性研究、专业评价与约束、社会化评价与鉴证四方面。因此，本书相关的研究文献综述分为四个方面分别进行概述和梳理。

2.1.1 企业社会责任信息披露的理论研究

概念问题是一般理论问题研究的起点与源头，因此，企业社会责任信息披露理论研究的首要问题是对其企业社会责任基础概念和内涵的界定。理论研究者和实务工作者们对于企业社会责任的概念和内涵究竟该如何界定其实已经经历了多次争论，至今也未能形成一致性的研究结论。关于理论研究者对于企业社会责任概念与内涵界定方面研究的变化可见图 2-1。

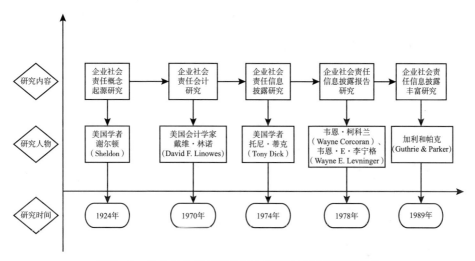

图 2-1　企业社会责任概念与内涵界定方面研究的变化

从理论角度来看，上市企业究竟是否需要担负非经济责任以外更多的社会责任呢？西方学者大致分为两大代表性的研究观点：股东权益中心论与利益相关者中心论。

前者的核心观点是：企业的股份公司的属性决定了自身只需要以股东利益最大化为企业存在唯一理由与目的，没有也没必要承担任何其他非经济责任以外的社会性的责任，比如，亚当·斯密就认为企业不是道德和慈善实体，社会责任是非法定的义务；米尔顿·弗里德曼（Milton Friedman，1970）同样认为企业经营者受资产委托人的委托来承担经济义务，其经营目的自然是为了履行双方的社会契约协议，不应当超出经济责任的范围而去承担其他责任。

而对于后者的研究，学者们认为企业的所有者共同建立经济实体，实质上并不是只有股东的利益需要维护，所有利益相关者的利益均需要进行保护，当然在相关责任履行的顺序方面却是有着轻重缓急之分。例如，阿奇·卡罗尔

（Archie B. Carroll，1979）就认为企业社会责任是特定环境下企业应按照顺序承担相应的责任，如经济贡献责任、法律维护责任、伦理道德责任和社会慈善捐赠责任等基本内容，而不能不区分先后顺序。但是也有学者认为企业社会责任其实都很重要，并没有优劣和先后之分。比如，爱德华·弗里德曼（Edward Freeman，1984）研究认为由于企业是众多利益相关者组成的"契约结合型"的集合体，企业所有者及管理者很有必要考虑广泛的利益相关者的权益与需求，而不能仅仅是以维护股东的利益为目的。因此，上述两大流派的理论研究引领了企业社会责任信息披露理论研究的趋势与方向，是企业社会责任理论研究的主要领域。

到目前为止，企业社会责任信息披露的范围界定、主要形式、内在动因、外在影响因素及效果等领域的内容是西方学者对于企业社会责任信息披露的主要基础理论内容。具体来说，包括以下五个方面相关的研究文献和研究视角：

（1）企业应积极承担企业社会责任的经典理论。该类观点认为承担社会责任与企业应披露的企业社会责任信息存在相关关系。这类思想包括如下五种经典经济学理论：

第一种理论是长期利益理论观。其代表性人物有约翰逊（Johnson，1971），他认为应该将企业的利益区分为长期利益和短期利益，并且认为企业主动承担慈善、法规等社会责任，将有利于实现企业自身长期利益的最大化和最优化。雷内（Lee，2008）认为20世纪70年代以来，企业社会责任的研究中心是探讨应当怎样去履行其非经济行为的社会责任形式与内容，不再考虑其社会责任履行的必要性的问题。

第二种理论是团队生产理论观。布莱尔和斯陶特（Blair and Stout，1999）认为上市公司的所有人并非只有股东，内部雇员、债权人、客户、供应商也是公司的所有人，公司管理层也应承担照顾雇员、债权人、客户、供应商等的利益责任。

第三种理论是企业公民理论观。曼顿·卡瑞内和查普尔（Matten，Crane and Chapple，2003）认为企业与自然人一样，企业也是社会中的一种公民，既有享受法律法规制度赋予的基本权利，也承担相应承担义务，并与其他身份的公民主体共同形成一个大的社会群体。

第四种理论是利益相关者理论观。迪马·詹马利（Dima Jamali，2008）认为企业社会责任研究目的是明确该企业履行社会责任义务的具体内涵，而利益相关者概念则说明应该向谁负责，且提供了另一种评价企业业绩的标准。翰亚戈·马（Hanyang Ma，2017）认为社会治理是一个基于多主体的结构，这种治理结构要求社会中的利益相关者具有兼容的目标和原则，互补的功能和性能，以及资源共享和问责制。

第五种是战略管理理论。波特和卡莱姆（Poter and Kramer，2006）提出企业战略管理理论是对其长远发展进程进行提前规划，以指导企业的发展方向。而企业社会责任也是一个长期性要求与任务，需要将企业社会责任和战略管理结合起来，企业的发展前景，可以通过践行社会责任而获得更长久的竞争优势。

（2）企业社会责任信息披露影响因素研究。关于企业社会责任信息披露影响因素研究主要包括外部影响因素和内部影响因素两个研究视域：

①外部影响因素。企业社会责任法规约束与利益相关者对信息压力的需求等因素是对企业社会责任影响因素研究的两大主要内容范畴。企业缺乏对于其社区利益、员工权益维护和政府贡献大小等方面的企业社会责任信息披露（Caral，1979）。企业的经营业绩与企业社会责任行为之间呈现密切的正相关关系（Cower，1987）；马克·爱普斯顿和马丁·弗里德曼（Mark J. Epstein and Martin Freedman，1994）认定企业社会责任信息披露内容，受到其信息披露法律的限制，如那些涉及环境保护信息披露的企业往往受到特定法治环境完善与否的限制。企业社会责任信息披露的外在影响因素主要有：规章制度、公共治理、利益集团的存在、新媒体工具的传播规模、地方社会经济文化秩序等内容。同理，企业的产权性质、运营规模、经营绩效、治理结构或所处行业形势等是影响企业责任的内在因素。多元化董事会可以更多影响上市公司社会责任活动的管理，能更好地发挥公司社会责任在增强信息质量方面的比较优势和利益相关者的信心方面的优势（Lin Liao，2018）。

②内部影响因素。国外学者认为中国企业社会责任信息披露的法律法规、相关者的利益需求、行业前景和企业的财务指标是其主要研究领域。谢尔顿（Sheldon，1924）认为企业社会责任是公司权利人出于满足股东、债权人、顾客、潜在投资者和社区居民需要应履行的包含道德责任的全部责任。帕顿

（Patten，1991）认为企业规模越大，企业社会责任信息披露内容就越多。原因是信息披露容量大时，只有大企业负担得起企业社会责任信息披露成本。制度规范与完善环境下的企业往往倾向于多披露企业社会责任信息。企业社会责任信息披露越多的企业往往是经营业绩较好的企业，因为良好的社会责任是业绩良好的原因；反过来，业绩良好又会增加披露企业社会责任信息的动力。企业积极的社会责任响应与绩效的经济后果反馈才是该企业自愿公开企业社会责任信息的根本动力（David S. Gelb and Joyce A. Strawser，200；Ullmann，1985；Patten，2002），并研究了企业资源的可获得性（Roberts，1992；Cormier & Magnan，2003）。

（3）企业社会责任信息披露内容与形式研究。国外对企业社会责任信息披露问题的研究进展通常会领先于国内学者的研究。比如对20世纪70年代德国、瑞士和奥地利等国家的公司进行研究发现当时公司年报发布没有统一的格式，有的公司的年报中包含并未经过审计核查的社会责任公告，且缺乏标准的披露模式（Schoenfeld，1978）。如当时企业社会责任信息披露不合规的主要表现是关于雇员人事薪酬环境和股东沟通等信息模糊不清。基于不同的立场与社会环境下的企业社会责任信息的内容不同，具体可见表2-1。

表2-1　　　不同国家和机构界定的企业社会责任信息披露的内容与类别

国家/机构	年份	企业社会责任信息内容	备注
美国会计学会	1974	社会义务的参与程度、招募社会劳动资源、对自然资源和环境包含、提供合格产品与服务	4大类企业社会责任信息，21小类
安永	1978	环境、能源、公平雇佣实务、人力资源、社会参与、产品、其他等	7大类企业社会责任信息，27小类
柯科兰和韦恩·E.李宁格	1979 1985	环境、消费者、能源、社区、雇员安全	15类企业社会责任信息
特罗特曼和布兰德里	1990	环境信息、能源、人力资源、产品、社区参与、其他社会责任等	36小类企业社会责任信息
法国	2001	劳工、健康与安全、环境、社会、人权、社区参与问题等社会责任信息	6大类企业社会责任信息

资料来源：笔者根据中国知网数据库资料整理而成。

从实务中观察，企业社会责任年度报告、单独报告、大众媒体披露是企业社会责任信息披露的主要形式。例如，上市公司常见的企业社会责任信息披露形式有包含区域拥有的资源耗费、经营安全、运营环境、产品品质、社区印象等多方面内容的年度报告（Schoenfeld，1978；TrotmanK. T.，1979）；也包括：单一的企业社会责任报告、大众媒体企业社会责任行动报告、中介机构企业社会责任描述式报告；企业社会责任业绩报表式报告等多样化披露模式（Guthrie and athews，1985；Cao R H，Kouhy R，and Lavers S，1995；Li，W and R. Zhang，2011）。

（4）企业社会责任信息披露内在价值及其应用功能的理论研究。企业社会责任信息披露的价值评价和定量化验证是价值与功能研究的关键领域。其中前者的研究状况分述如下：

①企业社会责任信息披露价值评估方式。20 世纪 70 年代以来更多学者开始对企业社会责任信息价值进行定量化研究，比较突出的领域是企业社会责任信息与财务绩效相关性、企业社会责任信息的市场经济后果与效应的研究。比如，杰米·道肯斯（Jenny DaWkins，2004）认为企业污染信息的市场反馈对利益相关者的正确决策有重要影响，企业社会责任信息披露数量的多少是一种隐形的引致风险因素，具有规范与控制功能。

②企业社会责任信息披露价值评价的市场检验。卡利斯和波若尔（Collins & Porra）研究表明及时充分对外公允披露企业社会责任信息报告所获取的收益远远大于仅关注短期经济利益而不得不披露相关的企业社会责任信息情况下所取得的收益（1994）。瑞阿（Rao）和汉密尔顿（Hamiltor，1996）及福特曼（Frootmar，1997）研究认为企业资本市场上的价值或估值的大小受到其是否愿意主动履行企业社会责任或是否违背企业社会责任的义务与要求的影响。通过提高客户满意度，或内部员工待遇才是使企业扭亏为盈的更经济方式，而不是仅仅依靠降低成本（Bethune，1998）。

此外，在企业社会责任信息披露在企业经营活动具有的相关功能方面的研究包括：特尔班（Turban，1997）研究认为上市公司应披露的社会责任内容越多，往往就越容易赢得好的社会声誉和公众印象，以便吸引更高水平和更有潜力的公司雇员。通过披露更多企业社会责任行为相关的信息来提高企业在社区或地区中的认知度与认可度（Kotler and Lee，2005）；杰米·道肯斯（2014）认为公司不承担社会责任或企业社会责任行为不适当的表现会影响市场价值，企业社会责任信息披露是声誉战略实施的重要手段。上市企业社会责任的信息含量对公司产品、经营方式的创新以及营业周期内的经营业绩能够产生正面积极的影响（Isabel Martinez-Conesa，2016）。

2.1.2 企业社会责任信息披露的后果研究

在西方市场经济环境下推崇企业社会责任及推行企业社会责任信息需要进行强制性披露的前提下，部分上市企业管理层发现在披露企业社会责任相关信息以后，可能会间接地影响或体现在经营活动后期的财务成果或运营绩效信息报告之中。部分西方学者借助定量化研究探讨企业社会责任变量与企业财务业绩关联性，该领域的相关研究观点主要有：

（1）企业社会责任信息披露与经济后果具有正相关性。科尔恩（Cowen，1987）对美国一百多家上市公司年报中企业社会责任信息披露容量研究表明，这些公司披露的企业社会责任信息程度与其财务绩效之间具有正向相关性；卡特和黑斯特（Kotter & Hesktee，1992）认为如年报信息显示相关社会责任信息越良好的企业其期中业绩远远高于企业社会责任文化表现较差的企业。科黑尔斯（Kohers，2002）也发现那些财务绩效优异的企业，与其相应的企业社会责任履行水平，还有信息披露的内容存在着显著的相关性。即主动履行企业社会责任通常会对经营业务活动产生正面作用和影响，其财务报表中披露的绩效与成果也比较理想。

哈默尔·约翰逊（Homer H. Johnson，2003）研究相关数据后发现，充分践行社会责任义务的确会借助信息信号的传递效应对公司财务表现产生正向作用，即向公众报告更多的企业社会责任会计信息客观上能够增加企业的经营收益与价值。纳塔亚·亚克维尔亚（Natalia Yakovlva，2004）对重点矿业企业研究发现：对外披露企业社会责任环境信息是企业遵守国家法规和行业规范的主要体现与必要举措，但是具体的披露内容与方式并不一致。企业越是愿意履行社会责任与义务要求，越是可能承担起相应的社会责任目标，使之实现必要的经济收益。罗恩和本哈特奇瑞亚（Luo and Bhattacharya，2006）的定量化研究结果表明：客户对产品服务的满意度往往是对其财务业绩的变动产生最大程度影响的因素。此外，别的影响因素对企业的社会责任信息含量的影响还不太显著。

（2）企业社会责任信息披露对其经济后果无明显影响。贝曼尔尼（Bemanera，1999）认为员工权益、产品与财务绩效相关，而慈善、社区、环保等责任与企业业绩不存在相关性。布拉默（Brammer，2006）运用来自资本市场的数据资料和经典数理统计模型，研究结论表明企业的社会责任信息披露显示公司财务绩效对企业社会责任信息披露内容不存在相关性，事实上披露的信息是相互背离的负相关性特征，即两个变量之间的社会责任行为通常表现存在明显反方关系。企业社会责任信息披露往往需要付出相应的成本费用，需要付出更多的现金支出，即更多社会责任披露会造成更大的管理成本，以致影响最终业绩。

（3）企业社会责任信息披露与其经济后果无相关性。迈克尔和斯依基（McWilliams and Siege，2000）以企业社会绩效产业研发投资作为自变量发现二者并无联系。有学者对印度尼西亚政府企业研究发现企业社会责任与企业财务绩效没有关系（Subroto，Phutul Had，2003）。塞弗特（Seifert，2004）通过基于一百家上市公司的数据研究显示其信息披露的报告所泄露的企业社会责任行动或者已经披露的企业社会责任信息与最终公开的财务绩效指标之间关系没有连接的地方，根本不存在任何较为密切关系，更是不存在统计学意义上的相关性。马修（Matthew，2007）研究了澳大利亚部分上市企业数据信息后，发现这些企业公开披露的社会责任数据，实际上并没有体现在其期末的财务业绩改善方面，最终并不会影响其企业社会责任在下一个经营报告期里的社会表现。

（4）企业社会责任信息披露与其经济后果之间无线性关系。弗莱明（Flammer，2013）和史密斯（Smith，2017）等学者认为企业社会责任信息与财务业绩不存在线性关系，作者研究认为企业社会责任信息披露质量的评价才是利益相关者最为关注的问题，也是该领域专家学者热心关注的研究课题。截至目前，部分国外经济管理领域学者主要从专业化和社会化两个相互补充的视角，针对企业社会责任信息披露深入研究，从经济学、管理学、社会学、伦理学和哲学等多个角度探究和揭示了企业社会责任信息披露的来源、鉴证动因和内外部需求。

2.1.3 企业社会责任信息披露的制约研究

（1）企业社会责任信息披露的专业化评价研究观点。

①企业社会责任信息披露是源于财务绩效期望的约束因素。学者们研究发现多数披露企业社会责任信息的行为确实会产生积极影响，进而会提高业务活动的正向结果和经济成果，能够增加企业利润和提高公司的价值，反之会对上市公司的财务表现产生负面效应（Rao and Hamilton，1996；Frootman，1997；Homer H. Johnson，2003；Heled Jenkins，Natalia Yakovlva，2004）。

②企业社会责任信息披露是治理层优化内控体系的要求。英美国家资本市场中的部分上市企业，在运用自由、道德、效率等标准去衡量企业社会责任行为适当性程度的管理政策可能存在不足之处，建立企业社会责任信息披露制度是构建公司经营行为和加强反映社会现象的内部控制及管理子系统的必然要求（Wim Dubbink，Johan Graafl，Lucvan Liedekerke，2006）。

③企业社会责任信息披露有客观的市场信号传递作用。研究者通过针对样本公司研究发现，企业信息披露与报告的水平越高，其相关纳税规避行为就越少，其他负面消息也越少，这些信息其实无形之中就会给接受这些信息的社会公众提供和传递更积极正面的信号，外在印象也往往比较好（Lanis，Richardson，2012）。

（2）企业社会责任信息披露报告方面的社会评价研究观点。

企业社会责任评价和报告等责任信息披露是为利益相关者的最终利益负责，借由全社会力量来支持与帮助、促进与鞭策企业社会责任行为改进的重要方式与路径。如何才能运用权威、中立、准确、可靠的指标体系，来客观、公允地评价企业社会责任的表现与效应对于回应社会公众的期望有着重要的意义。由于社会责任多是基于企业自身的经济责任进行内涵的外延和扩展。因此，目前实务界对于企业社会责任信息评价与报告也多是对基于以财务指标为主的企业社会责任指标体系构建方面的研究。已有国外学者对其进行过有益探索，如瑞阿和汉密尔顿（1996）、福特曼（1997）、哈默尔·约翰逊（2003）等学者研究是否承担相应的企业社会责任或披露相关信息才是承担企业社会责任的重要内在驱动力，因为长期性的社会责任显示该企业是否是负责任的企业公民，否则可能导致不良的效应或者后果。约米，约翰·格里夫和拉维·利迪科尔克（Wim Dubbink，Johan Graafl，Lucvan Liedekerke，2006）发现用效率、自由、道德三个标准衡量关于信息透明的规制政策均存在不足。因此，他们提出自行监管子系统的政策，并强调信息中介的积极作用。拉内斯，里查德森（Lanis，Richardson，2012）发现社会责任信息披露水平越高，其避税行为则越少。整体而言，国外学者对于企业社会责任信息报告的社会评价实践经验探索的研究整体上持肯定和积极的态度。

（3）关于企业社会责任信息披露的鉴证规制方面的研究文献。

随着市场经济发展，如今企业社会责任鉴证活动确实存在巨大现实需求。尽管许多企业提供了企业自身的社会责任行为信息报告，但是这些已公开的企业社会责任报告的可靠性程度往往因为没有专业监督机关的鉴证而备受质疑。

①企业社会责任信息披露鉴证内涵的研究。布切利兹（Buchholz，1989）发现计量、评价和报告企业经营活动中，产生的非经济绩效和社会表现的结果如何，主要可以借助审计来检查与监督企业社会责任信息，并依赖审计报告的披露来体现对其管理控制。社会公众对企业社会责任信息报告的鉴证存在着现实动因（Buchholz，1989）和现实需求。企业社会责任鉴证是衡量并确保公众了解公司非财务领域社会责任的表现形式（Homer H. Johnson，2001）；企业社会责任信息的鉴证也可以从侧面提供某公司的社会行为的绩效与其他非经济后果及影响（Carol. A. Adams and Richard Evans，2004）；对企业社会责任信息报告进行鉴证可部分满足利益相关者维护对企业社会责任行为知情权的要求的利益（Richard Bole and Deanna Kemp，2005）。企业社会责任审计鉴证报告是企业社会责任质量提高的途径或提供可比性的基础，审计既需要对重要、重大和重点的审计对象企业社会责任信息，进行专业化的判断与鉴证；也需要判断被审计单位的企业社会责任报告信息的完整性与可靠性（Matthew Haigh，2006）。

②企业社会责任信息披露鉴证的供给者。约翰逊（Johnson，2001）认为

企业社会责任鉴证的供给者主要是国家审计组织、公司内部审计部门、投资基金组织、政府设置的民政机关或者内务部门；企业社会责任信息报告鉴证的部门包括：经过政府机关授权的政府审计部门、社会中介审计机构——会计师事务所，社会公共利益监督机构、慈善监察部门和其他专业评价或管理咨询机构等（Rockman，2013）。

③企业社会责任信息披露鉴证内容与依据。库罗（Kullo，2015）提出企业社会责任鉴证模型要素是社会责任的种类、企业经营哲学、社会地位、社会声望和公众的评价等相关指标和要求；企业社会责任鉴证标准有英国 AA1000，国际审计委员会 ISAE3000，挪威 DNV 标准，全球报告组织 GRI、中国的 CSR - VRAI、CASS - CSR 和 SEO - CSR 等。在上市公司的风险管理活动中，企业社会责任活动的约束和管理可能是组织优先考虑，并纳入企业管理层战略决策的因素，因为这类活动往往需要大数额的现金支出与长期性投资（Tomas Frederiksen，2018）。

国外学者关于企业社会责任信息披露的研究情况汇总见表 2 - 2。

表 2 - 2　　　　国外学者关于企业社会责任信息披露的研究情况汇集

研究视角	研究方面	研究人物	研究年份	研究内容
企业社会责任信息披露理论基础	积极承担企业社会责任信息披露的相关理论	约翰逊·杜德、格瑞·布默尔、李·弗雷德曼、布莱尔和斯陶特	1932，1971，1963，1991，2006，2008，2008	企业社会责任有经济之外的长期利益理论，企业社会责任利益相关者理论、团队生产理论、企业公民理论、战略管理理论等均是企业披露企业社会责任信息行为及其后果的理论基础
	企业社会责任信息披露影响因素	马克·爱普斯顿和马丁·弗里德曼、普瑞斯顿·格尔伯、格罗斯和罗伯特	1994，1997，2001，2002，2011，2017	企业社会责任信息披露通常受制度法律等外在因素和文化、习惯等内在因素双重影响
	企业社会责任信息披露内容/形式	斯科恩福特·特罗特曼、格瑟和爱斯、卡德·库欧	1978，1979，1985，1995，2011	企业社会责任信息含资源、安全、环保、产品质量、社区等内容与年度报告、单独报告、描述式与报表式报告等多样化披露模式

续表

研究视角	研究方面	研究人物	研究年份	研究内容
企业社会责任信息披露理论基础	企业社会责任信息披露价值/功能	道肯斯，汉密尔顿、卡利斯和波若尔、福特马·贝瑟妮	1994，2004，1996，1998，1998，2005	企业社会责任信息披露是声誉战略重要手段 企业社会责任不合规表现信息影响创新/市场价值/吸引优秀雇员和提高企业认知度
企业社会责任信息披露与财务绩效相关性	正相关性	科温·罗伯特、卡特和黑斯特、皮特和斯坦维克、约翰逊·杰肯斯	1987，1992，1992，1996，1998，1999，2003，2004	企业披露企业社会责任信息与财务业绩是一种正向变动关系，是一种无形资源
	负相关性	布拉默	2006	企业社会责任披露与财务绩效呈反向关系
	不相关性	贝曼尔，内林	1999，2009	企业社会责任披露与财务绩效之间无关系
	非线性关系	弗莱明	2013	企业社会责任信息与财务绩效不存在线性关系
企业社会责任信息披露动因	财务绩效期望的约束	瑞阿和汉密尔顿、约翰逊·杰肯斯	1996，1997，2003，2004	企业社会责任信息披露能够增加利润和价值，反之对公司财务表现产生负效应
	自我监管体系要求	约翰·格里夫	2006	企业社会责任信息透明度政策存在缺陷，公允披露企业社会责任信息披露是自我监管与纠正系统
	市场信号传递	里查德森	2012	企业社会责任信息披露水平高，纳税规避行为少
企业社会责任信息披露社会评价	企业社会责任行为评价的经济效应	瑞阿和汉密尔顿、哈默尔·约翰逊	1996，1997，2003，2005	企业社会责任行为良好的企业市场价值有增加的趋势，其社会评价比较好
	企业社会责任社会评价的税收影响	拉尼斯·里查德森	2012	社会对社会责任信息披露水平评价越高，引致企业的避税行为则越少
企业社会责任信息披露的鉴证规制	鉴证起因/需求	布切利兹·约翰逊、瑞布尔和肯普，黑阿	1990，2004，2005，2006	利益相关者维护利益的需求。企业社会责任审计是企业社会责任质量提高的途径或基础

续表

研究视角	研究方面	研究人物	研究年份	研究内容
企业社会责任信息披露的鉴证规制	鉴证供给者	约翰逊	2001	企业社会责任鉴证供给者＝投资基金组织、公共监督机构会计师事务所或专业咨询机构
	鉴证内容/依据	卡罗尔、库尔	1979,2015	企业社会责任鉴证模型要素是种类、企业哲学、社会问题；AA1000，ISAE3000，DNV，GRI

2.2 国内文献研究

在西方学者对企业社会责任相关思想、理念、理论研究和实务探索的广泛影响之下，伴随着经济改革和对外开放的热潮，从20世纪80年代后期中国学者逐步开始对针对中国企业社会责任及其信息披露等理论与现实话题进行积极研究，国内学者对有关企业社会责任信息披露的理论研究主要可以归纳为：企业社会责任的基础理论、应用价值和规范控制三大方面进行系统性的研究文献的回顾。

2.2.1 企业社会责任信息披露的基础研究

（1）企业社会责任信息披露动因与方式的文献研究。

国内学者对企业社会责任信息披露研究的动因与方式，是全面理解企业社会责任信息披露的内涵的主要视角之一。其主要研究观点可分述如下：

吕立伟（2006）认为企业社会责任信息披露能显著影响企业社会责任的履行。李正（2007）认为企业经营形势与盈利状况不理想时，其企业社会责任披露的动机会进一步减弱，且有行业特征与产业特色。凡是影响企业重大投融资及其经营项目的购买和实施等的系列决策应在企业社会责任信息中如实披露（雷慧宇，2010）。孔龙、马媛（2016）认为企业在对社会责任信息进行披露时，可使用统计分析或数据证明对信息予以精确量化处理，以增强社会责任报告的客观性和可比性。上述研究显示我国企业披露企业社会责任信息行为的动因主要是源于经济原因的刺激。其主动或被动对外披露企业社会责任信息既有内部的盈利压力也有外部的监管和社会公众的期望。

（2）企业社会责任信息披露主要范畴的研究观点。

顾兆峰（1997）认为企业投入环境资源、提供职工合法的工作环境、为消费者提供高质量的产品、对其他群体的社会贡献（税收、利润、慈善和捐资）是中国现有企业社会责任的基本信息内容。沈洪涛、金婷婷（2006）发现企业社会责任信息主要集中在社区方面，对环境、员工、产品、安全等信息披露较少，从披露质量来看，企业社会责任信息披露内容与形式并不规律，多数企业注重信息披露数量，但并未注重披露质量。李正、向锐（2009）发现与国外企业相比，中国上市企业在企业社会责任信息披露的内容与方式方面都存在着较大的差异，比如中国企业会更偏向于对外重点报告产品质量责任、内部人员薪酬与安全责任、社会公益支出责任等信息；较少披露环境改善、废物利用、社区和谐等社会责任信息。国外企业则披露较为全面，且其管理层会更加重视与报告环境信息。

（3）企业社会责任信息披露影响要素的研究观点。

吕立伟（2006）认为公司治理结构是否合理也是影响社会责任信息披露的变量。赵颖和马连福（2007）发现受社会公众聚焦的高耗能或高污染的企业之中，政府行政控制与法律制裁力度更大，其社会形象是否良好极为重要。利益相关者对社会责任信息的需求，还有严格的法律制度，都会是促使企业披露更多的社会责任信息的动力。李正（2007）研究了沪市部分上市公司的数据，发现财务风险与经营危机是影响企业是否披露社会责任信息的关键因素，财务风险较高的企业往往无暇顾及其他非经济责任的履行情况，基于外部政府法制治理环境的影响，煤炭、石油、钢铁等板块企业披露的企业社会责任信息比例更大些。

此外，其他学者研究证实成本效益、资产负债比率等财务指标的变化也会反过来对企业社会责任披露产生内在的影响。如裘丽娅、徐植（2006）认为影响企业社会责任信息披露的一个重要原因，是信息披露成本过高。国内学者主要针对内在影响因素的研究，尤其是对公司治理结构的分析显示出公司治理结构不完善的现实状况。如吕立伟（2006）认为企业面临的治理结构与法制建设环境是影响、促进与改善企业社会责任的重要因素，目前我国比较缺乏健全的法律规范来进行规制。

沈洪涛等（2005）分析上市公司年报数据，发现企业社会责任表现良好的企业往往会呈现出相应高水平的财务收益，反之亦然；并且这两者能够进行交叉影响与相互作用，企业社会责任不仅可以影响财务业绩，也会影响预期的财务风险改善与控制。徐光华、周小虎（2008）认为企业经营绩效和管理效率的改善是一个长期性的过程，需要企业的累积社会反响和持续性的作用，而企业的社会表现主要是通过其社会责任行为来进行体现的。企业只有全面重视社会责任、社会表现、企业经营业绩的改善，才能发挥整合社会稳定因素的积极作用。温素彬、方苑（2008）分析资本市场有效数据，发现尽管企业识别出了社会责任的重要意义，其社会价值的反响也非常热烈，但是实际上这些企业中实践和推动企业社会责任行动的比例还是较低，尤其是主动披露充分适当企业社会责任信息的企业就更稀少。相当部分的企业其财务绩效的变化与其企业社会责任信息披露与否并无相关性。缪朝炜、伍晓奕（2009）发现履行社会责任行动，往往会对企业的供应链管理绩效产生积极影响。刘建秋、宋献中（2010）发现信誉资本是企业价值变动与企业社会责任表现的传导体，说明企业社会责任实际上具有引致、传播、影响和促进企业特定时期内战略经营价值的重要作用。毕楠、冯琳（2011）认为企业社会责任信息的市场积极扩展，能够聚集更多的客户与无形的市场，继而能够有利于企业财务价值的增值，各企业社会责任变量对当期财务绩效的影响大多为负相关，不过，长期而言企业履行社会责任对其财务绩效具有正向效应。郑海东（2012）则从个体、组织、社会三个层面识别并检验了妨碍企业社会责任的关键要素，验证了企业的经营效益会直接影响或限制企业社会责任信息披露的行为。并证实了二者关系受情境影响这一推测。另外，陈文（2010）和裴丽娅、徐植（2006）认为披露的法律制度不健全和会计信息成本过高是影响其信息披露程度的重要因素。邓韵、唐更华（2018）研究了地方政府持股情况、媒体关注的重点领域，发现往往是资产或收入容量偏大型的企业单位更多比例地倾向于公开其企业社会责任信息；企业是否实现盈利不会影响企业社会责任信息披露形式或内容；披露企业社会责任信息的企业，一般财务风险都比较低，不愿报告企业社会责任信息的企业，通常财务风险都比较高。

（4）企业社会责任信息披露方式与形式的研究观点。

①社会责任信息披露的方式或途径。

目前我国企业社会责任信息披露实务中，企业对外报告的企业社会责任信息主要采用的是两种方式。一是不专门编制企业社会责任报告，而是在传统年度报告里添加或补充企业社会责任信息（李正，2006），比如中小企业的社会责任信息披露采用经济性、分散化的灵活报告方式，或者利用网站、自媒体平台等其他媒介报告企业社会责任信息，或者是采用会计信息模式和非会计信息模式，对外报告社会责任会计信息（黎精明，2004）。二是专门编制固定格式下的企业社会责任报告。其相关依据是国资委颁布的《关于中央企业履行社会责任的指导意见（2018）》，意见要求中央企业应当专门编制企业社会责任报告文件，并按规定及时提交国资委进行审核。

②社会责任信息披露的展示方法或方式。

李永臣（2005）认为那些拥有资产庞大、股东人数多、负债金额高、信息透明等特征的大企业，应当比照企业的财务会计报表编制相应的企业社会责任资产负债表、利润表和现金流量表及相关补充说明，这样有利于提供充分适当的企业社会责任信息。李正（2006）发现文字性描述性报告、基础报表、中高级别责任报表等都是英、法、美等国家对外披露企业社会责任信息常见的形式或信息载体，这些国家的企业社会责任报告也可能会采用文字性描述加上定量化的企业价值增值表和资产负债表信息等形式。相应地，定性化的文字性描述的责任报告才是中国企业社会责任信息的主要内容。而且他还认为计量方法的复杂性、技术性和更多的成本性特征才是影响企业社会责任信息披露报告充分性与透明性的重要因素，进而会影响使用者对报表信息的信赖程度，不充分与不准确的信息很可能造成经济行为选择的失当。内容繁多的、年度报告之外的企业社会责任信息报表或报告并不利于为企业信息使用者提供更适当的企业社会责任信息，反而还会使得企业发生更多的社会责任成本。因此，采用在年度报告中增加描述性的企业社会责任初级信息报告方式才是比较合适的信息披露形式。他还发现大数据技术使企业社会责任信息披露方式从单一维度向多项维度转变，有助于实现企业社会责任信息披露方式的多样化与及时性的规制目标。企业社会责任信息披露报告的形式应当可以分为简单的报告形式与高级别的报告形式。其中前者主要是采用叙述式方式或在报表附注中增加相关企业社会责任信息的方式；后者主要包括：能够同时使用货币进行计量和能够用文字进行说明，有固定格式，内容完整的系列报表或报告（宋献中、李皎予，2007）。李正（2006）和沈弋、徐光华、王正艳（2014），陈鑫（2017）通过数据研究证明了，利用互联网＋大数据技术，构建起企业社会责任信息披露平台，能提高使用者决策的准确性。

2.2.2　企业社会责任信息披露的应用研究

（1）关于企业社会责任信息披露经济价值的文献研究。

许多学者通过研究发现企业披露真实、可靠、相关的企业社会责任信息在一定程度上能够给企业带来预期收益，一些学者通过大量实证模型研究企业披露企业社会责任信息披露程度与股价相关性：①企业披露企业社会责任信息披露程度与股价相关性。陈玉清、马丽丽（2005）运用单变量回归和多变量回归分析研究中国沪深市场的上市公司 2003 年年度报告社会责任会计信息的市场反应，发现企业社会责任信息披露缺乏真实性，对估价影响较弱，对估价解释能力分行业表现出的差别较大。李秋镝（2017）通过数据分析得出结论，股市股票价格的变动程度往往会受到企业社会责任信息报告的正面影响，即企业社会责任信息披露的公允程度与股价波动性负相关，机构投资者持股比例不同对企业社会责任披露质量与股价波动性的负相关关系有显著的影响。②企业社会责任披露程度应用价值差异性。胡超（2017）通过实证研究发现企业社会责任披露质量对投资者信心有显著影响，其信息披露质量与投资者的信心之间呈正相关。③企业规模和盈利水平对企业社会责任信息披露影响程度。沈洪涛（2005），缪朝炜、伍晓奕（2009），陈文捷（2010）和毕楠、冯琳（2011）认为企业规模和盈利水平对企业社会责任信息披露影响程度有显著正面影响，并有利于供应链管理和价值创造。董千里、王东方、于立新（2017）认为企业规模在企业社会责任信息披露与企业盈利水平关系中存在负向调节作用。

此外，陈玉清、马丽丽（2005）发现国内外企业信息使用者对财务信息的需求要远高于对企业社会责任的重视程度，已对外报告的社会责任信息内容多少，与自身在股市中的价格波动无关，并且不同的行业里股票市场估值的变化受到企业社会责任信息披露的影响存在明显的区别。宋献中、龚明晓（2006）认为企业年报中的企业社会责任信息决策值及公共关系价值均较小。自愿披露企业社会责任信息的决策价值往往小于其公共关系价值，但相关性不明显。

（2）关于企业社会责任信息披露质量价值的文献研究。

部分学者发现，相当比例的企业已经初步建立了企业社会责任信息责任披露制度，但相关信息披露质量却无法满足利益相关者的需求。主要观点有：①企业社会责任信息披露质量状况研究。陈玉清、马丽丽（2005）通过实证研究发现，在总体上，经济效益越好的企业，社会责任信息质量披露状况越好；以国家利益为先的国有企业的社会责任信息质量披露状况要好于以企业利润最大化为目标的民营企业。杜剑、王肇、刘晓燕（2017）通过统计分析发现中国企业在对社会责任信息进行披露时普遍存在报喜不报忧的情况，信息严重失真。②社会责任报告的信息质量与决策相关性。宋献中、龚明晓（2007）认为年报中的自愿披露社会责任信息，对管理层决策几乎没有用处，且信息质量较差，社会责任报告的信息含量不多。李正、李增泉（2012）认为企业社会责任鉴证报告具有信息含量，能传导市场反应，影响盈余信息含量问题。李慧婷（2017）通过实证研究发现高管团队的年龄、受教育程度、任期、自我超越价值观和自我提高价值观对企业社会责任信息披露有显著影响。③社会责任信息披露对融资环境的影响。钱明、徐光华、沈弋（2016）发现不同于企业社会责任信息披露行为对国有企业的不显著的情况，对于民营企业而言，融资难题需要尝试多种办法予以解决，其中增加企业社会责任信息披露，是提升这些企业的社会形象的有效应对办法之一。经济发达地区的企业相应地其企业社会责任信息披露行为受到刺激的原因更多，因而，其主动披露企业社会责任信息的动机更强烈一些。韩鹏（2016）发现企业社会责任信息披露质量和持续性两个关键变量与股权融资成本负相关，但企业社会责任信息披露的持续性与股权融资成本的负相关性不显著。

2.2.3 企业社会责任信息披露的规范研究

（1）关于企业社会责任信息报告鉴证的法律规制文献研究。

由于国内企业披露企业社会责任信息普遍存在着自夸式的人设管理现象，许多学者纷纷呼吁政府出台相关法律法规，对企业社会责任报告的质量鉴证进行严格把关。对于企业社会责任信息鉴证的法律标准方面相关研究观点主要有：

①有关企业社会责任信息披露需政府法定规范的约束要求。沈洪涛、金婷婷（2006）认为《上市公司治理准则》出台后企业社会责任信息的报告质量有了明显改善；郭国庆（2004）和林汉川、王莉、王分棉（2007）研究发现通过政府、法律规范来监管产品功能与价值再造行动，可减少资源投入，提升环境的绩效；范晓琳（2016），郑和园（2018）认为应通过立法，建立健全的企业社会责任相关的法律制度体系及其执法力量来实现社会责任信息披露的规制目标，从而能够改善企业社会责任信息披露的质量。

②对于企业社会责任报告进行鉴证的法律标准。杨海燕、许家林（2009）认为中国现阶段应对企业社会责任报告鉴证实施强制性标准。黄韬、乐清月（2017）认为与其强制要求企业披露社会责任信息，不如从企业外部融资角度入手，有融资需求的企业通常会为了取得融资而自发进行社会责任信息披露。

（2）关于企业社会责任信息披露的社会评价规制文献研究。

在企业建立了社会责任信息披露制度之后，该如何客观地评价企业披露的社会责任信息的质量，由谁评价，用什么方式进行评价，这些都是亟待解决的问题。有些学者主张建立社会责任信息专业评价系统，依据中国国情、相关法律法规和企业实际情况，研究与开发企业社会责任专业评价指标系统。主要研究观点有：①企业社会责任专业评价系统的内容与形式。国内学者陆建桥（1993）、阳秋林（2005）、曹树青（2006）的看法是审计人员运用一定的方法，对企业社会责任信息披露情况进行了解、询问、查阅、分析和报告的系统化的过程，是一种有效的专业化规制行为，亦称为企业社会责任审计或鉴证。李立清、李燕凌（2005）主张构建中国特色的企业社会责任评估指标体系；韩晓梅（2006）认为基于鉴证环境与对象的变化，企业对于其经营信息和企业社会责任信息保证程度的鉴证对象发生了变化，由股东转为社会公众，社会责任审计范围比传统审计要更广泛，公司治理结构的变化、生态环境支出和社会表现等非经济责任信息也是企业社会责任审计鉴证的对象之一。周祖城、王旭（2010），杜剑（2011），刘奕馨（2011）认为应建立有别于外部评价的内部评价体系。冯骢、彭新艳（2016）通过对利益相关者理论进行研究分析，构建起一个基本的企业社会评价的量化指标体系。②社会责任信息披露模型构建。蔡月祥（2011）以卡罗尔金字塔模型为研究基础，建立了企业社会责任质量评价的基本模型。孟斌、钮尔轩、匡海波、骆嘉琪（2018）通过云模型构建了交通运输行业企业社会责任评价模型。③社会责任信息披露的相关效应研究。沈洪涛、王立彦、万拓（2011）发现企业的社会责任表现能提升声誉，而企业社会责任报告鉴证并没有显著促进社会责任表现对企业声誉的作用；高文亮、张正勇（2011）认为开展企业社会责任报告第三方审验、选择适当的报告披露形式等可提高企业社会责任信息披露效果。孟宪玲（2017）通过实证研究发现企业社会责任信息披露的质量与市场反应正相关。④社会责任评价标准与方法应用研究。孙继荣（2011）认为提供高质量企业社会责任信息报告应参考 ISO26000 社会责任指南和 GRI 报告指南，结合中国企业实际情况；黎文靖（2013）认为中国企业社会责任信息报告的确存在缺陷和不足，需构建适合转型经济环境的企业社会责任信息报告的分析框架。毛淑珍、乐国林、吴阳慧（2017）采用拓展的平衡计分卡理论对企业社会责任履行情况进行量化评价。齐岳、孙丹心（2017）认为 KLD 评价法比因子分析法、相同权重法更加简单、全面，更加适合未来中国的企业社会责任评价。

（3）关于企业社会责任信息披露鉴证规制的文献研究。

有些学者认为，除了建立社会责任信息专业评价系统，还应引入社会责任信息披露的社会评价与鉴证，作为对专业评价系统的补充，以更全面、客观地评价企业社会责任信息披露的状况。相关研究观点主要有：①社会责任鉴证的性质。陆建桥（1993），阳秋林（2005）和曹树青（2006）认为社会责任报告鉴证是对相关主体社会责任履行情况的审查、分析和评价过程。金锐（2016）认为由独立的第三方专业机构出具社会责任鉴证报告可以提高其可信性。②审计社会责任观变化的影响。韩晓梅（2006）认为审计社会责任观的变化会引起审计目标、内容、方法和风险等相应变化，丰富和拓展了鉴证范围。李笑雪、郑石桥（2016）认为非财务计量是社会责任信息审计的难点，必须协调考虑非财务计量社会责任信息审计各相关要素，以此促进这个审计制度功能的有效发挥。③企业社会责任需鉴证的动因。崔孟修（2006）和黄溶冰、王跃堂（2008）认为企业社会责任鉴证的动因主要产生于有害影响原则，负外部性要求企业承担相应的社会责任，这直接引发了审计动因变更和审验。李婷（2016）认为无论是自愿披露，还是强制披露，抑或是不愿披露企业责任的企业，它们通常会隐藏对企业不利的负面信息。④社会责任信息披露的鉴证报告。沈洪涛（2016）认为中国企业社会责任报告鉴证数量有所提高、质量逐步提升，鉴证报告的数量占总体报告的比例不高，其中评价机构的低市场份额影响了企业社会责任鉴证的整体水平。孔陇、李金辉（2018）认为中国的企业社会责任报告质量偏低，第三方企业社会责任报告鉴证能力不足，缺乏相对统一的企业社会责任信息披露标准，不同企业披露的企业社会责任信息之间可比性较差。

国内学者关于企业社会责任信息披露的研究情况汇总见表2-3。

表2-3　　　　国内学者关于企业社会责任信息披露的研究情况汇集

研究视角	研究方面	研究人物	研究年份	研究内容
企业社会责任信息披露动因、要素及方式	企业社会责任信息披露动因/压力	吕立伟、李正、雷慧宇、孔龙、马媛	2006，2007，2010，2016	长期利益理论、利益相关者理论、团队生产理论、企业公民理论
	企业社会责任信息披露关联内容	顾兆峰、刘国华、阳秋林、沈洪涛、金婷婷	1997，1998，2005，2006	企业社会责任信息：环境、职工、消费者、纳税 包括：企业产品＋商业道德 更多关注：产品/员工/捐赠 更少关注：环境/社区
	企业社会责任信息披露影响因素	吕立伟、李正、雷宇慧、陈文捷、沈洪涛	2006，2007，2008，2010	企业社会责任股东反应、监管机构处罚、社会关注、规章制度是影响企业社会责任信息披露因素
	企业社会责任信息披露方式方法	黎精明、李永臣、李正、沈弋、徐光华、陈鑫	2004，2005，2006，2014，2017	企业社会责任信息披露形式：年报分散披露； 企业社会责任网站、自媒体、书面报告零散披露。具体有描述性形式、报表形式和报告形式

续表

研究视角	研究方面	研究人物	研究年份	研究内容
企业社会责任信息披露经济价值	正相关性	沈洪涛、繆朝炜、伍晓奕、陈文捷、胡超	2005，2011，2009，2017	企业披露企业社会责任信息与财务业绩是一种正向变动关系，是一种无形资源
	负相关性	李秋镝、董千里等	2006，2017	企业社会责任披露与财务绩效呈反向关系
	不相关性	宋宪中、龚晓明	1999，2009	企业社会责任披露与财务绩效之间无关系
	非线性关系	陈玉清、马丽丽	2013	企业社会责任信息与财务绩效不存在线性关系
企业社会责任信息披露质量价值	财务绩效期望的约束	陈玉清、马丽丽、杜剑、王肇、刘晓燕	1996，1997，2003，2004	企业社会责任信息披露能够增加利润和价值，反之对公司财务表现产生负效应
	自我监管体系要求	钱明、徐光华、沈弋、	2006，2016	企业社会责任信息透明度政策存在缺陷，公允披露企业社会责任信息披露是自我监管与纠正系统
	市场信号	李正、李增泉	2012	企业社会责任信息披露水平高，纳税规避行为少
企业社会责任信息披露鉴证的法律标准	政府法定规范约束要求	沈洪涛、金婷婷、郭国庆、林汉川	2006，2007	实施《上市公司治理准则》、政府法律规范、立法程序是企业社会责任法定约束要求
	鉴证的法律标准	杨海燕、许家林、黄韬、乐清月	2009，2017	应颁布企业社会责任鉴证法定标准；实现提供外部融资法定条件来施行企业社会责任标准法定化
企业社会责任信息披露的社会评价规制	专业评价系统内容/结构	陆建桥、阳秋林、曹树青、李立清、李燕凌	1993，2005，2005，2006	企业社会责任鉴证是对社会责任进行审查、分析和评价过程；是对受托企业社会责任信息的保证
	社会责任信息披露模型	蔡月祥、孟斌、钮尔轩、匡海波、骆嘉琪	2011，2018	建立金字塔企业社会责任质量评价基本模型；构建云模型的交通运输行业企业社会责任评价模型
	社会责任信息披露相关效应	沈洪涛、王立彦、万拓、高文亮、张正勇、孟宪玲	2011，2017	鉴证并没有显著促进社会责任表现对企业声誉的作用。第三方审验、选择适当的报告披露形式等可提高企业社会责任信息披露效果

研究视角	研究方面	研究人物	研究年份	研究内容
企业社会责任信息披露的社会评价规制	评价标准与方法应用	孙继荣、黎文靖、毛淑珍、乐国林、吴阳慧	2011	高质量企业社会责任报告应参考ISO26000和GRI社会责任指南；应建立积分卡分析框架
企业社会责任信息披露的鉴证规制	社会鉴证的性质	陆建桥、阳秋林、曹树青、金锐	2006，2013	独立的第三方专业机构出具鉴证报告可以提高其可信性，丰富和拓展鉴证范围
	社会责任审计观的变化	韩晓梅	2016	协调非财务计量企业社会责任信息相关要素可促进审计制度功能的有效发挥
	鉴证的动因	崔孟修、黄溶冰、王跃堂、李婷	2006，2008，2016	有害影响原则驱动企业社会责任信息的鉴证。企业常隐藏对有损害形象的企业社会责任信息
	企业社会责任信息披露鉴证结果	沈洪涛、孔陇、李金辉	2016，2018	评价机构企业社会责任鉴证报告的低市场份额影响了企业社会责任鉴证的整体水平。中国企业社会责任报告质量偏低，缘于第三方企业社会责任报告鉴证能力不足

资料来源：笔者根据中国知网数据库信息整理而成。

2.3　企业社会责任相关科研项目立项概况

（1）企业社会责任相关课题在国家三大科研平台立项的概况。

我国相当数量企业的社会责任意识还不够强烈，行为表现还不够理想，以及相关的信息披露更是不够充分，虽然企业社会责任的履行对企业的经营能力及其竞争能力提升都具有潜在的较大社会经济价值，但是实务中仍然有不少人对企业究竟是否应该履行其社会责任，如何披露充分的社会责任信息的理论依据的看法并不一致。因此，对企业社会责任及其信息披露内涵、外延、适当方式和影响效应等相关问题的研究是企业管理领域重要的理论与实务的热点课题，备受国家科研管理机构的重视，具体表现是社会责任问题一直国家级社科项目和国家自然科学基金项目重点支持的研究选题，每年都有受到资助的国家级科研项目。根据笔者收集的部分国家项目的立项信息，我国社会责任问题近十年来累计获批受资助的科研项目具体情况，概况如表 2-4 所示。

表 2-4 2011~2020 企业社会责任信息披露相关选题受国家基金资助情况

序号	项目名称	负责人	工作单位	项目归属	项目类别	年份
1	企业社会责任信息传递机制研究	杜剑	贵州财经学院	国家社科	西部项目	2011
2	企业社会责任研究	王建琼	西南交通大学	国家社科	西部项目	2011
3	我国民营企业社会责任问题的社会学研究	薛天山	南京师范大学	国家社科	青年项目	2011
4	基于企业社会责任企业软实力测量及其绩效影响	嵇国平	南昌工程学院	国家社科	青年项目	2011
5	农业产业化龙头企业社会责任研究	张照新	农业部农村经济研究中心	国家社科	一般项目	2011
6	和谐社会视角下企业社会责任及其培育机制研究	张玉斌	兰州市社科院	国家社科	西部项目	2012
7	非政府组织促进我国企业社会责任建设路径研究	冉戎	重庆大学	国家社科	西部项目	2012
8	企业社会责任表现对缓冲负面事件影响的作用研究	孔龙	兰州商学院会计学院	国家社科	西部项目	2012
9	食品企业社会责任评价与内部推动机制研究	黄俊	西南大学	国家社科	西部项目	2012
10	可持续发展视角下的企业社会责任研究	余晓敏	北京师范大学	国家社科	青年项目	2012
11	中国企业社会责任评价与推进机制研究	肖红军	中国社科院	国家社科	青年项目	2012
12	立体间性视野下企业社会责任文化及认同研究	颜冰	东北石油大学	国家社科	青年项目	2012
13	企业社会责任的决策模式研究	刘建秋	湖南商学院	国家社科	一般项目	2012
14	基于灰色关联分析法我国企业社会责任评价及推	袁蕴	西南民族大学	国家社科	一般项目	2012
15	新制度主义视角下的企业社会责任行为：多分析层面的研究	刘茜	清华大学	国家自科	面上项目	2012

续表

序号	项目名称	负责人	工作单位	项目归属	项目类别	年份
16	企业社会责任（企业社会责任）与政治行为（CPA）的关系及前因后果研究	张建君	北京大学	国家自科	面上项目	2012
17	基于义利平衡观的两岸企业社会责任取向对持续经营之纵向效应研究	晁罡	华南理工大学	国家自科	面上项目	2012
18	企业社会责任对员工态度和行为的影响研究	周祖城	上海交通大学	国家自科	面上项目	2012
19	我国企业社会责任履责不足的诱因及其激励机制研究	仲伟周	西安交通大学	国家自科	面上项目	2012
20	基于社会资本与员工效能视角的企业社会责任对经营绩效的影响路径研究	徐尚昆	中国人民大学	国家自科	青年科学基金项目	2012
21	食品企业社会责任促进机制研究——基于消费者响应的视角	王怀明	南京农业大学	国家自科	面上项目	2012
22	国有企业社会责任的理论探索与价值创造机理研究	王斌	中国农业发展集团有限公司	国家社科	一般项目	2013
23	企业社会责任价值创造机理研究	易开刚	浙江工商大学	国家社科	一般项目	2013
24	企业社会责任内部控制的实现机理与路径研究	王海兵	重庆理工大学	国家社科	青年项目	2013
25	基于融资视角的企业社会责任价值创造机理研究	王开田	南京财经大学	国家社科	一般项目	2013
26	企业社会责任：成本计量、绩效评估与推进体系实证研究	李来儿	成都信工学院	国家社科	西部项目	2013
27	消费者响应视角下的企业社会责任管理系统研究	荆丰	华东师范大学	国家社科	青年项目	2013
28	中国近代金融企业社会责任演进研究	王红曼	华东政法大学	国家社科	一般项目	2013
29	基于风险智能管理的企业社会责任价值创造研究	王清刚	中南财经大学	国家社科	一般项目	2013
30	企业社会责任信息披露的动机认知及其行为选择研究：基于议程设置的视角	王建玲	西安交通大学	国家自科	青年科学基金项目	2013
31	基于意义建构理论的企业社会责任知识传播研究	齐丽云	大连理工大学	国家自科	青年科学基金项目	2013

续表

序号	项目名称	负责人	工作单位	项目归属	项目类别	年份
32	供应链中企业社会责任协调机制研究	倪得兵	电子科技大学	国家自科	面上项目	2013
33	企业社会责任影响消费者品牌态度的内化机制研究——社会认同和互惠理论视角	刘凤军	中国人民大学	国家自科	面上项目	2013
34	基于价值链嵌入的企业社会责任绩效与市场价值关系研究	邹鹏	哈尔滨工业大学	国家自科	面上项目	2013
35	基于制度变迁的企业社会责任报告鉴证演变机制研究	沈洪涛	暨南大学	国家自科	面上项目	2013
36	市场导向逻辑下企业社会责任"行为规范"及其管理研究	王新刚	中南财经政法大学	国家自科	青年科学基金项目	2013
37	企业社会责任视角下的人力资源管理模式创新研究	王晓灵	上海师范大学	国家社科	青年项目	2014
38	企业社会责任行为向企业竞争优势转化的机理与效应研究	吴定玉	湖南师范大学	国家社科	一般项目	2014
39	基于政府社会性规制的企业社会责任推进机制研究	林军	甘肃政法学院	国家社科	一般项目	2014
40	食品企业社会责任利益相关者评价机制研究	李珂	四川省社会科学院	国家社科	西部项目	2014
41	食品企业社会责任评价与协同治理机制研究	陈煦江	重庆工商大学	国家社科	西部项目	2014
42	转型期企业社会责任战略机理研究	帅萍	上海大学	国家自科	青年科学基金项目	2014
43	制度环境、战略性企业社会责任与其行为后果：基于权变理论视角的整合研究	吉利	西南财经大学	国家自科	青年科学基金项目	2014
44	基于企业能力的企业社会责任生态溢出研究	吴荻	大连海事大学	国家自科	青年科学基金项目	2014
45	在线零售企业社会责任研究：测量维度、影响因素及消费者响应机制	沈鹏熠	华东交通大学	国家自科	地区科学基金项目	2014
46	制度视角下企业社会责任行为选择与利益回报机制研究	李冬伟	华东交通大学	国家自科	地区科学基金项目	2014

序号	项目名称	负责人	工作单位	项目归属	项目类别	年份
47	危机情境下企业社会责任对品牌的庇护及修复作用研究	周延风	中山大学	国家自科	面上项目	2014
48	相对绩效评价指标设计理论——基于企业社会责任视角	周宏	中央财经大学	国家自科	面上项目	2014
49	企业社会责任行为对丑闻品牌形象的修复机理及策略体系研究	余伟萍	四川大学	国家自科	面上项目	2014
50	企业社会责任、利益相关者满意、多元资本共生与财务绩效的传导机理研究	温素彬	南京理工大学	国家自科	面上项目	2014
51	政府行为与企业社会责任嵌套机制研究	郭岚	四川理工学院	国家社科	西部项目	2015
52	草原丝绸之路经济带企业社会责任地方立法研究	朱海珅	内蒙古科技大学	国家社科	西部项目	2015
53	社会治理结构中的企业社会责任嵌入研究	张坤	湖南省社会科学院	国家社科	青年项目	2015
54	规范偏离视角下企业社会责任群体行为演化及其管理	李祖兰	中南财经政法大学	国家社科	青年项目	2015
55	企业社会责任与创新社会治理体制研究	张宏	浙江理工大学	国家社科	一般项目	2015
56	企业社会责任的制度社会学分析研究	陈宗仕	浙江大学	国家社科	一般项目	2015
57	企业社会责任信息价值及其作用机理研究——基于呈报格式和使用者认知的视角	张正勇	南京财经大学	国家自科	青年科学基金项目	2015
58	国家空间距离、跨国并购战略聚焦与企业国际竞争力：基于海外战略性企业社会责任的视角	程聪	浙江工业大学	国家自科	青年科学基金项目	2015
59	企业社会责任与价值创造：一项基于内部控制作用机制的实证研究	李志斌	扬州大学	国家自科	应急管理项目	2015
60	社会质量和企业社会责任视角的新疆地区和谐社会建构机制研究	买生	石河子大学	国家自科	地区科学基金项目	2015
61	不同企业社会责任类型对消费者品牌评价的影响和机制研究	黄蓉	上海财经大学	国家自科	面上项目	2015
62	企业社会责任组织内部传导机制：跨层研究的视角	陈宏辉	中山大学	国家自科	面上项目	2015

序号	项目名称	负责人	工作单位	项目归属	项目类别	年份
63	基于社会网络企业社会责任与绿色治理的关系研究	王建琼	西安交通大学	国家社科	一般项目	2016
64	奢侈品牌的企业社会责任（企业社会责任）行为对消费者产生逆火效应的机理研究	田敏	西安工业大学	国家自科	青年科学基金项目	2016
65	政治寻租与企业社会责任：理论、证据及治理	李四海	中南财经大学	国家自科	青年项目	2016
66	供应链管理中企业社会责任的战略和运作决策理论与方法研究	李武	福州大学	国家自科	面上项目	2016
67	基于制度与市场压力动态交互作用的企业社会责任行为机制研究	杨艳	湖南大学	国家自科	面上项目	2016
68	农业企业社会责任缺失与农产品质量安全研究	汪凤桂	华南农业大学	国家社科	重点项目	2017
69	"一带一路"倡议下中国特色的对外投资企业社会责任	边永民	对外经济贸易大学	国家社科	一般项目	2017
70	企业社会责任负面事件网络舆情演化规律及政企合作	齐丽云	大连理工大学	国家社科	一般项目	2017
71	企业社会责任投入动态调整与优化对策研究	邹萍	华中农业大学	国家社科	青年项目	2017
72	我国职业体育俱乐部企业社会责任评价理论与实证研究	刘光同	河南师范大学	国家社科	青年项目	2017
73	我国职业体育俱乐部企业社会责任评价指标体系研究	张森	河南大学	国家社科	青年项目	2017
74	企业社会责任报告晕轮效应研究——基于业绩预告感知可信度的视角	黄晓蓓	北方工业大学	国家自科	青年科学基金项目	2017
75	企业为何履行社会责任却落得"伪善"名声？——企业社会责任类型和感知品牌伪善间的关系研究	骆紫薇	暨南大学	国家自科	青年科学基金项目	2017
76	制度环境与民营企业适应性非市场行为的实验研究——基于企业社会责任和资源获取视角	王鹏程	天津财经大学	国家自科	青年科学基金项目	2017

序号	项目名称	负责人	工作单位	项目归属	项目类别	年份
77	媒体议程设置对企业社会责任响应的作用机制研究：基于利益相关者感知的视角	黄珺	湖南大学	国家自科	面上项目	2017
78	在华跨国公司企业社会责任行为机制及其权变策略研究：基于组织合法性的视角	尹珏林	西交利物浦大学	国家自科	面上项目	2017
79	"一带一路"倡议落实中企业社会责任研究	曹凤月	劳动关系学院	国家社科	一般项目	2018
80	企业社会责任视角下绿色供应链的产销协同研究	林志炳	福州大学	国家社科	一般项目	2018
81	企业社会责任差异化的消费者响应机制与构建方法	李金华	华南师范大学	国家社科	一般项目	2018
82	制度落差对中国海外投资企业社会责任影响研究	陈怀超	太原理工大学	国家社科	一般项目	2018
83	互联网平台型企业社会责任问题研究	肖红军	中国社会科学院	国家社科	重点项目	2018
84	移动互联背景下中国食品企业社会责任问题与治理策略研究	余伟萍	四川大学	国家社科	重点项目	2018
85	企业社会责任信息沟通的双刃剑效应形成机理研究	陈艺妮	西安工业大学	国家自科	青年科学基金项目	2018
86	女性董事参与公司治理对企业社会责任的影响机理研究	吕英	兰州理工大学	国家自科	地区科学基金项目	2018
87	农业企业：企业社会责任行为与农产品质量安全保障研究	欧晓明	华南农业大学	国家自科	面上项目	2018
88	平台企业社会责任治理机制研究	陈志斌	东南大学	国家社科	重大项目	2019
89	平台经济视域下企业社会责任的多方博弈与多中心协同治理研究	厉飞芹	浙江工商大学	国家社科	青年项目	2019
90	平台企业社会责任二元体系、风险成因及协同治理机制研究	郝云宏	浙江工商大学	国家社科	重点项目	2019
91	"一带一路"倡议下中国对外投资企业社会责任跨境协同治理研究	田冠军	重庆工商大学	国家社科	一般项目	2019

序号	项目名称	负责人	工作单位	项目归属	项目类别	年份
92	绿色发展视角下新创企业社会责任的结构、多层次成因及作用效果研究	刘宗华	三峡大学	国家社科	一般项目	2019
93	面向企业社会责任的多渠道生鲜农产品供应链协调机制研究	赵霞	南京财经大学	国家自科	面上项目	2019
94	制度理论视角下的企业社会责任与制度资本的关系研究	贾芳	深圳大学	国家自科	面上项目	2019
95	基于道德视角的企业社会责任缺失与消费者响应的关系研究	周延风	中山大学	国家自科	面上项目	2019
96	企业社会责任对员工行为影响的跨层次动态机制研究：基于调节焦点理论的视角	马苓	河北工业大学	国家自科	青年科学基金项目	2019
97	企业社会责任缺失（CSI）曝光的威慑效应及作用机制研究	张华	广东财经大学	国家自科	青年科学基金项目	2019
98	产品市场和资本市场双重视角卜企业社会责任与营销战略的互动效应研究	胡兵	湖南师范大学	国家自科	青年科学基金项目	2019
99	"一带一路"倡议下中国企业社会责任管理研究	易开刚	浙江工商大学	国家社科	重点项目	2020
100	系统动力学视角下企业社会责任与经济价值的耦合协调机制研究	朱乃平	江苏大学	国家社科	一般项目	2020
101	互联网平台企业社会责任自治理机制研究	唐更华	广东工业大学	国家社科	一般项目	2020
102	生态优先导向下长江经济带企业社会责任复合治理机制研究	陈煦江	重庆工商大学	国家社科	一般项目	2020
103	企业社会责任影响资源配置效率的作用机制、理性边界与实证研究	黄荷暑	安徽大学	教育部人文社科	规划基金项目	2020
104	共享经济下跨境电商平台企业社会责任治理路径研究	朱永明	郑州大学	教育部人文社科	规划基金项目	2020
105	企业社会网络对企业精准扶贫的影响研究——基于企业社会责任视角	赵天骄	北京科技大学	教育部人文社科	青年基金项目	2020

序号	项目名称	负责人	工作单位	项目归属	项目类别	年份
106	药品安全规制失灵和企业社会责任缺失双重叠加效应及阻断机制研究	万安霞	南京信息工程大学	教育部人文社科	规划基金项目	2020
107	企业社会责任融入商业模式创新研究：共演过程、交互机理与跃迁机制	王雪冬	大连海事大学	教育部人文社科	青年基金项目	2020
108	企业社会责任的模仿行为与红皇后效应研究	邹海亮	上海大学	国家自科	面上项目	2020
109	跨国情境下企业社会责任披露研究——基于文本分析的方法	赵晶	中国人民大学	国家自科	面上项目	2020
110	线索一致性视角下企业社会责任对员工关系绩效的影响及作用机制	颜爱民	中南大学	国家自科	面上项目	2020
111	共生视阈下平台企业社会责任研究：构建、治理、价值效应	辛杰	山东大学	国家自科	面上项目	2020
112	中国企业环境治理的动力机制与激励策略：企业社会责任视角	滕敏敏	上海电力大学	国家自科	面上项目	2020
113	行善亦须真心向善：负溢出情境下企业社会责任真诚性解读研究	刘海建	南京大学	国家自科	面上项目	2020
114	基于新媒体工具的企业社会责任负面信息"漂绿"活动的识别、后果与监管研究	钟马	南京林业大学	国家自科	青年科学基金项目	2020
115	善花如何结出善果？——企业社会责任特征影响员工绿色行为的道德心理机制研究	张娜	北京信息科技大学	国家自科	青年科学基金项目	2020
116	CEO特征与企业社会责任：基于微观机制的研究	张麟	华南理工大学	国家自科	青年科学基金项目	2020
117	基于管家理论的多层级供应链企业社会责任行为传递机制研究	贾兴平	湖北大学	国家自科	青年科学基金项目	2020
118	企业社会责任解耦行为研究：制度冲突、资源依赖和行为反馈	王克稳	青岛大学	国家自科	青年科学基金项目	2020

（2）企业社会责任相关课题在国家三大科研平台立项情况的分析。

由上表可知，从 2011～2020 年来，我国国家级和省部级中水平最高的科研支持计划中：国家社科基金项目、国家自科基金项目和教育部人文社科规划基金项目三大科研平台，共计立项关于企业社会责任方面的课题 118 项，平均每年立项近 12 项。这些数据说明企业社会责任依然理论研究的热点问题，国家科研支持部门相当重视，专门针对企业社会责任相关理论问题探索研究，国家确定投入的科研资金平均每年达到 240 万元。

具体而言，企业社会责任方面申报的课题获得国家社科基金项目立项累积达 54 项，平均每年 5.4 项，其中社科一般项目平均每年获批 3～4 项，社科青年项目获批 1～2 项；获得国家社科基金项目立项累积达 54 项，平均每年 5.8 项，其中自科一般项目平均每年 5 项，自科青年基金获批 1～2 项；教育人文社科规划基金项目批准的社会责任领域相关课题，共计 5 项，平均每年约为 0.5 项，相对较少。另外，与本书选题相关的社会责任信息披露方面的科研课题获批的只有 5 年，平均每年只有 0.5 项，具体立项的题目分别是：①"企业社会责任信息传递机制研究"，是 2011 年获批立项的国家社科西部项目；②"企业社会责任信息披露的动机认知及其行为选择研究：基于议程设置的视角"，是 2013 年获批的国家自然科学青年基金项目；③"企业社会责任信息价值及其作用机理研究——基于呈报格式和使用者认知的视角"，是 2015 年获批的国家自然科学青年基金一般项目；④"企业社会责任信息沟通的双刃剑效应形成机理研究"，是 2018 年获批的国家社科青年基金项目；⑤"基于新媒体工具的企业社会责任负面信息'漂绿'活动的识别、后果与监管研究"，是 2020 年获批的国家社科青年基金项目。上述数据分析说明，企业社会责任信息披露问题研究仍然存在重要的现实意见与价值，而且全部获批项目全部都是在国家自然科学基金项目平台以及青年基金项目类别中获得的立项。截至目前，近十年时间里，国家社科基金平台没有针对企业社会责任信息披露课题进行过立项，显示出国家社科基金平台未把该问题作为国家社会科学领域的重点支持问题。

2.4 文献研究评述

（1）国外文献研究评述。

纵观企业社会责任及其信息披露的既有研究文献，整体而言，在研究对象与内容方面，国外学者比国内学者要更早开始对企业社会责任信息功能、形式与作用等方面的理论进行探索与研究。国外学者在第一次世界大战之后就开始对企业社会责任信息管理问题进行深入探讨，既研究了基础理论，也研究了应用型的理论。在研究方法方面，学者们不仅运用了规范的研究方法，还越来越多地运用了实证研究方法，也有采取描述性、实地调查式的其他多样化的研究方法。在研究的范围方面，既有开始对企业社会责任信息本身范围内的理论研究，也在开始将企业生产经营领域的社会责任的研究范围扩大到企业社会组织以外的其他广泛的领域，如政府、公共管理部门、事业单位、社会性组织、国际组织、区域性组织等。不仅涉及经济管理学科，还涉及政治学科、哲学伦理学科；既研究市场环境下的企业主体层面的社会责任行为，也研究了企业个体、公民个体、单位组织、政府机构和国家层面的社会责任行为。既研究了形式与方式等外在的企业社会责任行动及相关社会经济后果等问题，也探究了责任实质、责任动机、责任哲学和责任价值等隐性和内在的社会责任领域的深层次问题，截至目前，国外学者针对企业社会责任问题进行了积极有效的理论研究，形成了丰硕的研究成果。总之，国外学者的企业社会责任文献研究，为国际范围内的企业社会责任理论研究确立了方向，也为国内学者对企业社会责任问题的研究提供了参考与借鉴价值。

（2）国内文献研究评述。

中国学者自 20 世纪 80 年代开始研究社会责任信息披露，相对于西方国家而言，起步较晚。但是到目前为止，经过四十多年时间的积极研究与探索，大量中国学者已经初步建立起了社会责任信息披露的理论研究流派与研究体系。比如，在研究的领域方面，中国学者深入研究与剖析了中国企业社会责任信息披露的动因、要素及方式；采用多种范式挖掘了企业社会责任信息披露的经济价值；探索了企业社会责任信息披露的质量价值；探究了社会责任报告鉴证的法律标准；创新了企业社会责任信息披露的专业性社会评价研究、总结了企业社会责任评价和鉴证的主要方法。在研究内容和方向等方面，中国学者主要围绕上市企业是否应该披露社会责任信息，究竟应该如何客观、公允、合法地计量和评价企业社会责任信息等评价结果对于企业自身利益是否存在影响，政府对企业社会责任信息披露是否应该制定强制性标准，如何提供规制机制解决企业披露的社会信息失真等理论与现实问题展开了广泛研究。

（3）国内外理论研究变化趋势。

企业社会责任信息披露研究文献经过大量中外专家和学者的潜心研究与深入探索，也经历了比较长时期的发展与演化，在理论研究方面经历了多个趋势上的变化，这些变化主要包括如下几个方面的内容：

①研究范式的变化趋势。在已有的国外社会责任研究成果之中，存在着运用传统的规范研究法和西方国家比较流行的实证研究法的文献。但是中国的企业社会责任信息披露相关研究文献中，早期采用规范研究方法的文献比较多，近二十年来受西方研究范式的影响，中国企业社会责任信息披露规范研究的比例下降，更多的学者开展实证定量化的研究，更多年轻学者以实际数据验证理论研究的设想。

②研究学科的变化趋势。在企业社会责任信息披露的研究领域方面，随着国家政治、法律、经济和文化等方面的快速变化，社会责任理念和思潮也经历了一个动态的变化过程，其研究思路从一维单项化的研究思路向多维多项化的研究思路的模式转变，从传统的社会学和人类学的人文研究视域和思维，开始引入经济学、统计学、会计学、审计学、管理学、心理学等领域研究思路。

③研究范围的变化趋势。有关企业社会责任信息披露研究范围经历了一个由抽象到具体，从概念到实际行动，从简单到复杂，从现象到实质，从宽泛逐渐到细化的变化过程。从具体的企业社会责任演变到对一般性社会责任单位管理行为开展多元研究，对社会责任信息披露细节问题进行深入挖掘。

④研究应用的变化趋势。企业社会责任的应用化研究是指将社会责任的研究成果应用到具体的企业实践中发挥其积极的价值和功能。回顾中国企业社会责任研究者的研究过程，在研究成果的应用和转化方面的变化是：开始逐渐更

加贴合中国的实际国情，从提倡企业自愿性披露企业社会责任信息，到呼吁政府出台法律法规约束和全面化地规制企业披露社会责任信息。

⑤研究工具的变化趋势。研究工具是企业社会责任信息披露理论研究必不可少的手段和媒介，是推动企业社会责任信息披露研究成果涌现和转化的主要手段。在研究工具的变化方面：伴随着信息科学技术的快速发展，企业社会责任理论研究的工具也在紧随时代发展的脉络，逐渐由传统方法转变为更广泛地使用互联网、大数据、云计算等先进数学统计技术工具进行实证研究。

（4）国内外文献研究的不足。

由以上对国内外成果的综述可以看出，国内外学者对企业社会责任信息披露行为及其规范控制的研究已经取得了丰富的研究成果，他们研究了上市企业社会责任及其信息披露的影响因素或动因、披露内容、披露形式、异化行为规制办法等，国内外理论研究者对企业社会责任信息公开行为的探究已取得了大量丰富的成果，这为本书后续研究奠定了深厚的理论基础。但是从多元需求角度来讨论企业社会责任信息披露社会伦理背景，尤其是对于不同文化环境下，复杂可变动因等方面的交叉研究、综合性研究仍不够深入和不够充分；对企业社会责任信息披露制度环境约束的影响与治理框架体系构建研究也不够深入，对企业社会责任信息披露透明度评价机制的研究缺乏系统性与创新性。概括而言，对中国上市企业社会责任信息披露行为规制体系的既有理论研究状况，主要表现在以下几个方面：

①从多元化需求角度来探讨企业社会责任信息披露动因问题的综合研究仍不充分。国内外学者对于企业社会责任信息披露影响因素、披露内容、披露形式等方面问题进行了连续的理论研究，也取得了不少研究成果。这主要缘于我国上市企业管理者对企业公司治理结构与内部控制机制进行不断改善或优化，人们对履行企业社会责任的意识不断增强，国内学者对企业社会责任信息披露的内容研究正逐步成熟和完善，但是总体说来，基于不同企业资源、利益需求的复杂性等异质化特征，相关研究者特别是国内学者对于我国上市企业社会责任信息披露行为的内外关联因素与规范形式等基本理论的综合研究还不够充分，与我国企业面临的经济转型期复杂国情的现实需求之间，还有着不小的研究与探析的空间。

②对企业社会责任信息披露制度环境约束的影响与框架体系构建的研究不足。ISO26000 出台后，我国从事国际化业务的涉外企业，采取措施接受对标整改的进程快慢，很可能会影响这些企业参与国际市场竞争的约束因素或变量；林汉川等（2002）、刘英华（2006）强调中国企业首先需要转换管理层的思路，端正社会责任意识与行为，需要强化国际企业社会责任标准的内卷化改造，落实国际商务市场主体企业都非常重视的环境保护责任和职员权益保障责任，成为国际社会的同行者才可能被其市场范围接受。ISO26000 是由国际标准化组织（ISO）向世界范围内企业组织提供的指导社会责任行为的国际惯例，也是评价社会责任行为绩效的操作标准与指引；该标准以其适用范围的广泛性和应用性而著称，其原则上着重强调了企业行为对利益相关方、透明度、可持续发展、人权和多样性的关注等。但由于 ISO26000 仍处于颁布初期，很多条文欠成熟、争议很多。最重要的是，ISO26000 仅仅是一个指导性文件，仅仅能够对企业履行其社会责任提供一个指导方针，并不是强制性的规范要求，更不能作为第三方认证的标准，ISO26000 的基本目的，是倡议全世界范围内企业履行企业社会责任，促进全球对社会责任共同理解，为支持组织实现可持续发展作出贡献。事实上，由于 ISO26000 刚颁布不久，我国对这类社会责任国际准则的隐形制度环境约束研究才刚刚起步，比较缺乏对其制度约束力的研究。而全球化时代中国企业社会责任的履行背景与制度约束活动的关系、影响及其框架体系构建等理论与实践问题是促进中国企业社会责任事业发展的、不可或缺的软实力因素，是企业良好的社会责任行为与表现的约束条件、是对经营绩效产生正向刺激与影响的客观条件。因此，从企业国际化视角出发，在 ISO26000 基础上、体现中国仁爱互助的元素与和谐共赢的精神，急需进一步加快建设社会责任信息披露行为制度约束框架与披露质量规范化、透明化联动机制的研究与探索，这些研究将对于推进中国企业国际化发展与核心竞争能力不断提升、在国际市场上展示负责任中国企业形象，促进中国企业"走出去"战略的落实、建立和谐美好中国等方面具有重要的理论价值和积极的现实意义。

③企业社会责任信息披露评价指标规范化与标准化机制缺乏系统性与创新性。已有的学者对企业社会责任信息评价与披露体系设计等问题的研究，多是

以建立财务指标为主的体系为主要特征，使得中国企业社会责任信息披露体系仍然存在不够客观、不够具体、不够全面、不够可靠等缺陷与不足。概括而言，中国学者关于企业社会责任信息披露方面的研究基本上都是以国际社会责任标准 ISO26000 为参考模板，还试图补充企业在环境保护、慈善公益事业、股东责任、一般大众等方面的缺失，不过，不少企业管理层仍然是以经济利益取向为一切行动的出发点，奉行利益至上，各行其是，仍然没有形成一个较为统一的标准与尺度，并且还有很多的研究评价与分析只能通过定性分析而不能进行定量的方法进行研究，或者即便是定量进行研究，其假设的提出、样本数据的选择、结论的解释也存在一定局限性。因此，一方面，已有的研究对于企业社会责任信息披露评价指标体系规范性与标准化的研究深度不够，而另一方面，对于构建一个统一的考评企业社会责任履行情况与总体质量的评价与报告指标体系、社会责任行为的自我管理体系、社会责任状况的监督与鉴证体系等话题的研究，无论是对于企业还是政府而言都具有重要的理论研究与实践推广意义，因此，本书拟对需要继续研究的企业社会责任信息披露评价指标体系规范性与标准化的相关问题进行积极深入的探索，以逐步弥补此领域研究的不足。

④对企业社会责任信息披露鉴证等社会规制体系在上市公司的应用研究考虑不足。虽然进行国家审计或社会审计鉴证是对企业社会责任信息披露情况进行监督与规制探索的主要方式之一，但是社会责任审计仍然只是一个发展中的新生事物，无论是理论方面，还是实践方面，都处在初级探索阶段，尚有多个领域有待完善。企业社会责任审计规制存在具体不足的主要表现，可以概括为四点：其一，已有研究在企业社会责任审计鉴证的内涵界定方面并没有达成一致，审计缺乏统一性、可比性的标准，就会出现企业承担社会责任究竟是否具有可比性、可信度、鉴证效力认定等问题。其二，已有的研究多数从企业的角度去探讨应当如何去履行社会责任，对如何去判断企业是否真正履行了社会责任即社会责任的质量如何进行客观、具有可信度的审计与鉴定等问题研究较少。其三，目前我国学者关于企业社会责任行为的宏观监督管理动因、价值、影响、效果等方面的理论研究还十分缺乏可操作性与实用性，显得不够系统与深入。其四，目前企业社会责任审计的理论研究对于如何引导企业主动承担社会责任并没有明显的政策引导作用。所以，在有关企业社会责任信息披露鉴证

机制研究方面的理论问题还有待于我国学者未来继续努力研究与深入探索。

（5）预期研究方向。

综上所述，一方面我国学者四十多年来积极研究和探索，取得了一大批社会责任方面的丰富的理论研究成果，但是另一方面仍然存在着一定的研究不足与继续探索的空间，尤其是对上市公司社会责任信息披露行为规制研究缺乏整合性和创新性。在中国改革开放事业加速企业国际化进程和社会公众对企业责任的迫切需要都在不断深化的客观形势影响下，我国迫切要求迅速建立体系完整、结构科学、运作流畅、约束有力的企业社会责任信息披露规制实践的创新机制。有鉴如此，本书将在现有研究成果基础上，基于五大发展理念的新视角，致力于完善企业社会责任规制机制建设的目标，在梳理和分析既有企业社会责任信息披露研究成果的基础上，构建对企业社会责任信息披露行为评价系统的数理模型以及影响因素分析，并对全球化背景下企业社会责任与企业国际化风险感知、参与程度和进入模式的选择、企业社会责任报告审计鉴证机制等方面的规制系统构建进行深入探索，力求重新审视和探索中国企业国际化经营条件下的社会责任理论研究与实务的创新之路，并进一步提出建立有效的中国企业社会责任信息告的鉴证运作机制，切实提高中国企业内部公司治理与社会责任风险管理质量，加速中国企业参与国际化的历史进程，推动中国企业的可持续发展，谋求早日实现中华民族伟大复兴的中国梦。

由于中国经济目前正处于促进供给侧改革、保持区域经济适当增长速度、促进经济高质量绿色协同发展和推进国内国际双循环同步促进等新常态政治经济环境之中，许多企业不仅面临着内部治理结构亟待优化、外部市场竞争份额急需扩大和可持续发展趋势需要进一步积极维持等硬经济改革目标的挑战，还承受着企业公民社会责任与利益相关者权益维护意识全面提升等软文化环境约束压力。

总之，本书的核心思想是借助"创新、协调、绿色、开放和共享"五大发展理念，集合"企业、行业、社会和政府"四位一体，研究企业社会责任信息披露规制体系实现路径：以政府力量为主导，建立依靠利益相关者"共同参与"企业社会责任信息多元供给机制，通过对新常态下企业社会责任信息披露系统性深入研究，构建完善的企业社会责任信息披露规则体系。通过数据库分析、调查问卷、案例分析等实践研究方法，拟选择沪深股市前 100 家上市公司的社会责任信息披露状况进行研究。制订科学的调查计划，获取量化的企业社会责任数据。通过企业社会责任信息披露规范化动因调查与分析探究五大发展理念与企业社会责任内在关系，研究中国上市企业社会责任信息披露规则体系与可持续发展的关联影响、框架结构及中国上市企业社会责任信息披露的"互联网"智能信息平台建设的思路和方法。

| 第3章 |

企业社会责任信息披露规制
问题基本理论分析

3.1 企业社会责任信息披露基本概念界定

3.1.1 责任、社会责任和企业社会责任内涵辨析

（1）概念的内涵及对边界的认知。

根据 2020 年版《现代汉语词典》中的解释，"概念"是反映客观事物的一般性、本质性特征的一种专有概述与说明。它是体现人们思维的基本形式与核心的逻辑方式之一，通常能够抽象出若干事物的共同特点。正如著名哲学家罗德维奇基·维特根斯坦（Ludwig Wittgenstein）所言："概念可引领人类探索社会。"因此，笔者以为企业行为管理领域的研究者，在了解企业社会责任及其信息披露形式与内容等基本概念的过程中，无疑应意识到：深入研究与探讨中国企业社会责任信息披露规制动力、效应、机理、后果、途径等理论与实务课题，必须解决最基本的起源和性质问题。"内涵"是对概念的关键含义及其主要特征、特点、特性和性质等基本内容进行的内在阐释，是最基础的理论问题。

在人文领域中，"概念界定"这一说法其实就是指某一概念涉及的合理边界。而"边界"一词，从现代汉语的角度而言，其本意是指区域之间、地区之间和国家等地理范畴之间的分界线，后运用于社会学领域，是指个人与个人、组织和组织、系统与环境在相互影响与相互作用过程中，技能与效能是否能够发挥作用范围的限度、尺度和底线。"边界"也应用于经济学及其他学科领域之中。表3-1就是在经济学领域中"边界"的应用情况说明。

表3-1 经济学视角"边界"的三种解释

序号	解释与说明	应用情况	研究来源
1	衡量约束行为的最大范围	经济数学中阈值/临界值	Coase，1937
2	体现经济行为最优选择	规范路径可达到最优化	范炜，2006
3	反映多方博弈力量的结果	社会结果是事物边界函数	Smith，2009

资料来源：笔者根据查询中国知网的专业期刊、论文等资料整理而成。

具体到企业社会责任视域，"边界"就是指对企业社会责任含义涉及范围或界限的合理区分和确定。相关解释可从三个方面进行解读，如图3-1所示。

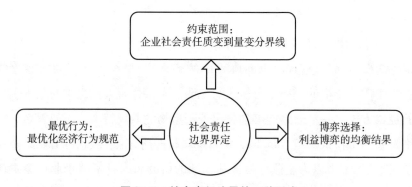

图3-1 社会责任边界的三种形式

（2）责任与社会责任概念的比较。

"责任"一词的本来意义是指某个社会主体分内应做的事。其中"责"是指做成某事达到一定的标准；"任"是指某种需要主体去完成的事件或预定要施行的某种行为。按现代汉语的解释，"社会责任"是指基于共同的物质条件而相互联系起来的人群应该承担的任务或应当完成的事情；或者由一定经济基础和上层建筑组成的整体系统应当承担的责任和义务。

"责任"和"社会责任"两个术语的相同点或联系之处是：二者都是责任，都是预定将要完成的任务或义务。二者的不同之处在于：一是性质不同。前者是抽样的术语或含义，没有特定对象；后者是某类社会形态需要尽到的义务与责任。二是范围不同。前者的范围没有实物边界和空间界限，即无范围；后者的范围非常具体，有明确的责任范畴，存在某种实际上由人为界定的范围。

（3）企业责任与企业社会责任内涵的界定。

企业责任是指在市场经济社会中，竞争主体在经营活动时，应该承担的责任与义务。但企业社会责任是指企业在经营中，对其利益委托代理人应承担的责任。一般而言，前者的范围更广泛，后者的范围更具体和详细。

目前在理论界关于企业社会责任，从外延来看，有两种界定方式，一种观点认为企业责任包含社会责任。比如企业社会责任信息就应当包括：经济责任、法律责任、社会责任和伦理责任等方面的信息。另一种观点认为企业责任就是指企业社会责任。而从内涵上来看，则存在企业社会责任铁律、企业社会责任三类主要原则、企业社会责任三大动机、企业社会责任四项特征、企业社会责任要求最大限度增进社会利益和企业社会责任是企业关键利益相关者的集合等多种代表性的观点。相关内容可见表 3 - 2。

表 3 - 2　　　　　　　　　　企业社会责任内涵的相关界定

界定类型	界定方式	核心观点	代表人物/机构
外延界定	企业责任的内涵大于企业社会责任的内涵	企业社会责任 = 经济责任 + 法律责任 + 道德责任 + 社会责任等	James J. Brumer
		企业责任 = 经济责任 + 社会责任 + 环境责任	George Enderle
		企业责任 = 经济责任 + 法律责任 + 社会责任等责任（教育责任）	M. C. Guire

续表

界定类型	界定方式	核心观点	代表人物/机构
外延界定	企业社会责任内涵的实质就是企业责任的内涵	内圈＝企业基本经济责任； 中圈＝内圈＋环保责任＋顾客责任＋员工责任 外圈＝中圈＋消除贫困的责任＋防止衰败责任	美国经济发展委员会
		企业社会责任内涵如同金字塔一样： 金字塔底层＝社会对经济组织的经济期望（最大） 金字塔二层＝社会对经济组织的法律期望（较大） 金字塔三层＝社会对经济组织的伦理期望（较小） 金字塔顶层＝社会对经济组织自行裁量期望（最小）	Archie Carroll
		基本社会责任＝对股东和员工的责任 中级社会责任＝对消费者、政府、社区和环保的责任 高级社会责任＝慈善活动、支持公益事业	陈讯、韩亚琴
内涵界定	责任铁律	企业社会责任必定包含传统经济利益和社会利益	Keith Davis
	三大原则	制度层合法性、组织层公共责任、个人层管理自主	D. J. Wood
	三大动机	限于公共福利的慈善动机、自愿性动机、行动的团体性	Manne and Wallich
	四大特征	①关系责任或积极责任；②以非股东利益相关者为义务相对方；③企业法律统一体，或正式制度与非正式制度统一体；④对传统的股东利益最大化的修正与补充	卢代富
	增进社会利益	最大限度增加除股东利益以外的其他所有社会利益	刘俊海
	相关者利益集合	关键利益相关者关系、价值观、合规、社区、环境集合	World Bank, 2005

资料来源：笔者根据查询中国知网的专业期刊、论文等资料整理而成。

3.1.2 五大发展理念关系及其企业社会责任应用解析

（1）五大发展理念的基本内涵。

2017 年中国共产党第十八届中央委员会第五次全体会议强调，在推进国民经济发展和社会稳定的各个领域、各项工作中都必须融入创新、协调、绿色、开放、共享五大发展理念，它是指导中国改革开放实践的重大发展方向，目的是实现社会经济共同繁荣和进步。关于中共中央国务院提出的五大发展理念的核心要求等相关内容可以参见表 3 - 3。

表 3 - 3　　　　　　　　　　五大发展理念的内容解读与概括

名称	目的	性质	内容	价值
创新	全面解决各方面发展过程中的动力/持续性问题	推动现代经济增长的最重要的本质要求	科技、产业、制度、理论、文化等方面新的变化与调整	实现中外社会制度、经济、法律、文明、文化的共存
协调	实现辩证、系统、整体发展，解决发展不平衡问题	减少发展中的摩擦、掣肘、失衡等的手段	城乡、产业、贫富、文化、文明、民族协调发展	改变单一偏好/路径依赖，实现整体发展
绿色	生态革命，解决人和自然和谐问题	国家管理和经济发展方式和方向的变革	生产、生活和生态方式的绿色化	影响经济变革、政治生态和社会治理
开放	真正融入世界经济体系，解决内外联动发展问题	中国社会经济发展的基本和稳定的国策	提高对外开放质量和增加发展内外联动性	参与全球经济治理，提高制度性话语权
共享	增进人民福祉和获得感，解决社会公平问题	破除发展中不平衡的体制和机制问题的最终目标	共享改革成果、共享发展机遇、共享美好生活	逐步解决分配不公、收入差距、城乡发展不平衡等问题

资料来源：人民出版社编写组．十八大报告辅导读本 ［M］．北京：人民出版社，2017 年。

（2）五大发展理念之间关系及企业社会责任应用的延伸阐释。

创新、协调、绿色、开放、共享五大发展理念是适应中国新时代改革开放和经济建设新形势提出的新思路、新方向和新指南，是深刻影响未来中国发展全局的变革性思维。这五个方面中每一方面的理念既具有独特的内涵与价值，同时也存在着相互联系、相互影响和相互促进的关系。如果其中有一个理念没有得到落实或落实不到位，都可能导致其他发展理念的落实受到限制与影响。因此，五大发展理念之间是具有内在联系的集合体，相互依赖，相互作用。其中创新是企业全面发展的根本动力，协调是企业持续进步的内在要求，绿色是永续发展的外在条件，开放是转型发展的必然选择，共享是中国特色社会主义的本质特征。因此，五大发展理念实际上，已经构成一个了有机的整体系统。其中：

①创新发展理念是核心性和关键性的发展理念。它是指对既有传统社会经济制度、理念、思想和文化的更新和重整，是协调、绿色、开放、共享等理念的基础。创新需要注重质量和数量的平衡；需要对各地区和各产业等特定范围

主体的发展进行协调，需要讲究生态环保，需要引入国际先进经济管理经验技术与方法，需要遵循共同进步和共同发展的原则。创新发展理念对其他理念有显著推动作用。因此，政府部门在企业社会责任信息披露规制工作中需要对传统的信息披露方式进行及时变更、随机调整，灵活地进行变化，才能真正增强对企业社会责任信息披露的规制力度，提升质量。

②协调发展理念是起沟通和链接作用的理念。它主要强调在国家、企业和地区经济管理中需要注重平衡、稳健地发展，在众多发展中注重融入环境保护理念，注重社会福利均衡化，强调信息科技、产业结构、城乡一体化和工农业之间的协同发展，坚持经济发展的硬设施与软实力同步发展。很明显，协调发展理念是其他四大发展理念的润滑剂。它要求地方政府和企业在社会经济发展中不能再以 GDP 高低为主要评价指标和追求目标，要注意消除经济发展中引发的社会矛盾与问题，改变路径依赖和单调的经济增长模式。因此，由于企业社会责任信息披露涉及多方的利益，在企业社会责任信息披露规制工作中需要协调利益相关者的立场和治理方式，才有可能达到更高水平的整体效果。

③绿色发展理念是方向性与战略层理念。该理念要求在创新发展中、在各地方协调发展中、在扩大改革开放的过程中，在全体人民的共享发展中各经济主体应当坚持生态协同发展的原则和方向，该理念实际上是对其他发展理念能够产生极为重要且广泛性影响的理念，将会全方位影响各地区、各企业的发展模式，从而使得社会进步，经济繁荣和环境优美。这说明绿色发展理念是其他理念的发展方向，是高质量与高目标的发展理念。因此，该理念应用在企业社会责任信息披露规制过程中可以促进相关企业走上高质量生态发展之路。

④开放发展理念是原则性与实用性的理念。该理念强调在创新发展、绿色发展、协调发展和共享发展中应注重坚持优化和融合，在各种发展中务必坚持取长补短和讲究实用的原则，其目的是增强中国各类经济主体的竞争力和使用价值，使其能够保持宽广战略视野和胸襟，避免封闭、僵化和失败。通过落实开放发展理念来汲取国际先进的政府及企业的管理制度和环保经验，积极推动各方面采取行动落实创新发展理念、践行生态文明建设和促进实现共享发展理念与目标。因此，在实现企业社会责任信息披露规制过程中应当积极借鉴其他

国家和地区针对跨国企业社会责任信息披露的规制方面的经验与教训，推动企业社会责任信息披露规制行为保持活力。

⑤共享发展理念是目的性与本质性的理念。国家和社会经济发展的最高目标是为全体人民创造出更多的经济价值和社会价值，最终追求一个公平、正义和人道的世界。因此，共享发展理念是落实其他四大发展理念的出发点和本质要求，可以为其他四种理念的发展提供伦理学支持和综合治理方面的理论依据。可以说，共享发展理念是五大发展理念的最终目标和最高层次的概念。对于企业社会责任信息披露规制而言，其终极目标其实就是促进企业内外利益相关者利益共享、信息共享和福利共享，因此，加强企业社会责任信息披露规制时应坚持共享理念。关于五大发展理念之间密切互动关系的不同维度的阐释见表 3 - 4。

表 3 - 4　　　　　　　　　五大发展理念之间互动关系的阐释与说明

角度	维度	内容阐释与说明
1	理念内容	创新、协调、绿色、开放、共享五者相互依存、相辅相成、相得益彰
2	理念逻辑	第一动力、内在要求、必要条件、必由之路、本质要求等，五大发展理念之间紧密联系、层层递进、顺理成章、交相辉映
3	演进过程	五大发展理念正在由"精神"变"物质"，增强发展的整体性、协调性、平衡性、包容性、可持续性，既是对传统发展思想进行革新升级，又是对现代发展观内涵进行全面扩维，以及对现代发展观外延的全方位拓展
4	执行程序	必须将五大发展理念统一贯彻、统一落实、一体推进、一起发力，绝不能厚此薄彼、顾此失彼，也不能相互代替，才能赢得全面建成小康社会的全面胜利

资料来源：笔者根据《中国共产党十八大报告》等公开资料整理而成。

总之，笔者以为在进行中国企业社会责任信息披露规制过程中同样需要坚持贯彻五大发展理念，积极创新企业社会责任信息披露方式，协调企业社会责任信息披露规制方式，重视绿色信息披露，借助先进信息技术推动企业社会责任信息的公开透明化，实现企业社会责任信息的社会共享，促使企业社会责任信息披露能够发挥更重大的驱动与导向作用。

3.1.3 企业社会责任信息披露规制及主要特征

（1）企业社会责任信息披露规制的基本内涵。

无论是在企业社会责任的哪一种内涵中，其履行的主体都是企业，而企业是市场经营主体，其目的是实现所有者利益最大化或者是股东利益最大化；如前面的研究文献所述，企业社会责任不只是创造价值和实现经济上的经营增加值，不只是局限于为企业的所有者——出资者或者股东的利益服务。在现代企业中，随着市场经济的发展、社会伦理道德的进步和企业社会责任管理理论及实践的不断与演化，在更多关注市场主体的利益相关者们的世界观中，在中国社会主义制度的前提下，企业社会责任实际上应该是经济主体谋求除股东利益最大化之外，用以提高社会福利的所有应尽的义务。这一种观点是对股东利益最大化这一传统原则的修正和补充，因为企业社会责任活动是在履行了经济责任之外，企业应承担的社会性义务。必须注意：这些社会性义务的内涵既包括积极遵守国家相关的法律法规的活动，也包括主动承担社会道德性的活动。

企业社会责任信息披露的内涵包含两层含义：一是企业社会责任信息的内涵，其实就是指所有反映与体现那些与企业社会责任的内涵直接相关的信息，包括对员工中评、培训、评价和考核等信息，对国家税收的配合行为的信息，对客户的态度信息，对供应商的商业往来的态度信息，对社区公益活动的经济和道义支持信息、对环境保护的支出信息及重大灾情的慈善捐赠金额或物资等方面的信息。二是企业社会责任信息披露的内涵，将企业内部的企业社会责任信息向社会公众，包括利益相关者公开的行为。即企业管理层采取传统方式，包括：企业社会责任专题报告、财务报表和支出资金账簿和年度报告，或者是采用现代多媒体方式如互联网、头条、微信、微博、公众号和视频直播等多种形式把从事的或计划从事的与社会责任活动行为及其结果方面直接相关的经济与非经济信息列示、传递和对外公布出来。

由上述内容我们可以明确企业社会责任信息披露规制的内涵是指政府、社会组织、公众、媒体和企业管理当局等社会责任利益相关者针对将企业或上市企业计划从事或正在履行的社会责任活动相关的信息（如企业在经济盈利、税收贡献、资产安全、劳动保障、慈善捐赠、环境保护、商业伦理、扩大就业、社区福利和社会稳定等领域的贡献）以多种方式披露出来的前提、动机、计划、形式、过程和结果等行为进行主动制衡、有序约束和强制规范的系列过程，目的是发挥社会责任信息的认知信号传递与行为引导的经济价值，提高中国企业社会责任投资管理水平、综合效应和社会和谐稳定。

（2）企业社会责任信息披露规制的特征。

鉴于企业社会责任及其信息披露涉及各类利益相关者，并且通常会受到这些主体的约束或掣肘，企业社会责任信息披露的过程、形式和结果一般是多方影响之结果，因此，完成企业社会责任信息披露的规制目标和内容就必须包含多元因素和方法，其中有政府指导原则、强制性规范与标准、官方的治理机构、第三方监督组织、社会评价和企业自律机制等内容。因此，企业社会责任信息披露的规制主要包括如下行为特征：

①披露管理的主动性。

在传统的企业社会责任信息披露问题的探索中，人们发现与对股东权益保护相比，企业社会责任信息披露通常并不主动，是财务信息披露的附带产品。这是，是由企业诸多外部因素共同作用的结果，因为股东的利益通常是企业管理层最关注的对象，并且获取经济利润和盈利确实是企业生存的第一要务和经营的出发点。但是由于企业利益相关者的增多，企业仅仅关注和重视经济利益不足以满足相关者的现实需求，且具有不可持续性。后来，企业经营方式的发展和市场竞争的环境演化驱动了企业经营者不能只将其责任局限于狭义的企业责任——保障出资者和股东的经济责任，其他利益相关者的利益驱动管理者应当主动披露与告知社会公众企业在乎和注重并维持他们的合法权益，才能为其权益带来更广阔的市场空间和更高份额，才能为企业提供长期化的利益保障和实现其可持续发展的长远目标。尤其是基于中国是以公有制为核心的社会主义国家的性质而言。因此，无论是企业社会责任的自我管理，还是政府和职能部门对企业社会责任的信息披露都是合规性的强制管理行为，在对企业社会责任信息披露进行合法化和透明化管理过程中，均有强烈的主动性作为重要特征，其目标是追求可持续发展。

②披露规范的强制性。

企业社会责任信息披露，是把与企业社会责任相关的信息，通过企业社会责任报告、综合报告、年度报告等固定的信息公开平台或形式，将企业社会责任信息向公众公开，以帮助企业很好地履行社会责任，促进企业的可持续发展。由此可见，企业社会责任信息披露行为是否充分和合规对于促进企业成长、强大、稳健和可持续发展而言具有重要的意义。尤其对于中国企业而言，企业社会责任的合规性和效率性又与该企业所在社会经济环境中政府部门和立法部门制定的规范是否具有强制性存在密切的关系。具有强制性的披露标准可以借助外部强力机构的力量对企业管理层施加政权管治和经济环境外的政治压力。

新中国成立以来，全国人大常委会等立法机关通过并施行了《中华人民共和国宪法》《中华人民共和国公司法》《中华人民共和国劳动法》《中华人民共和国环境保护法》《中华人民共和国产品质量法》《中华人民共和国安全生产法》《中华人民共和国公益事业捐赠法》《中华人民共和国反不当竞争法》等至少21部与企业社会责任及其信息披露行为相关的法律规章。此外，2006年2月15日，中国财政部颁布了《企业会计准则》《金融企业会计准则》《中小企业会计准则》，不仅是对中国境内的企业会计信息披露进行的统一规范，而且还在很大程度上促进了中国企业社会责任信息的强制性披露，丰富了中国强制性信息披露规范的标准的权威性，促使企业更好地履行社会责任，发挥了强大管制作用，体现了法制威慑力。

③披露标准的权威性。

企业通过发布企业社会责任报告，社会公众等利益相关者强制性报告企业社会责任信息（理念、愿景、目标、系统、执行、计量、监督与报告等），或自愿性地披露非财务信息的行为，就是企业社会责任信息披露。企业社会责任信息披露规制的相关方，要想真正提高企业社会责任信息披露的效率，实现其披露的目的，必须首先为企业提供企业社会责任信息披露的统一性标准，提高这些标准的权威性，才有可能引导和驱动企业主动和积极地向社会公众披露更多高质量的企业社会责任信息。

直到20世纪60年代，世界上部分国家和地区在经济增长和工业化深度发展过程中逐渐暴露出诸多企业社会责任及其信息披露缺失的弊端，如存在对环境的巨大污染、许多地区企业的劳动工作条件恶劣、职工生活无保障、偷漏税金等严重损害社会责任的情况，而且存在隐瞒破坏环境、损害职工权益、提供伪劣产品等负面信息等不良行为。为了保证披露的企业社会责任信息的完整性、权威性，客观反映企业的真实社会责任行为，西方各国政府和国际组织逐步开始颁布一系列有约束力的法规、规制和措施。如《全球契约》《日内瓦宣言》《SA8000》《跨国公司道德标准》《公司法》《企业发展规则》，这些规则和规范具有适用范围广的特征，要求企业在更广泛范围内主动承担社会责任及主动披露信息，这些行为的履行会造成企业的社会管控成本内部化，会增大企业的经营各类成本支出，但是对这些企业的市场竞争和社会反响而言，依然具有重要意义。因此，国际化的企业和规制比较严格国家的企业，通常其企业社会责任信息披露标准方面更具有权威性。

④披露约束的系统性。

首先，在披露要求的内容方面，必须具有系统性。企业对外披露的企业社会责任信息除了要保证披露信息的完整性、权威性之外，还要具有系统性和全面性，既需要披露营销信息、会计信息、财务信息和其他经济信息，还需要披露利益相关者关注的信息，比如人力资源成本、管理者的理念、公司治理制度、员工利益保障程度、企业学习成长能力、战略变更的速度、绿色环保行动和社会慈善捐赠表现、职业道德形象等非财务信息和非经济信息；既要披露正式制度信息，也需要披露非正式制度信息。只有这样，企业社会责任报告的使用者才能全面、客观、明确地获取可供决策的信息，以此作出正确的判断。其次，在披露的规定方式方面，必须具有全面性。所有与企业社会责任信息披露相关的法规的执行都要求采取全面性约束措施进行监督、管理、评价、控制和报告，其中在对上市公司的信息披露规定中要求规制企业按照法规要求提供标准化的、体例统一的信息报告形式与模式，从而实现系统化的企业社会责任信息披露的目的，并达到最优化的社会责任行为扩散效果。

有关企业社会责任信息披露规制主要特征的具体内容，可参见表3-5。

表 3 - 5　　　　　　　　企业社会责任信息披露规制的主要特征

特征	内容
主动性	企业社会责任理论发展的早期阶段，企业的责任主要是指经济责任，或股东责任，或投资者与出资者的责任；随着利益相关者理论产生，出现主动进行企业社会责任信息披露的意愿
强制性	新中国成立以来，全国人大常委会等立法机关通过并施行了《中华人民共和国宪法》《中华人民共和国公司法》《中华人民共和国劳动法》《中华人民共和国环境保护法》《中华人民共和国产品质量法》《中华人民共和国安全生产法》《中华人民共和国公益事业捐赠法》《中华人民共和国消费者权益保护法》《禁止使用童工规定》《中华人民共和国大气污染防治法》《中华人民共和国反不当竞争法》《企业会计准则》《中央企业社会责任报告要求》等至少21部与中国企业社会责任及其信息披露行为相关的强制性法律法规与统一性官方要求，很大程度上促进了中国企业社会责任信息强制性披露
权威性	20 世纪 60 年代，西方各国政府颁布的一系列与企业社会责任相关的法规和措施，如《全球契约》《日内瓦宣言》《SA8000》《跨国公司道德标准》《公司法》《企业发展规则》，强制要求企业履行其社会责任行为和披露社会责任信息
系统性	企业社会责任报告应当具有系统性和全面性才可能实现公允性和合法性，企业社会责任报告的使用者才能明确地获取相关的信息，以此作出正确的判断

资料来源：笔者根据查询中国知网的专业期刊、论文等资料整理而成。

3.1.4　可持续发展的内涵及其应用价值的说明

（1）可持续发展概念的由来与含义。

可持续发展（SD）[1] 是指一定社会主体在其社会经济活动中的行为及创造的价值，既能维持当今社会发展利益的开支需求，又不损害未来社会、组织及个人能继续生存与发展的利益，并能实现稳健和连续性地向前演化与进步的状态。

而企业的可持续发展则是指企业主体以现行的制度环境、经营管理战略与运行模式能够维持较长期的稳定状况。可持续发展目标是每个理性的市场经营主体致力于追求的终极目标。这一概念最早源于挪威首相布伦特夫人 1987 年在联合国环境与发展委员会上提出的每一个国家或地区的经济建设都要致力于实现永续发展目标，后来学术界多数学者认为可持续发展目标的概念比永续发

---

① SD 是英文 Sustainable Development 的缩写，亦是地方经济或企业的可持续发展的简称。

展目标的概念更显中性和更加客观，便逐渐将可持续发展目标作为社会经济主体发展应追求的目标，而且陆续被世界上 178 个国家政府和民众所支持与认同，并将其作为他们自己国家实施经济社会改革、规划与发展的长期目标。

　　基于上述理由，为继续推动中国社会经济的高质量发展，2002 年中国共产党第十六次全国代表大会确定建设小康社会战略愿景和目标之一是实质提升地方经济及国有企业"可持续发展能力"。实现该目标的基本策略包括：持续发展的长期目的是——改善与提高全体人民的生活质量；持续发展的短期目的是——改善区域经济与实现个体的物质财富的增长；持续发展的保障是——良好生态环境与绿色资源循环系统；持续发展的政治基础是——现代化的政府治理体系；持续发展的精神基础是——和谐的伦理观、道德观和价值观。既有必要对当代社会主体的权益与生存负责任，又需要对代际社会主体的未来发展权益负责任。同理，作为市场竞争的主体——企业必须坚持将长期战略和短期目标相结合、效率与速度相平衡的原理应用到企业的日常经营决策之中，保持企业稳健发展。

　　如何定义企业可持续发展的内涵，不同的学者对此有不太一致的看法。主要的观点及其不足可参见表 3－6。

表 3－6　　　　　　　　关于企业可持续发展的不同含义

序号	可持续发展（SD）定义	学者	年份	不足
1	企业为维持长期发展，要考虑短期利润增长和市场扩张，还要考虑持续利润增加和良好的公共关系	孙继伟	2001	未提生态环境要求
2	企业在相当长时期内，通过持续学习和不断创新，使得组织运行效率不断提高，规模不断扩大，经济效益稳步增长，形成良好的成长机制，巩固在同行业中的地位	何忠	2003	未考虑企业与环境关系
3	企业作为营利性组织和创造财富的组织，其所从事的创造财富的事业在一段较长的时间内，不断地实现自我超越，由小变大，由弱变强，持续地取得不低于市场平均利润率的收益，满足企业利益相关者的合理利益需求	肖海林、王方华	2004	强调动态性和时间，未提生态环境责任
4	公司如何科学管理，以保持公司快速健康成长；作为宏观经济的微观主体，其发展目标应与国民经济的可持续发展保持一致，努力实现人与环境的和谐统一	黄速建	2001	未考虑地区经济、人文差异

续表

序号	可持续发展（SD）定义	学者	年份	不足
5	SD 是企业在追求利润最大化中，以社会责任为出发点，贯彻经济和伦理相协调的原则，不断进行创新，环保、高效使用资源，不断超越自己，创造利润，满足企业利益相关者合理要求，追求长盛不衰（超过同行平均寿命周期），实现企业与社会永久性和谐发展的生存状态。	李培林	2006	需要注意多方协调
6	SD 是一种具有经济含义的生态概念。一个持续社会的经济和社会体制的结构，应是自然资源和生命系统能够持续的结构。特征包括：公平性、持续性和共同性	莱斯特·R. 布朗	2008	未考虑其他范畴

资料来源：笔者根据 2021 年中国知网数据库和互联网新闻信息链接整理。

综上所述，笔者认为可持续发展理念实际上是特定主体或人群通过有目的和有意识控制自身的生活、生产和集体行事等方式，形成一种追求经济发展、自然环境和社会发展一致，公平和效率目标趋同，当前与长远、局部与整体相兼容的社会发展模式。因而，可持续发展方式是一种讲究稳定、追求平衡的发展方式。

（2）可持续发展概念蕴含的积极价值。

由于可持续发展概念具有内涵丰富、寓意深远、要求全面的特点，同时也正在许多国家和地区的积极探索之中，逐渐形成了大量的丰富实践经验。因而，对国家和区域社会经济发展具有重要的价值。有关可持续发展目标具有的积极现实价值可概括如下，亦可以参见图 3－2。

图 3－2　可持续发展理念的多重实用价值

①战略价值。无论是国家还是企业实施可持续发展战略，都将有利于其确立明确的战略目标，有利于提前规划长期性的发展任务和优化经济与生态发展

结构的路径，有利于全面促进区域和企业的经济效益、社会效益、生态效益和社会伦理效益的协调与统一。

②转型价值。国家、地区和企业树立可持续发展理念和目标，帮助相关经济主体改革，调整和改变发展方式、管理方式、经营方式和盈利方式，特别是有利于促进该社会经济主体的经济增长方式发生全新的变化，即由追求发展速度的粗放型增长逐渐向资源集约型增长方式转变，有利于促使特定主体经济发展与人口、资源、环境相融合与相平衡。

③治理价值。确立可持续发展理念与目标对于政府主管部门、企业高管层而言，其实相当于提供了可以判断相关社会主体是否尽职、尽责和尽能的主要指标与衡量的尺度，以便对其绩效进行考核、考察和考评，有利于政府部门进行有效的治理，有利于企业高管优化内部治理结构，保障国民经济能够实现持续、稳定、健康发展，以及有利于全面提高人民的生活水平和质量。

④驱动价值。可持续发展目标的确立，可以帮助政府主管部门和企业治理层端正社会经济发展的指导思想，进而促进战略规划和管理有步骤地推进，从注重眼前利益、局部利益转向注重长期利益、整体利益，从物质资源推动型的发展转向非物质资源或信息资源（科技与知识）推动型的发展。

⑤循环价值。由于中国人口多、自然资源短缺、经济基础和科技水平落后，只有控制人口、节约资源、保护环境，才能实现社会和经济的良性循环，使各方面的发展能够持续有后劲，因此，在中国社会经济转型期内，以可持续发展的理念为目标导向无疑将会有助于从经营理念和战略发展观等方面促进与推动企业在经营活动中实现内外部经济与社会、法治、资源和自然环境的良性循环。

（3）可持续发展理念与企业社会责任及其信息披露规制关联性。

企业可持续发展是指企业在市场经济建设或经营管理中，坚持经济高效地筹集、投入、运用、计量和考核维持其生产经营所需要的经济资源、财务资源、自然资源和重要能源，从而维护和保障企业在保障出资者的利益的同时，又能够满足和实现债权人、政府财政部门、税收机关、社会公众等其他利益相关者及中国社会文化环境和自然环境等方面的利益，实现社会、政治、经济、法律、卫生和社会环境效益的全面融合，促进企业主动、积极和全面地履行社会责任行为要求，从而为企业与市场、竞争者、消费者、社区和公众之间的共赢、共生和共享服务，并促进企业收益连续稳健地增长。因此，可持续发展和企业社会责任信息披露规制之间存在着密切的关系，既在一定内涵和外延方面存在一定差异性，也存在着相互影响、相互依赖、相互作用和相互促进的内在联系。二者之间的异同点和互动关系等具体内容分别可详见表3-7和图3-3。

表3-7　　　　　企业社会责任信息披露规制与可持续发展理念的关系

区别	企业社会责任信息披露规制	可持续发展
含义	企业社会责任信息得到公允、合法、公开地报告	科学、高效、连续、长期的进步过程
性质	一种管理方式、控制方法和管理行为	一种发展理念与发展目标
功能	针对企业社会责任行为和责任信息传递、报告、成果应用、公众认可、环境改善进行有序约束与规范	为社会经济主体提供进一步发展指导原则、规划计划、行动引领和战略导向
层次	政府主管部门、社会鉴证、企业治理层和管理层	政府、职能部门、企业和事业单位应用
范围	国有企业、民营企业、中小微企业、合资企业	国家发展、地区发展、企业发展
联系		
两大方面	一方面，企业履行社会责任和公开社会责任信息，将会有利于推动自身在未来可持续发展。主要理由如下：	另一方面，企业坚持可持续发展理念并将其作为战略目标，指导经营管理和实现更多盈利，有利于更好地履行社会责任。理由如下：
相互影响	披露企业社会责任信息规制有利于增强企业竞争力。企业把社会责任整合到销售业务，通过践行社会责任赢得消费者和公众对品牌的认同，提高竞争力，是高水平、智慧型选择，便于获取更多国家政策和公众舆论的支持	①企业实现可持续发展目标过程中时刻渗透着社会责任。作为一种社会组织，企业有责任：一是保护其可持续发展生态环境，在生产经营中自觉保护自然环境，防止污染，维护生态环境持续性，便于为企业提供连续的生产资源。二是保护其可持续发展市场环境，节约有限资源，提高生产率，避免浪费资源来发展生产，以保证下代人利用资源的权利不受侵犯，保证经济持续稳定发展。三是保护其可持续发展社会环境，维护社会公平，做到增加就业，救助贫困地区和资助社会公益事业，促进社会公平和谐
相互作用	披露企业社会责任信息规制为企业发展拓展更广阔的生存空间。因为企业社会满意程度实际上是其发展的关键因素。企业只有以实现社会利益为重，在优先实现社会利益最大化目标的前提下，再追求企业利益最优化，即保持社会福利最大化目标下的经营利润最高，进而才能拓展出更广阔的企业生存空间	

续表

区别	企业社会责任信息披露规制	可持续发展
相互促进	披露企业社会责任信息规制有利于为企业可持续发展提供稳定的价值观和经营指南。企业的长久发展应确立长远和持续发展的正确价值观，坚持资源合理、高效地利用，把利益相关者的利益同企业效益相结合，通过履行社会责任，化解经营风险。追求企业与社会的和谐，能引起员工共鸣，增强员工凝聚力和使命感，从而构建独具特色的企业精神，推动企业与社会、自然、员工及员工内部之间达到高度协调，实现企业可持续发展	②可持续发展目标可引导企业的社会责任表现。唯有做大做强，持续盈利，带给社会的整体利益才会更大。一是企业赚取更大量利润，企业社会责任支出才有可能扩大，进而增强履行社会责任的能力。二是企业强大了，对于企业声誉重视程度也会加大，为了提高竞争力、员工满意度和社会认可度，降低风险，优化竞争环境，就必须更加重视消费者和员工的利益，自觉保护生态环境，主动参与社会福利事业等，这正是企业履行社会责任的行为体现

小结：任何一个企业，都无法在丝毫不承担社会责任的情况下，能够长久生存下去。只有秉持"取之于社会，用之于社会"理念的企业，才能达到与社会利益的和谐统一，最终实现可持续发展

资料来源：笔者根据查询中国知网的专业期刊、论文等资料整理而成。

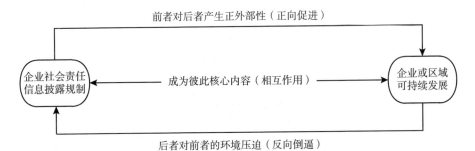

图 3-3　企业社会责任信息披露规制与可持续发展的互动关系

3.2　企业社会责任信息披露规制基础理论及运用阐释

3.2.1　利益相关者理论与企业社会责任信息披露规制需求

（1）利益相关者理论核心思想与企业社会责任的需求。

美国著名管理学家伊戈尔·安索夫（Igor Ansoff）在1965年出版的《公司战略》一书中首次提及利益相关者的概念。此处的"利益相关者"是指与企业

经营最终收益直接或间接相关联的主体，这些相关者对企业管理学的主观态度和反应会在不同程度上影响企业的经营管理工作的方向或效率，后来逐渐形成了利益相关者的经济理论。主张该类企业管理思想和理论的代表学者之一——弗里德曼（Freedman，1984）认为股权投资者、员工、购买者、供应商、政府和潜在消费者等才是企业利益相关者，即企业利益相关者是指那些对企业战略、运营和收益有产生影响的群体。根据他们与企业的关联性，以及对企业经营管理影响的相关程度，弗里德曼认为企业对他们有着不同的责任，或企业与之存在某种"社会契约"。笔者认为某企业利益相关者的类别，应按照与企业经济利益是否直接相关的程度分为：核心利益相关者（股东、党委、员工和行政管理者），重要利益相关者（财税机构、债权人、供应商、消费者）和外围利益相关者（社会公众、周边社区、非政府组织、慈善团体、新闻媒体和专家学者）等，其中核心利益相关者和重要利益相关者一般情况下会存在有形的社会契约（如正式和非正式的合同、协议、口头承诺），外围利益相关者通常存在的是隐形的"社会契约"，见图3-4。

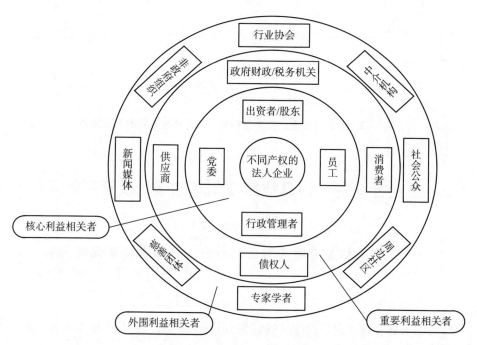

图3-4　当前中国企业多层利益相关者基本关系图谱

利益相关者理论是指企业作为一个经济运行体，其运营管理通常会涉及多方权益分割，而不应该仅仅只考虑所有者的权益，还应尽量补偿除所有者之外其他利益相关者的合法权益，权衡与企业相关的各个利益团体的利益及其贡献大小来分配经营收益。从应尽责任的角度而言，企业如果只考虑股东的权益即必须要履行企业的经济责任。如果还要考虑其他相关者的利益，则意味着应当履行社会责任。该理论告知人们，一个企业要想实现可持续性发展，既要充分行使和履行好本企业的经济责任，也要维护好和尽到应尽的社会责任。从图 3－4 可知，企业在能满足核心利益相关者利益时一般可称之为履行了其应尽的经济责任。如果还能充分满足重要利益相关者和外围利益相关者的需求就说明该企业尽到了其应担负的社会责任。

企业的利益相关者对企业社会责任信息的充分和全面的需求在一定程度上会促进企业主动或自愿性地提升对企业外部受众充分公允披露企业社会责任信息的效率与水平。即股东、债权人、顾客以及非政府组织等利益相关方在做决策时如果纳入考虑的变量和条件更多，企业对于其他社会责任利益相关者的企业社会责任信息就越重视，就能更积极地向重要利益相关方披露企业社会责任信息。

（2）利益相关者理论应用于企业社会责任信息披露规制的积极影响。

①利益相关者理论为企业社会责任信息披露的现实行为提供了充分的理论基础与有效应用的支持框架。根据对前文已有的研究文献可知，在如今企业社会责任衍生理论的研究领域里，在理论研究者视野中，许多企业之所以愿意采取披露企业社会责任信息的特定行为与方式，是因为他们发现利益相关者理论可以为这些行为提供理论支持依据与系统的框架。因为基于该理论的广泛适应性特征，利益相关者理论可以为经济管理领域的许多研究问题提供充分的说服力。相应地，企业社会责任信息披露规制行为需要进行有序规范的理论根据，依然是众多利益相关者的利益诉求，以及政府有关部门的关注和维护。此外，如果各利益相关者的代理人能够借用利益相关者理论，将会为企业社会责任信息披露规制绩效衡量提供评估动力，只是需要注意在对企业社会责任信息披露规制行为充分性与有效性等问题的研究中，这些基础理论分析与阐释不充分、不到位、不精准等导致不同产权性质类型的企业主体在进行企业社会责任信息

披露涉及内容、模式、评价和监督规范等方面行为时，可能出现偏差与误判，进而导致非预期的经营成果。

②利益相关者理论可为企业社会责任与经济绩效关联性研究提供一种专业化解释与说明，以及社会责任理论与实务问题的分析框架、链接媒介和支持依据。首先，企业的利益相关者理论是企业社会责任及其信息披露理论研究的重要基础性概念、原理和分析依据。佰纳黛特（Bernadette）和拉夫尔（Raffel）认为基于利益相关者理论，可以为企业社会责任信息披露动机与其财务绩效的内在关系量化研究提供一个新的视角；而且当企业的经营行为能够满足更广泛的利益相关者需求时，该企业的财务绩效或企业的市场价值也会同步提升。这种关系意味着考虑利益相关者的理论基础，可能会发现企业社会责任信息披露动机中存在的更多影响因素与新的变量。其次，利益相关者理论可用来反映企业社会责任信息披露实务与社会责任行为的动机，以及用来阐释企业维护利益相关者的利益与其经营活动所持立场的密切关系，因此，利益相关者理论还是针对各类性质企业社会责任的研究提供社会责任理论与实务之间链接的媒介。最后，利益相关者理论还有利于政府管理机构进一步加强企业社会责任信息披露规制，并提供有利的实用性支持依据。

③利益相关者理论可为量化企业社会责任信息披露绩效提供实用的技术工具与方法。迄今为止，无论是理论界还是实务界，人们对于界定企业社会责任含义的具体内涵的观点并不一样，对于不同视角的利益相关者来说，其利益相关者的范围也很可能不同。因此，大家在探讨社会责任的理论与实务问题时，往往是基于维护相关个体自己立场的角度，来考虑企业社会责任信息规制的功能、效果和形式等实务问题，往往难以形成一致性的立场与认识，其评价和衡量的方法往往不能够客观、公允地认知、计量社会责任治理质量与效率。如果我们能够从维护利益相关者的视角出发，并以此作为企业社会责任信息披露理论研究的出发点，企业未来经营形势与前景等相关情况很可能会明显不一样。因为狭义的企业社会责任只是对股东这一关键的利益相关者负责；而广义利益相关者的责任，不仅有股东这一核心利益相关者，而且还有债权人、政府公共管理部门、企业经营者、雇佣的长短期职工、消费者和上下游供应链上的商业伙伴。每一方利益相关者均有自己独立的利益诉求，需要接受与利用所在地域

的企业社会责任信息。两种范畴的利益相关者，均可以其利益是否得到满足作为企业社会责任是否履行到位作为评价和衡量的指标。因此，笔者以为以利益相关者为评价指标和计量技术方法，能够公允计量与评价企业社会责任信息的内容与方式的有效性，可以为量化和判断企业社会责任信息披露动机、过程与后果，提供具有可操作性的实用技术工具与方法。

3.2.2　企业公民理论与企业社会责任信息披露有序管理

（1）企业公民理论基本内涵的解读。

早在 20 世纪 80 年代，在西方社会的企业社会责任理论界就开始有学者提出"企业公民"（Corporate Citizenship，简称 CC，亦称为公司公民）的概念，并逐渐演变成一种具有完整逻辑结构的企业管理思想和理论。此处的"企业公民"就是指市场经济社会背景下的企业经济主体，就如同社会中的公民个体一样，实际上具备了社会活动中的公民身份，同样应具有社会公民的应有道德、伦理意识与文明的理念，并且享有企业公民的合法权利，承担企业公民的必要义务。其含义是指自然人意义上的公民身份，企业应参照类似于普通个人的行为，以特定法人的公民身份全面参与微观的企业产供销等具体商业性活动、中观行业管理和宏观性的财政税收金融等方面的调控运行，主动履行应尽的社会责任，自觉承担社会道德义务，同时强调依法享有国防、安全、法制、公平和公开地进行良好与合法的商业活动的环境等社会权利，从而成为促进社会经济环境优化和可持续发展的积极推动力量。该理论是企业社会责任的升级版，并且与企业的管理伦理思想密不可分，有独特的理论内涵。

由于企业公民理论的核心思想是强调从社会系统论的角度而言，企业是社会的一分子，也是社会大家庭中的一个小分子，具有做一个合格的社会公民的责任和义务，并且必须采取必要的企业公民具体行动表现来证明其社会行为和社会表现。其核心观点是：企业的成功与社会稳定繁荣发展息息相关，企业从社会取得经济利益后应反馈和回报社会，其特点是自觉自愿。王希泉、周海炜、张轶（2012）认为企业行使合格公民行为的主要内容包括：公司治理和管理层的治理制度设计合理性和是否具备较高的道德价值、企业对内部员工权益的维护与保障、使用清洁能源与减少污染排放及减少能源消耗等环境保护行动、企业员工是否参与慈善和公益捐赠等志愿服务或社会公益活动、是否存在为供应链上中下游企业提供公平交易机会的供应链伙伴关系和重视产品治理及公众反响的消费者权益保护活动六个方面的主要内容。相对于企业社会责任理论，企业公民理论不仅强调企业的社会责任，而且将愈发重视评价企业自身的行为责任的意愿，而且还更加强调和保护企业公民自身应具有的权利。

同时，现代的企业公民理论强调，企业是一个市场经济环境经营实体，需要从事盈利性活动，需要创造价值来维持生存；同时也是社会主体之一，其经营活动离不开消费者、供应商、社区居民等社会群体的支持、离不开政府提供的必要行政法制环境和保护，也就是说，企业同样需要考虑其他公民的感受与权益维护情况，因此，企业主体应当基于负责任公民的视角，将自身的经济行为与社会利益相结合，在履行经济责任的同时，主动承担相应的社会责任。

笔者认为企业的公民理论实际上是从权益发展的长期性的战略性视野去看待和规划企业自身的社会责任目标、行为和信息披露制度体系，而战略性企业公民理论一般包含：经济方面的逐利和取利的公民行为、法律方面遵纪守法的公民行为、道德方面恪守道德底线的公民行为以及慈善方面积极奉献的公民行为等内容。如果这四种责任同时存在于企业的公民行为中，人们可认为该企业在我们这个社会中的行为是每一个合格公民的应有行为，将获得更多社会个体的尊重、认可和欢迎，从而能够获取更多长期的经济与社会等方面的综合利益。

在分析企业公民理论之后可知，其实每一家企业公民背后存在多重性质，既有经济属性也有社会属性，既有个体的盈利追求也有整体性的持续发展需要。因此，企业最长远和最高水平战略和社会使命的选择，应该是尽可能地为更宽泛意义上的社会主体（利益相关者）提供多元价值增值服务，自觉地将自身的行为融入企业能够直接或间接创造福利的具体商业经营活动，以及附带的社会服务活动之中去；将来自社会公众的财富赋予公民，为全社会做贡献。

关于企业公民行为表现的基本内涵的相关内容，可参见表3-8。

表 3 - 8　　　　　　　世界经济论坛关于企业公民内涵的界定

内涵	说明
具备良好公司治理和道德价值观	企业公民的义务：应遵守法律、现存规则以及国际标准等
承担对企业利益相关者的关怀责任	企业公民的义务：员工安全计划、就业机会均等、反对歧视、薪酬公平
承担对法律环境、自然环境和商业环境的责任	企业公民的义务：遵守法律、维护环境质量、使用清洁能源、共同应对气候变化和保护生物的多样性等
承担对国有资产和资金价值的维护义务	企业公民的义务：强调要实现国有资本、国有资金和国有资产的保值和增值，合法纳税和享受税收优惠、财政补贴政策
承担对社会发展的广义贡献，比如政府政策支持和公益慈善支出	企业公民的义务：对社会和经济福利作出贡献，如照章纳税、传播国际标准、向贫困地区提供要素产品和教育、捐赠资金物资等服务

资料来源：笔者根据查询的中国知网专业期刊、论文等资料整理而成。

（2）企业公民理论与社会责任信息披露有序管理的关联性。

实际上企业公民理论的形成与演化的历史基础是企业社会责任思想，是企业社会责任理论发展的高级阶段，与公民信息合规及公开性的法律思想也有密切关系。因此，企业的公民理论与企业社会责任及其信息披露有序管理存在着显著的关联性。

一方面，企业公民理论与企业社会责任信息披露规制是两个不同的理论内涵，前者强调企业的社会属性和社会价值，包含企业公民应得到的公民权利和利益，也包括其应尽的公民义务和要求，强调公民遵守现行法律的义务，维护公平与主张正义，创造公共福利。而后者则强调企业社会责任属性和充分信息，履行公开透明报告的责任，包含各种企业应尽的责任：创造经济价值的责任、遵纪守法的责任、与企业地位相称的慈善责任、关心职员福利的责任、提供高质量安全产品的责任和提供真实信息的责任等内容，注重企业社会责任信息的披露规范性和公允性。

另一方面，企业公民理论与企业社会责任信息披露规制也存在内在的联系和互动性关系。①企业公民理论是企业社会责任及信息披露规制的理论基础。企业公民理论强调企业的社会公民权利与义务同等重要，既要履行经济义务、承担社会责任，也要遵守道德要求，因此，企业需要基于企业的公民理论核心思想来加强对企业社会责任信息披露的规制与管理。②企业公民理论推动了企业社会责任信息披露规制实务的进步。从最初的公民意识和公民行为，到后来的公民责任与公民信息公开及企业公民形象的评价的演变，企业公民理论也经历了一个持续变化与发展的过程，这些过程逐步推动了企业社会责任及信息披露的规范化与治理升级的过程。通过扩大和丰富企业社会责任信息披露的内容及其规制实务落实了社会公众对企业实践企业社会责任实际状况的知情权，使得公众对企业责任给出积极反应。③企业社会责任披露的规制实践探索进一步丰富了企业公民理论的内涵。中国政治制度的核心是民主集中制，这决定了中国企业必须履行和承担足够的经济社会责任，必须对社会公众如实提供关于企业的社会责任行为与结果的具体信息。为保证企业社会责任信息披露效率与质量，政府对企业社会责任进行长期有目的的约束、控制与制衡，这种社会责任主动管理行为又在更权威的层次上丰富了企业公民理论的意蕴和体系。

总之，企业公民理论是站在社会和道义的高度，确立了企业新的价值定位，重构了持续发展的使命。而且基于此理论，企业与政府、社会公众之间，就形成了全新的"契约合同关系"，确定了企业新的职责、权利、义务、法律和社会等更宽泛的属性，而且具有法律保护的有利发展环境，便于企业为社会范围的其他公民，以理性道德的行为，兼顾弱势群体的权益，而不是只顾企业个体或私有的利益，提供社会化的服务，贡献出更多的经济福利、公共利益与社会福利，同时，这些公民行为也会给企业带来更长期的经济回馈。因此，在市场经济社会里，成为一位对社会全体负责任的企业公民，是每一位理性经济人正确及明智的抉择。

3.2.3　社会契约理论与企业社会责任信息披露实质控制

（1）社会契约理论的内涵与主要特征。

"契约"是人类社会中建立在彼此一致的合意基础之上的社会规制范畴，契约方主动控制自身行为，才能发挥其约定的效果。该理论是负责维系人们之间社会关系稳定的日常基本行为规范，基于契约交易是制约商业往来行为双方或多方之间的决定、确定和约定，存在口头承诺、书面合同协议和电子契约等多种形式。

作为一种政治哲学，社会契约实质是社会主体之间避免摩擦与冲突，减少相互间的损耗，在一定政治机构架构的治理保护与协调下，自愿放弃部分自己本可以拥有的权利与福利，并主动约束自己的社会行为，换取自己期望得到的权利与收益，从而达到社会关系均衡与稳定的状态。因此，社会契约理论的本意是指社会主体之间，可借助若干个契约或多方之间的正式约定或非正式约定，反映社会统治者政治权威的合法性，及其与被统治者之间权利与义务的合理性。按照洛克、孟德斯鸠、卢梭等哲学家的观点，在一般社会环境中，大部分的社会契约实际上并无正式的，或固定的模板与格式，也没有强制的社会法律来迫使社会主体达成该协议，而是一种隐形的、相互妥协的约定。在社会契约理论中，国家或政府也是维护契约或默契的保障力量，政府有责任捍卫社会契约的执行与稳定，保护双方都能够行使契约下的义务，享受应有的行为权利，而且政府的执法也需要执行契约规则与秩序。这些规范政府行为的规则，如今已经广泛地应用于在现实生活的多个方面，比如在政治参与度、民主度与选举制度、地区经济建设治理、企业商业交易达成、企业与职工之间雇佣合作关系以及企业设立工会组织、召开股东大会和董事会、企业与社区关系等，这些均体现了社会契约的思想。

由于社会契约实质上是一种社会关系间的诺言或承诺的平等互换，隐含着权利与责任的对等与协调。该理论可以为政府统治人民的合法性、进行社会管理的合理性与正当性和企业履行社会责任、披露社会责任信息等方面实务问题提供必要的解释及相关的理由。企业各方通过社会交易契约形式既享有要求对方以某种方式行动的权利，也承诺自身以某种方式行动的义务与责任，其基本前提是：本方权利以对方义务的履行为条件，反之亦然。企业既然希望对手履行经济和社会责任，也必然应承诺自己会主动履行社会责任及信息的有序、合法和充分的披露。

（2）社会契约理论与企业社会责任信息披露的实质控制关系。

在市场经济社会中，企业是创造经济和社会价值、推动经济社会运行的重要主体与组织力量，能够对企业的利益相关者的权益增减发挥直接或间接的影响作用，因此，对企业的市场经营行为和非经济行为的约束与限制是企业利益相关者的期望；企业的经营行为和权利发挥能否合规、合法、合理，能否履行除经济责任行为之外的其他社会责任，能否充分透明地披露其社会责任信息，不仅可以巩固与其他经营企业和员工之间的模式化、显性化的经济契约，直接刺激企业加强内部管理，实现经济价值与收益的显著增长，还可以激励企业主动地遵守与国家治理机构之间的隐性社会契约、与潜在投资者之间的隐性契约、与社区居民之间的无形契约、与周边自然环境之间的生态契约。这些自觉和隐形化的社会契约不仅能够驱使企业能够自觉地履行社会责任，全面披露企业社会责任信息，还能够提供便于企业行使社会责任的有利环境，能够稳定企业与其他契约相关者的互助合作关系。因此，企业履行社会契约的水平实质上是需要依赖于其社会责任行为及信息披露的公允性程度，因为社会责任行为是展示社会契约关系的主要表现之一。此外，基于企业性质与伦理方面客观上存在差异性或异质性等原因，在市场经济社会中，落实社会契约的内在精神，不能仅仅依靠企业社会责任的自觉行为，部分环境下，可能更需要社会契约的守护者——政府机构自身的公正执法立场与完善的法制体系，依靠对社会公众权益的承诺与呼应，政府是社会契约阐释约束理论的制度保障，这也是负社会责任的企业能够有效履行社会契约的必要条件与外在原因。当然，基于社会的政治属性独特性和文化冲突等原因，社会契约理论在解释如何驱动不同的企业社会责任行为及信息披露影响力的性质方面也存在一定的局限性。当其实施有利于改善公共产品的各种社会责任并充分披露时，企业的社会影响力和福利效应就是合法和值得鼓励的行为。

由于企业实际上是基于不同个人之间一组复杂的显性契约和隐性契约的交汇所构成的一种法律实体，其既存在显性的契约，也存在隐性的契约；既有强制性的契约要求，也有主动性的自愿性契约行为。基于企业社会责任的内涵与潜在价值，其履行社会责任和有序、充分地披露企业社会责任信息的行为，实质上存在着企业与社会公众之间的隐性和自愿性的契约与约定。政府机关、社会公众、新闻媒体都是规制企业社会责任信息披露行为的利益相关方，借助企业社会责任信息披露的法律规范、行业规制和企业公司治理层的制度规定，可以形成股东、债权人、供应商、政府、社会公众和行业协会等与企业的合作与治理等多方面的契约协定，企业在企业社会责任信息披露方面的自行控制行为实际上已形成了若干种复杂契约系统之间的均衡行为，该种多维契约系统的主体就是约定目标可能存在差异并存在矛盾的利益相关者，他们的多重社会契约关系会驱使和促使企业社会责任信息披露逐步实现实质控制的目标。

有关社会契约环境的前提下，中国企业社会责任信息披露规制动因及其主要表现如图 3-5 所示。

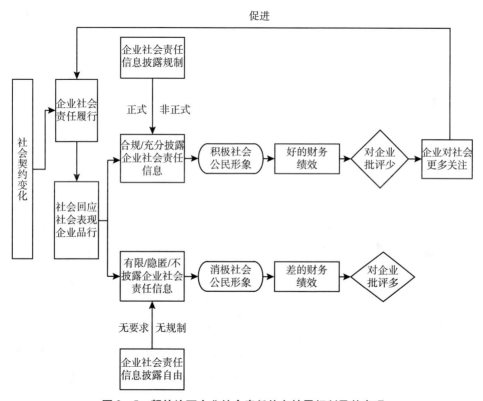

图 3-5 契约论下企业社会责任信息披露规制及其表现

3.2.4 协同发展理论与企业社会责任信息披露集中规范

（1）协同发展理论的核心观点及主要思想。

协同理论（Synergistics）是德国著名物理学家哈肯（Hermann Haken）于 1976 年最早提出并得到人们不断研究与探索而逐渐形成的系统科学中的新兴分支学科。该理论认为自然界中存在各种属性迥异的环境及与其相关的系统，每个系统之间存在彼此影响和彼此依赖的密切的关联性，常常是若干子系统组成较大的系统。包括在社会系统中的各个个体之间的协同，比如地区系统间政经协同发展、企业之间战略性的协同发展和事业单位之间的协同发展等，也包括系统之间的干扰和制约。

协同理论的主要思想包括：在我们这个物质世界中，人类社会经过多年的漫长演化，不仅存在着人们生存和发展活动的社会生态系统，还存在其他动物生存与演进的自然界生态系统，其中有些是有生命的子系统，有些是无生命的子系统，无论是在哪个系统与子系统中，都可能同时存在宏观化的系统或微观化的系统等。这些系统的形式和规模虽然不尽相同，但是却有着共同、内在的规律与联系。其基本特点是通过系统化研究逐渐建立起一整套模型与解决方法，例如研究出"生态群体模型""社会责任模型""人口动力模型""社会反响模型""动态发展模型"等，并陆续推广和应用到其他领域的社会实践中。

（2）协同发展理念与企业社会责任信息披露规制集中规范的关系。

哈肯教授提出的协同理论经过多年的延伸演化和关联理论探究，如今已经扩展到许多新的领域，与社会科学、经济管理学、环境生态学、工程管理学、统计学、商业伦理学、大数据工程学、信息技术学等其他学科领域的理论进行了融合和拓展，逐步形成了若干跨学科的系统协同控制等理论演进的框架，进一步推动了现代系统科学思想的研究、创新与发展，也为人类社会不同领域、不同学科的系统结构与功能的复杂问题提供了处理与优化的新理念或新方法。并可把相关协同理论的研究成果，拓展到其他相近的学科领域，为探索和破解未知领域的问题提供了全新的视野与发展，尤其是用来寻找可影响系统变化的系统控制元素，以便充分利用和发挥大系统之间、大系统内若干小系统之间的协同作用的能效。

社会协同发展理论本质上是主张相关社会系统主体应借助主动协商合作的机制与方式来对冲风险与平衡多种彼此冲突的社会利益的一种政治规则，但是该理论的确可以应用于更广泛的社会经济领域。由于市场经济社会中，各种经济主体之间的现实利益必然是多元化和差异化的，因此，企业中的管理层与员工之间，企业与外部监管机构之间，不同持股比例的股东之间和企业利益与公共利益之间总是存在着利益对立与矛盾摩擦，维护与保护自身的权益的不二选择就是各利益主体应该本着相互妥协的基本原则进行多层次、多维度和持续性的协商，按照多数人认可的规则，在政治、经济、法律和道德层面上进行谈判，寻找能够达成一致的行动方案，目的是实现系统间整体利益最大化。这一原理应用于企业社会责任信息披露规制行为，就是在进行企业社会责任信息披露规制过程中需要讲究协同发展理念，各种规制主体应当本着共享信息、共赢效果的原则，协同各自立场、标准和制度，实施整体化的规范制度安排，以实现企业社会责任信息披露的最佳效果。关于协同发展理论与企业社会责任信息披露规范系统的相关内容见图 3 - 6。

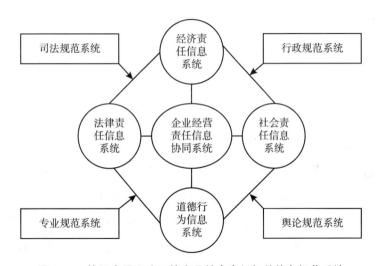

图 3 - 6　协同发展理论下的企业社会责任相关信息规范系统

3.2.5　企业伦理理论与企业社会责任信息披露隐性约束

（1）企业伦理理论的缘起及其基本内涵的概述。

关于伦理的含义东西方之间有着不同的思想和观点。其中东方的伦理理论演进过程中，"伦理"（ethics）一词，首次出现在中国古代经典《礼记·乐记》一书里，该书写道："凡音者，生于人心者也；乐者，通伦理者也。是故知声而不知音者，禽兽是也；知音而不知乐者，众庶是也；唯君子为能知乐。""伦理"亦是指将特定事物进行人文秩序及道德理性层面区隔的规则。中国古代，"伦理"一词也用来特指一定社会的基本人际关系规范及其道德准则（朱贻庭，2002），偏重于强调"人伦天理"。"三纲五常"是自汉代以来中国传统社会中最基本的伦理准则，其中有五种伦理关系被认为最重要，即"父子有亲、君臣有义、夫妇有别、长幼有序、朋友有信"。"伦理"强调的是基于"差序格局"（费孝通，1947/2008），而"道德"则强调作为个人的内在修为。而在西方的伦理含义演化方面，西方语言学家认为伦理一词"ethics"源于希腊的两个词汇，"ethos"和"itos"。前者的意思是正义、公正的行为，后者的意思是内心正直的状态。二者合一，便将内在美德和外在行为表现相互联系在一起。"ethics"在《韦氏大辞典》中被定义为"探讨好坏对错以及道德责任与义务的问题"。本质上，伦理回答的是有关生命、有关好坏、是否存在客观上的是非对错以及如何判断是非对错之类的基本问题（Kinnon，2001）。与道德相比，伦理显然偏重于强调秩序规范。因为伦理的价值核心就在于它的思想与理念能够指导人与人之间的交往。

企业管理层确立伦理的目的是用来规范企业内部职员之间，与其他社会主体（与消费者、与供应商等）之间合乎道德关系的行为规范、既定秩序和隐性交易规则等抽象内容，就是所谓的企业伦理理念。该理念最早出现于 20 世纪 70 年代美国伦理学界，后来很快风靡主要西方市场经济国家。目前为止，我国学者对于企业伦理的探索与研究仍然没有深厚的理论研究背景与基础。其实与企业行为相关联的伦理学，既包括企业的商业伦理学，主要针对市场范围企业道德行为的规范，还包括企业的伦理学，主要是针对企业组织内部的职业道德和规范化的问题。企业商业伦理学的核心思想主要包括：内部伦理和外部伦理两大部分，见表 3-9。

表 3-9　　　　　　　企业伦理理论中关于内外部伦理内涵的概述

伦理范畴	伦理类型	伦理解释	伦理内容
企业内部伦理	劳资伦理	企业与员工的劳资伦理	劳资双方如何互信、劳资双方如何拥有和谐关系、伦理领导与管理、职业训练（员工素质提升，含职前训练与在职训练）
	工作伦理	企业与客户的客户伦理	最主要是服务伦理。企业服务的特质包括：无形性（intangibility）、不可分割性（inseparability）、异质性（heterogeneity）与易逝性（perishability）

续表

伦理范畴	伦理类型	伦理解释	伦理内容
企业内部伦理	经营伦理	企业与股东的股东伦理	企业最根本的责任是追求利润，因此企业必须积极经营、谋求更多的利润，借以创造股东更多的权益。 清楚严格地划分企业的经营权和所有权，让专业经理人充分发挥、确保企业营运自由
企业外部伦理	客户伦理	企业与客户、与同业的竞争伦理	客户伦理的核心精神：满足顾客的需求才是企业生存的基础。顾客是企业经营的主角，是企业存在的重要价值，企业需要做到不削价竞争（恶性竞争）、散播不实谣言（黑函、恶意中伤）、恶性挖角、窃取商业机密……
	社会伦理	企业与社会的社会责任	企业与社会息息相关，无法脱离社会而独立运作。企业应做到将资源取之于社会、用之于社会。重视职工权益保护、环境保护，提升企业形象。谋求企业发展与环境保护之间的平衡
	公益伦理	企业与公众的社会伦理	企业应积极参与慈善行动、支持社会公益活动和提倡文明新风尚
	政治伦理	企业与政府的政商伦理	政府政策需企业界配合与支持，金融是国家经济发展重要产业之一，因而金融政策更是政府施政重点，企业不但要遵守政府相关的法规，更要响应与配合政府的金融政策

对企业是否应承担一定的社会责任的判断，与其对自身伦理价值与功能的认识密切相关。企业在经营业务之外，究竟什么样的例行非经济行为，才是符合道德的行为，而例外的行为是否不符合道德要求，目前的市场经济环境下，还没有权威性或明确的判断标准。因此，企业管理层拥有什么样的经济伦理价值观就意味着有什么样的社会责任行为表现和企业社会责任信息披露动机，而缺乏一定的伦理价值自然就可能导致违背社会责任的行为，并隐瞒相关的负面化的企业社会责任信息。由此可知，部分学者认为企业社会责任行为其实是用伦理道德的价值理念来对相关经济及其关联行为进行评价，企业本身并无明显的伦理道德观念和价值取向。而另一批经济学和管理学科学的理论研究者则对此有不同的观点，如佩因（Lynn Sharp Paine，2009）认为现代公司就是社会道德的代理机构，能作出具有道德判断的行为，因此，企业应当是有道德倾向和人格特征的社会经济主体。即特定社会环境下的企业存在着先天的伦理道德和价值偏好。

在如今的市场经济社会中，无数鲜活的中外企业社会责任行为的案例已经充分证明了，如果企业在经营活动中作出的那些具体竞争行为存在不遵循伦理原则的情况，比如故意违反国家法律规范，与客户交易关系缺乏主张公众利益的社会公民意识，这样不仅是缺少商业伦理的缺德行为，而且会严重损害诚信客户的合法权益，更难以得到广大社会公众的尊重与信赖。因此，缺乏伦理道德的行为会广泛地影响经济主体的行为，以及会对个人的经济行为产生实质性的影响，并促进企业的发展重大。而那些不讲商业道德和企业伦理、追逐私利行为的企业，一般无法支撑到最后。显然，现代企业社会责任制度建设中，必须加强企业伦理规则与制度的建设及完善工作。

（2）基于企业伦理理论的社会责任信息披露隐形约束要求。

当今市场经济社会的运行体系中，针对企业社会责任信息披露规制方面的法律制度设计与安排正在逐步完善之中，法制环境也越来越良好，非常有利于企业经济行为的规范、业务经营扩大和蓬勃发展，但是企业追逐少数股东利益的传统并没得到较大的转变与改善；如 20 世纪 50 年代到 2000 年前后，美国新泽西州、宾夕法尼亚州及其他 31 个州联邦法院的多次案例判决结果表明，司法机关支持将企业不遵守伦理道德的行为视为有组织的道德失灵或过失行为，上市公司作为公众企业，需要考虑更多相关者利益，遵守商业伦理秩序与规则。

由于企业伦理理论学的思想和学说具有为企业商业伦理发展指明正确经营模式与远期筹划的宏观规制功能，以及有利于规划企业的可持续发展战略方向、优化企业内部管理资源、保障职工福利和工作安全等微观控制功能，因此，企业伦理理论思想与理念是驱动企业社会责任信息合规披露的必备条件和关键内容，并且与企业社会责任及其信息披露之间存在密切关联性。比如追求产品质量、社会信用和优质服务的产品伦理是任何一家企业长久立足于社会的根本保证；追求经济福利与社会福利是培育企业核心竞争力的使命与动力；企业商业活动中管理层的高尚道德责任是企业间稳健竞争与合作的基础。所以，落实企业伦理理念和思想其实就是呼唤企业积极充分披露社会责任信息的内化要求与理论依据。随着我国经济社会发展环境和条件的新变化，违背企业商业伦理的各种伪劣产品生产、经营欺诈、商业贿赂、垄断竞争等道德缺失行为，已经严重扰乱市场经济的秩序，败坏了营商环境。继续开展政府、企业和社会公众等多方面的协同治理，推动企业伦理建设的必要措施是需要落实企业社会责任信息的充分披露行为。如今针对企业社会责任信息披露行为就是需要加强全面的审计、纪检和行政等监督形式，落实企业的商业伦理与职业道德要求。实质上，这些监督形式就是落实对其社会责任信息披露有序和隐性化的规制行为，比如运用法律威慑力来驱使企业披露全面、客观、真实的企业社会责任信息；社会公众和新闻媒体的自媒体实时快速地扩散企业正反面的社会责任信息；企业治理层利用有效的治理结构与自我监督机制来自行评价社会责任信息反映出的伦理行为缺失，并有效地约束企业的商业竞争和公民行为。

关于企业职业伦理与企业社会责任信息披露隐形规制之间的相互联动关系可见图 3 - 7。

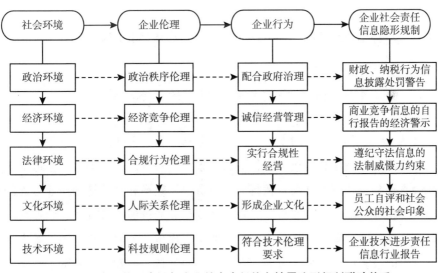

图 3 - 7　企业伦理内涵与企业社会责任信息披露隐形规制联动关系

第4章

嵌入五大发展理念的企业社会
责任信息披露规制机理分析

4.1 中国企业社会责任信息披露现状与问题

4.1.1 中国企业社会责任信息披露的基本现状

自从 1978 年 10 月党的十一届三中全会确定全面实施改革开放基本国策以来，在经济取得快速和持续性增长的大背景下，一方面，中国企业整体上在履行社会责任和公开有关社会责任行为、投资决策效率和经营管理绩效方面的信息作出了积极贡献，比如在自觉寻找和转变企业的价值增长方式、商业活动中执行合规性程度、资本市场秩序管控、职工工作条件和雇佣薪酬制度等方面已得到显著的改善；但是另一方面，在企业能源消耗、低效与无效资本投资、企业劳动法履行情况和企业周边环境污染控制和治理等方面还存在诸多不足和缺陷，亟须引起中国企业社会责任实务界和理论界的重视。对中国企业社会责任信息披露的基本现状可概括如下：

（1）中国企业社会责任信息披露的概况。

在按照具体披露内容进行分析之前，基于研究样本的代表性、公开数据的获取难度和可信赖程度等方面的实际情况，基于能够充分、全面、客观地了解、量化和评价中国企业的整体形象和企业社会责任信息披露质量水平等研究目的，本书特别指明本章节企业社会责任信息披露现状与问题等内容的研究对象是在中国资本证券市场正式取得上市交易资格的主体——上市公司。本书研究者选择中国上市公司作为企业社会责任信息披露情况的主体最大理由是这些已经上市的公司是中国资本市场上的优质市场竞争主体的代表。具体而言就是本书中主要选择分别在中国上海证券交易所和深圳证券交易所（简称沪深股市）上市交易的企业研究，并以上市企业的经营规模以及上市企业所在地理区域等分类统计口径，来分析及说明企业社会责任信息的中国企业披露数量、质量和分量等方面发展现状与总体概况。

笔者通过对近十一年（2009～2019年）润灵环球责任评级（RKS）的数据和中国证监会发布公开信息资料的部分年度数据的手工统计，整理出2009～2019年中国上市企业社会责任报告信息披露的主要情况。有关中国企业社会责任信息披露情况的具体内容可以参见表4-1。

表4-1 中国上市企业社会责任报告披露概况

年份	披露企业社会责任报告的公司数（家）/总公司数（家）	披露区域		占市场总市值的比例（%）		同比增长率（%）		披露性质（家）		自愿披露增长（家）	
		沪市	深市	沪市	深市	沪市	深市	自愿	应规	数量	增长率（%）
2009	371/1716	234	137	49.51	40.63	0	0	137	239	0	0
2010	471/2063	321	150	50.47	41.12	0.96	0.44	137	339	0	0
2011	518/2342	354	164	51.29	41.56	2.45	1.68	145	373	8	5.84
2012	582/2494	392	190	52.54	42.24	1.27	0.43	189	393	44	30.34
2013	644/2489	423	201	53.87	43.21	2.35	1.97	257	387	86	21.88
2014	681/2613	426	255	54.43	43.43	1.56	0.18	405	276	148	38.24
2015	701/2827	410	291	55.14	44.86	1.33	1.43	408	293	3	1.09
2016	747/3052	433	314	57.81	38.19	2.67	-1.01	324	425	-82	-27.98
2017	795/3485	470	325	59.13	39.20	1.32	1.05	378	417	54	16.67
2018	851/3584	516	326	68.73	43.32	8.6	4.7	444	407	66	17.46
2019	1006/3939	607	399	69.81	44.27	1.08	2.95	547	359	93	20.95

资料来源：根据《中国证券期货统计年鉴2020》和润灵环球责任评级（RKS）举办的上市公司企业社会责任报告高峰论坛资料整理而成。

①中国企业社会责任信息的总体状况与趋势。由表4-1中的数据、资料和信息可知，或者根据2009~2019年在沪深两市上市的企业已经发布的企业社会责任报告信息显示，中国大陆A股上市公司多采用单独方式发布企业社会责任报告的方式，披露企业社会责任报告的公司绝对数量从371家逐步发展到增长到2019年的1006家，年平均增长58家，年平均增长率为15.56%，这些数据说明中国企业社会责任信息披露的总体形势正在发生明显的变化和改善，显示出中国上市公司单独发布的企业社会责任报告数量在呈现稳步增长或逐渐上升的基本状态，中国企业正在朝着世界和中国企业社会责任事业发展的正确方向——公开化和透明化目标靠近；但是与沪深股市的全部上市公司数相比，该比值从2009年的21.62%（371/1716）上升到2019年的25.54%（1006/3939），仍然不到总上市公司数的1/3。说明这距离所有中国企业都发布社会责任报告的目标仍然存在不小的差距，中国的社会责任事业依然任重道远。此外，中国沪深股市上企业社会责任信息披露数量都在同步增长，沪市中披露企业社会责任报告企业社会责任信息的上市企业数量都多于深市中的同步指标的上市企业的数量，已披露沪深上市企业的市值占沪深股市各自全部上市企业的总市值的比重也在同步上升，截至2019年底，沪市已发布企业社会责任报告的企业市值占市场总市值的比例已经达69.81%，深市已发布企业社会责任报告的企业市值占市场总市值的比例已经达44.27%，同时每年的披露数量也在稳健的提升，说明了上市企业发布企业社会责任信息已经成为中国上市企业上市责任工作发展的主流行为，社会责任信息披露的形势将得到进一步得到改善。在企业社会责任报告披露性质方面，上市企业在早期（2009~2013年）发布的自愿性的企业社会责任报告数量都少于应规性披露（企业按照上市公司治理信息披露的具体指引要求公布企业社会责任）的企业社会责任报告数量，2014~2019年自愿性的社会责任报告数量都超过应规性披露的企业社会责任报告数量，而且超过的程度越来越大，年度同比增长比率也越来越大，而且相比深市来说，沪市的增长趋势更为明显，体现出中国上市公司向利益相关者报告社会责任信息的意愿呈增强趋势。这些数据充分说明中国上市企业自愿性企业社会责任披露与发布已成为这些企业自觉的行动和商业伦理制度实践的重要表

现。此外，应规披露的上市企业发布企业社会责任报告的数量逐渐降低，究其原因笔者认为这种现象与国际惯例、国家发布企业社会责任相关规定及指导等企业社会责任规范性文件的陆续出台关系较大，说明上市企业的企业社会责任信息披露规制措施的实施工作已经取得明显成效。整个"十三五"期间，中国企业社会责任报告处于从发展向追赶过渡的平稳发展状态，报告综合指数稳定在 1300 点左右，处于优秀水平以上的报告比例稳定在 20% 左右。因此，总体而言，中国企业社会责任信息披露的宏观发展前景是积极和良好的，信息的透明度也正在显著改善之中。

②中国企业发布的年度相关报告的名称或主题情况。从过去 11 年的实际情况来看，企业（上市公司）发布的年度报告主要包括："社会责任报告（企业社会责任）""环境、社会及管治报告（ESG）""可持续发展报告（SDR）""企业公民报告（CCR）""环境报告（ER）""企业综合报告（IR）"等。例如，2020 年，企业发布的名称为"社会责任报告"的报告有 1218 份，占年度报告总数的比值为 70.40%，依然是相关年度报告名称的主流。2017 ~ 2020 年，企业发布名为"环境、社会及管治报告"的报告数量占年度报告总数的比值从 2.02% 增长到 22.66%，其中的 95.07% 属于内地在香港联交所上市的公司，原因是自 2016 财年开始，香港联交所发布了指引对香港的上市企业社会责任信息披露行为进行了明确的规制。企业公民报告的发布主体主要是银行、计算机、教育、金融、公共、卫生等行业的企业，2020 年发布的公民报告数量占年度企业报告数的比例为 2.23%。企业公民报告主要是反映企业应当承担的义务和履行的责任，占有年度总报告数量的比例为 1.02%。企业综合报告是主要包含财务信息和非财务信息、可持续发展信息的年度报告，占有企业年度总报告数的比例为 2.14%；环境报告主要发布企业的环境维护和保护方面的信息，占总报告数量的 0.55%。上述社会责任报告中大约 2/3 的报告在 5 ~ 200 页，大约 1/3 的报告在 20 页左右，信息量比较简略，涵盖的社会责任信息的内容总体比较少。关于 2020 年度中国企业发布的社会责任相关年度报告的名称、含义与占比情况可见表 4 - 2。

表 4-2   2020 中国企业发布与社会责任内容类似信息年度报告主题

报告名称	报告主题	报告简称	报告占比（%）
社会责任报告	产品、社区、环境、公益、客户、合规、税收、安全	企业社会责任（Corporate Social Responsibility Report）	70.40
环境、社会及管治报告	环境保护、社会公益、政府管理、公司治理秩序	ESG（Environment Social Governance Report）	22.06
可持续发展报告	社会贡献和经济发展同步	SDR（Sustainable Development Report）	2.13
环境报告	自然、社会、经济和文化环境	ER（Environment Report）	0.45
企业公民报告	企业的政治、法律、经济责任	CCR（Corporate Citizen Report）	1.02
企业综合报告	企业财务、非财务、可持续信息	ECR（Enterprise Comprehensive Report）	1.53
企业治理报告	企业内部治理结构与水平信息	CGR（Corporate Governance Report）	0.91

资料来源：笔者依据《中国上市公司 2020 年社会责任相关报告研究》整理而成。

③中国上市公司发布环境责任信息的频度状况。根据已有的社会责任报告等公开信息和资料，整体而言，中国企业发布企业社会责任报告与区域经济水平之间具有正相关关系。其中中国东部沿海地区或城市区域因为经济发达，上市公司众多，最终发布的企业社会责任报告的数量也最多。根据 2020 年 11 月 18 日出版的《中国上市公司环境责任信息披露评价报告（2019 年度)》公开的信息，在东北、华北、华东、华南、华中、西北和西南全国七大传统地理区域中，华北地区每年度发布的社会责任报告企业数量除了 2012 年低于 250 家，其他年份均超过 250 家，因此，经济发达程度的华东地区的上市公司社会责任报告最多，一直稳居前列，相关信息见图 4-1。另外，根据该报告显示，在已经发布社会责任报告的全部中国企业中，上市公司是发布企业社会责任的主体力量，而在不同产权性质的外资企业、国有企业、民营企业、公众企业、外资企业、集体企业及其他企业六类企业中，社会责任得分最高的依次是外资企业、公众企业、国有企业、集体企业、民营企业和其他企业，受到专业规制、社会规制和政府规制较多是社会责任信息披露报告较多的主要原因。

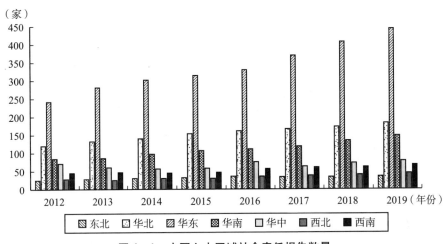

（家）

图 4 - 1　中国七大区域社会责任报告数量

（2）中国企业社会责任信息披露的内容。

根据中国社会科学院 2020 年的《中国企业社会责任报告》资料显示，与 2009 年的基期数据相比，中国企业在企业社会责任报告的信息披露内容方面的特点主要是加强了对于生态环境、客户权益、供应商利益、同行竞争关系、对媒体接受态度等利益相关方的重视，相关议题信息披露程度明显增加，主要内容见表 4 - 3。此外，中国上市企业社会责任报告中部分利益相关方的指数变动趋势如图 4 - 2 所示。

表 4 - 3　　　　中国企业社会责任报告的主要内容、涉及的利益
相关方及其披露比率较高的议题

企业社会责任报告披露内容	企业社会责任报告披露涉及的利益相关方	企业社会责任报告披露比率较高议题
环境信息	自然、社会、生态环境	实施环境影响评价、建设环境管理体制、推行绿色办公和降污减排、碳中和方面付出的努力
客户信息	消费者、零售商、批发商	建立客户信息获取、使用和保护制度，强调通过合法公正的方式获取客户信息
供应商信息	主要供应商、次要供应商和其他	鼓励负责任的供应商，建立供应商社会责任鼓励规则、制度与机制

续表

企业社会责任报告披露内容	企业社会责任报告披露涉及的利益相关方	企业社会责任报告披露比率较高议题
竞争同行信息	同行业企业、同区域企业	尊重和保护知识产权、进行公平竞争
新闻媒体信息	电台、电视、广播、自媒体、报纸	主动邀请媒体参访和主动公开其市场经营信息
社区信息	所在社区居民，慈善、公益群体	组织和支持员工参与社区志愿活动、雇佣社区当地员工、支持社区公共基础设施建设、支持弱势群体和捐赠救灾等方面的表现

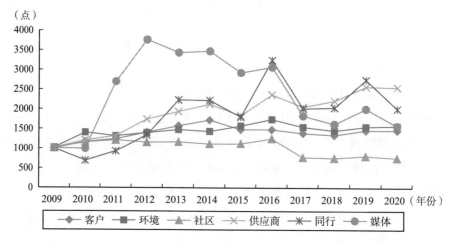

图 4-2　中国上市企业社会责任报告中部分利益相关方的指数变动趋势

根据对 2009~2019 年的公开数据的查询可知，中国企业社会责任报告对降污减排、客户隐私保护、鼓励负责任的供应商、知识产权保护、主动向媒体公开数据、社区志愿者活动、教育帮扶、捐赠救灾等关键议题的披露相对充分，但是对涉及环境相关的社会责任信息则较少披露，如 2019 年全部 3939 家上市公司中未发布过环境信息披露相关报告的上市公司有 2933 家，占比 74.46%。具体信息见表 4-4。由于全部上市公司中已经披露"污染信息""绿色金融信息"两项企业社会责任指标得分率不到 10%，由此，说明我国制造企业影响生态环境的污染项目社会责任信息的相关情况目前仍然处于较低水平，也说明中国企业社会责任信息披露的内容存在正面信息的选择偏向和正反面信息不平衡的现象。

表 4 - 4　　　　2019 年上市公司设置网站披露环境信息的数量及比例概况

所在板块	设置网站/披露环境信息		未设置网站/披露环境信息	
	数量（家）	比 2018 增幅（％）	数量（家）	比 2018 降幅（％）
制造业	1890	+13.51	110	+2.13
信息传输、软件和 IT 服务业	258	+2.88	18	+0.82
批发和零售业	116	+0.72	11	+1.13
小计	2264	+17.1	139	+4.08

除以上统计外，本书针对中国上市公司社会责任报告的内容，设定考察的具体项目指标，区分企业社会责任的信息披露方式，进行如下角度的对比分析。ISO26000 企业社会责任国际标准设定整理的数据分类考察项目可如表 4 - 5 所示：

表 4 - 5　　　　　上市公企业社会责任报告的整体分类一览表

CHARACTER	企业性质		
SIZE	企业规模		
INDUSTRY	所属行业		
REGION	所在地区		
CONSUMER	消费满意度		
CONSUMER	消费者反映问题	COS1	产品质量
		COS2	可靠信息
		COS3	公平交易
STAFF	企业员工待遇政策	STA1	职工政策
		STA2	管理政策
OPERATION	公平运营的问题	OPR1	对供应商责任
		OPR2	对销售商责任
		OPR3	对债权人责任
ENVIRONMENT	自然环境保护责任		
COMMUNITY	社会参与和发展行动		
ORGANIZATION	企业组织管理		
GOVERNMENT	政府治理责任		
SHARE	股东权益责任		
NEGATIVE	负面信息披露		

①文字性的社会责任信息披露情况。

本书将 2015～2019 年样本企业报告的文字披露细分为 9 个部分 14 个要点，若公布样本的社会责任报告中涉及相关要点内容则记录为 1，反之为 0，同时记录相应年份的得分，并对样本进行统计分析，得到表 4－6 的统计分析结果。

表 4－6　　　企业社会责任文字性信息披露 2015～2019 年得分结果　　　单位：分

年份	2015	2016	2017	2018	2019
均值	7.1046	7.6381	7.8574	7.8721	7.9254
中值	7.0000	7.0000	7.0000	7.0000	7.0000
标准差	2.8360	1.9309	2.4240	2.4327	2.3854
极小值	1.00	1.00	1.00	1.00	1.00
极大值	14.00	13.00	13.00	14.00	13.00

从表 4－5 可以看出，2015～2019 年这五年内容披露得分均值分别为 7.1046、7.6381、7.8574、7.8721、7.9254，呈稳步增长态势，能达到总分 55% 左右的水平，说明上市公司对于企业社会责任重视程度在逐渐提高。但这五年极小值均为 1，反映出部分企业对于社会责任信息披露的内容技术含量较低，缺乏实质内容，浮于表面。

图 4－3 为 2015～2019 年企业社会责任报告文字性信息披露得分统计图，详细说明了五年整体社会责任定性披露的得分与频率情况。从图 4－3 可以看出，2015 年的峰值在 7 分左右，相对折线的波动比较和缓；2016 年的峰值保持在 7 分左右，但折线的波动相对更大，说明虽然披露企业社会责任报告的企业数量增长，但社会责任报告的水平仍然参差不齐；2017～2019 年平均得分频率集中在 5～9 分，在 7 分处达到峰值，在 11～12 分处呈现小的峰值，且出现 15 分（满分）的企业，反映部分企业社会责任的披露情况更加认真全面，所涉及的内容愈加广泛。

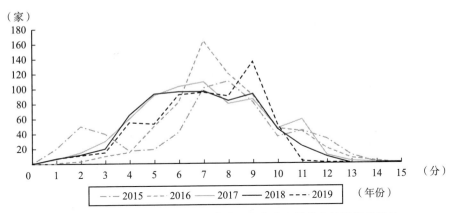

图 4 - 3　2015～2019 年企业社会责任报告文字性信息披露得分统计

本书针对各细分项目的得分进行分析，得出以下结论：各企业在消费者责任项目中更加注重对"产品质量安全"这一细分要点的披露，各企业得分均值为 0.64 分，而针对"真实的信息"和"公平交易"的关注度要低得多，均值只有 0.279 分和 0.306 分。相对而言，员工福利、环境责任、政府责任、股东责任、社区参与方面信息的披露就更为简略，甚至干脆缺失或在报告中销声匿迹。

②数据性的社会责任信息披露情况。

数据性披露方面的分析与文字性披露方面类似，在项目和细分要点上是一致的。在统计记录时，有相关内容数据披露的记值为 1，反之则记为 0。本书对数据进行统计分析，数据统计分析的结果如表 4 - 7 所示。

表 4 - 7　　企业社会责任数据性信息披露 2015～2019 年的得分　　单位：分

年份	2015	2016	2017	2018	2019
均值	5.0658	3.4337	4.1126	4.3627	4.6329
中值	5.0000	3.0000	4.0000	4.0000	5.0000
标准差	2.7840	2.7144	2.7460	2.7538	2.7644
极小值	0.00	0.00	0.00	0.00	0.00
极大值	10.00	12.00	15.00	13.00	15.00

表 4 - 7 中数据披露得分极小值均为 0，反映出各年度均有企业社会责任报告只采用文字形式，而没有任何数据支撑；极大值逐年上升，说明越来越多企业能够出具较为完备的企业社会责任报告；均值和中值在 4 分附近，说明披露社会责任数据性信息的企业分布比较均衡，没有过多地受到个别异常值的影响；但标准差显示五年数据的波动性较大，说明数据性信息方面内容披露严重不足。

本书对 2015 ~ 2019 年样本企业披露社会责任信息的数据信息披露情况统计如图 4 - 4。纵观图 4 - 4，可以发现五年间数据性信息披露的水平总体呈现上升态势，甚至在 2017 年开始出现了少量得 15 分的数据性披露水平很高的社会责任报告。但 2019 年的峰值区间得分高于 2016、2017 年，低于 2015 年。具体而言，2015 年在 8 分出现峰值，2017 年各分值的频率持平，但 4 ~ 7 分的频率更高，2019 年分值频率高峰区间上升到 7 ~ 10 分，说明中国大部分企业的社会责任数据性信息披露在变化，且存在动态的波动幅度，并非一直保持在稳健的发展状态。这也反映中国政府及资本市场的监管机构在数据性内容披露方面的限定性规范和法定程序性规定数量或有效性均呈现不足的状况。

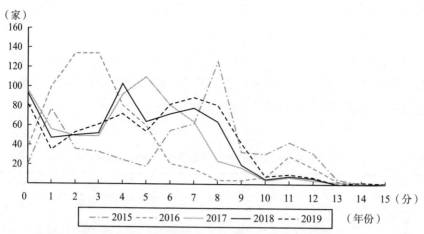

图 4 - 4　2015 ~ 2019 年企业社会责任报告数据性信息披露得分统计

（3）中国企业社会责任信息披露质量。

首先，本书按照企业规模进行分类，对不同规模企业社会责任信息质量进行分析。结果显示，样本公司中大型企业的企业社会责任信息披露公开性程度占比较高，达到91.15%，其中社会责任报告数量达到1731份，主动披露信息的意愿和能力最强，有关文字性披露和数据性披露的综合质量也比小型企业要高，报告包含的主要议题和主体内容也更为广泛和全面。其次，相比小公司而言，较多大型上市公司为验证企业履行社会责任的效果，通常会聘请第三方评价机构进行了解、检测和评估，确保其发布的社会责任报告信息的真实与可靠。最后，社会责任评价印象管理有所改善。2019年《上市公司环境责任信息披露指数》总体平均得分为33.44分，较上一年提升了7.42个百分点，整体水平略有上升，且呈现出逐年小范围上升的态势。不过，从调研数据来看，不同行业、企业、产业间的上市公司环境责任信息披露水平差距明显，上市公司环境信息披露水平提升空间大。在1006家上市公司企业社会责任报告中，84家国家级重点监控企业平均得分为40.9分，说明中国企业社会责任报告质量存在较为显著的差异。从全部18个行业发布的报告和一级指标得分率分析，笔者发现采矿业企业的环境责任信息披露指数最高得分情况与其他各行业之间并不一致，存在比较明显的差异性，具体情况参见表4-8。

表4-8　　　　　　　　　　中国企业社会责任报告评分质量差异

涉及行业	行业得分	平均得分
水利、环境和公共设施管理业，住宿和餐饮业，综合行业，交通运输、仓储和邮政业，制造业，建筑业，电力、热力、燃气及水生产和供应业等行业	37.57分	33.44分
农、林、牧、渔业，教育，文化、体育和娱乐业的环境责任信息披露、环境绩效	26.31分	33.44分
第一产业企业	排名的前20名企业中有19家为第一、二产业企业	环境绩效方面，两者差距小
第二产业企业		
第三产业企业	第三产业企业环境责任信息披露指数总体略高于第一、二产业	

另外，关于2019年中国分行业企业一级指标得分情况，参见图4-5。从中可以看出，在各行业企业中，采矿、交通通信、制造、建筑、电力和热力等工业企业的社会责任环境信息披露得分较高，所占比重相对较大。但是与利益

相关者进行环境沟通的比重并不高，因此这些企业的环境绩效社会责任信息评分也不够理想。

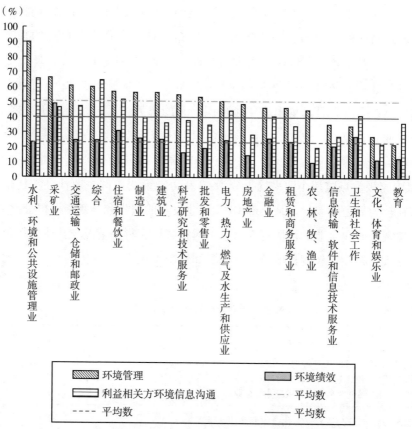

图 4-5　中国 2019 年分行业部分企业一级指标得分率比较

总之，依据上述对中国社会科学院社会责任报告数据分析可知，中国上市企业履行社会责任整体水平和质量有明显改善和进步，每年新增企业社会责任报告数量在迅速增长；但是在其社会责任报告信息质量披露的发展中存在不平衡的现象，中国企业将企业经济类责任的指标作为社会责任披露的占比超过 86.67%，已经进行投资的社会责任资本占比达 82.22%；中国企业对于正面或积极有效指标的企业社会责任披露情况普遍较好。然而，对于负面性色彩、消极影响和负能量效应的企业社会责任信息及指标披露情况仍然比较少，在整体报告披露数量的比重本来就偏少的有关环境方面的社会责任报告中，主要针对节能环保和可再生能源消耗与不可再生能源消耗等企业正面行为的信息等内容对外披露较多，但是在自愿性披露的情况下，许多企业对于污染水资源、废弃生产物料、废气、温室效应和二氧化碳排放容量、环境破坏的事实等负面信息则往往较少对外披露；大多数企业在已发布的社会责任报告中对有关违法和受处罚金额等情况，其选择是信息隐匿或不披露。只有约 20% 的企业在其社会责任报告中披露了有关劳动法规执行情况。2009 ~ 2019 年中国 A 股上市企业社会责任信息披露质量评级中，企业的企业社会责任平均评分从不到 29.5分提升到 44.2 分，近 5 年变化不大，体现出中国上市企业高管层已能高度重视社会责任信息披露缺失问题，由于社会责任信息披露制度建设推进缓慢，因而仍然缺乏针对企业社会责任信息进行约束和控制的规制法律法规，缺乏威慑力，导致中国如今企业社会责任报告信息披露规制存在缺位现象，而且沪深300 指数中的 90% 以上的企业的企业社会责任未接受过第三方监督审批或审计鉴证，企业社会责任信息的披露质量亟待改善、可信度有待提高。如图 4 - 6所示。

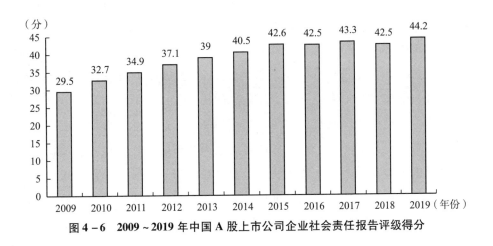

图 4 - 6　2009 ~ 2019 年中国 A 股上市公司企业社会责任报告评级得分

4.1.2　中国企业社会责任信息披露及规制问题

在本节分析中，笔者选择的分析对象是 2019 年沪市上市的 607 家公司的社会责任报告的资料；选择的分析方法是系统抽样法；选择的样本规模是：符合统计分析要求的上市公司企业社会责任报告182份。经过客观审慎地探析与研究，我们发现沪市上市企业社会责任信息披露反映出如下问题：

（1）企业社会责任信息披露仍缺乏统一性与权威性的专业规制要求。

当前上市公司集中披露的主要包括所有者权益、职工利益、消费者权益、自然环境保护和公益慈善活动五大类信息，这也是我国企业社会责任信息披露的主体内容，从侧面反映出中国企业社会责任信息报告缺乏统一性的企业社会责任信息报告模板与共性化的技术标准；也缺乏权威性和规范性的明确内容要求，即缺乏具有公允性的专业规制程序。关于缺乏统一性报告问题的具体理由可以根据表4-9所列信息进行分析。

从表4-9可以看出，在目前已经披露的五大利益相关者中（所有者、债权人、经营者、顾客和供应商），已经发布的企业社会责任报告中内容涉及的利益相关者占比排名前三的分别是所有者、经营者、顾客。披露了股东权益信息的是173家企业，占全部182份样本的95.1%；披露了员工权益信息是178家，占比全部182份样本的97.8%；披露了消费者权益信息是159家，占全部182份样本的87.6%。主要原因是所有者、经营者和客户是企业收益与利润的最主要来源，是这些上市公司的最主要的经营资源，最能体现上市公司的实体和竞争能力，所以他们才是中国企业管理层最为注重的利益相关者；反之，由于债权人、供应商对上市企业的直接利益影响较少，因此，企业对其主动披露企业社会责任信息的比重也比较低。两者的信息披露报告分别只占全部182份样本的46.2%和62.9%；这也说明我国上市公司管理层财务安全意识不强，对财务风险的认识和理解不到位，其实债权人是企业关键的利益相关者，是直接诱发企业潜在财务、经营、操作、战略等风险的最直接的因素；而供应商是维持企业形成稳定价值链的必要条件，是维持企业盈利能力的前提与基础。这两类被轻视的利益相关者其实是企业生存和发展的主要力量。

表 4 - 9　　　　　　　2019 年 182 家中国上市企业社会责任信息披露情况

已披露的主要内容	已披露的社会责任报告数量（份）	占全部内容的百分比（%）
所有者（股东）权益	173	95.1
债权人权益	84	46.2
员工权益	178	97.8
供应商权益	114	62.9
客户权益	159	87.6
安全生产内容	91	50
环境和可持续发展	168	92.3
社会公益活动	147	80.7
第三方审计监督	15	8.3
是否存在披露不足	25	13.7

资料来源：作者根据 2019 年度中国上市公司年报资料整理。

此外，在全部的统计样本中，其中披露了政府和社会公众特别关注的环境信息、可持续发展信息的企业已经达到 168 家，占比达 92.3%，这种现象体现了现代中国的上市企业管理层开始意识到环境信息、发展信息对企业发展的重要影响，认识到企业与周围环境的紧密依存关系。因此，企业开始注重环境保护与治理，并愿意对环境与发展等社会责任信息进行公开报告或展示，这是企业社会责任信息披露规制的第一个新趋势与积极成果。此外，还有选择披露参与社会公益活动信息的达到 147 家企业，占全部抽取样本公司的比例达 80.7%，超过八成的公司开始重视企业参与社会慈善活动的意义，开始意识到公益活动的传播与扩散效应及其对于树立企业在市场经济社会中商业伦理形象的积极作用，并开始注重慈善公益活动在对企业保持持续经营能力和无形资产商誉增长的价值，也说明这些企业已经开始具有将履行企业公民责任作为企业自己的事业的主动意识，这无疑是中国上市公司企业社会责任事业发展的良好趋势。

关于中国企业社会责任报告缺乏权威性规制的理由，见表 4 - 10。

表4-10　　　　　中国企业社会责任报告与国际综合报告特征的比较

序号	中国企业社会责任报告的特征	国际综合报告的特征
1	中国企业社会责任报告未明确规定具体内容，只是规定了一个框架。 中国企业社会责任报告的内容包含： ①财务信息＝股东利润目标等经济责任 ②非财务信息＝捐赠、贡献、其他责任	国际综合报告明确规定了具体内容。国际综合报告内容＝列报基础＋公司概述与外部环境＋治理模式＋商业模式＋风险与机遇＋战略与资源配置＋绩效＋前景展望。 国际综合报告的内容包含财务信息和非财务信息，其中非财务信息＝环境报告＋社会责任＋公司治理＋未来发展
2	中国企业社会责任报告未规定明确时间限定	国际综合报告规定了明确的列报时间要求＝需要定期报告
3	中国企业社会责任报告缺乏行业性指标要求，缺乏可比性和可理解性。缺乏对内容和信息披露的细则规定	国际综合报告规定了指导性原则，要求注重战略和面向未来、信息连通性、利益相关者关系、重要性、完整性、一致性和可比性

（2）企业社会责任信息披露缺乏保障利益相关者安全权益的强制性规制条款。

有关企业的安全信息包括经营安全、雇员安全、产品安全、社区安全、环境安全、服务安全等多方面的内容，其中生产安全是最能影响企业持续经营发展的内容，生产产品和工作环境安全是否安全、是否符合政府提倡的企业需要坚持高质量发展的等要求，不仅是构筑企业战略、实现未来可持续发展的关键条件，而且还是保障员工生命可持续发展的主要因素。

根据表4-9提供的信息可知，全部样本企业中，已经披露了安全生产信息的是91家，占统计总体182家的比例为50%，这一方面虽然说明一半上市公司非常重视企业的安全生产责任，员工安全责任和服务安全责任等；但是另一方面也说明了有一半的企业管理层并没开始意识到安全生产和职工生命安全方面的经营风险的重要性，没有高度重视这些信息的社会价值。因此，企业的经济发展与增长需要依赖安全的环境和有利的社会氛围。如果不重视安全责任，就很可能会在某种程度上抑制经济增长，现实中我国上市公司企业社会责任信息披露的现象也确实如此，虽然企业知道社会责任很重要，但又不愿付出相关的社会责任成本。之所以产生这种不正常的现象，是因为对投资者而言，企业的长短期安全，通常会与长短期经济利益的获取发生错配，基于短期利益的驱使，企业如果按照社会责任规则如实反映公司的重大经济损失和名誉毁损等负面社会责任信息，很可能会使得企业的管理层觉得其行为不仅是一种破坏自身声誉的公开宣示，遭受公众更猛烈的抨击和谴责，企业的声誉必然承受重大伤害，在社会公众心目中的形象会一夕之间垮塌下去，更可能会导致一连串的连锁反应，直接或间接影响其市场份额，影响消费者和供应商与企业合作，影响企业的经营利润和期末收益。然而，对中国企业社会责任监管部门而言，如果缺乏来自部分利益相关者的社会安全信息的有效规制与约束，才是最有可能引发企业披露社会责任信息报告时为短期利益而放弃公允性地披露不利的企业社会责任信息，因此，应出台针对企业披露充分安全信息的规程和规制内容的程序。

（3）企业社会责任报告缺乏经过独立鉴证的社会规制模式。

根据对表4-9提供的信息的分析，企业社会责任报告已公开披露并经过第三方机构进行过独立鉴证的公司，只有区区15家，占全部样本公司的8.3%，只有不到一成的上市企业认为企业社会责任信息需要保证真实性和可比性；反过来看，有九成以上的上市公司不认为企业社会责任信息披露需要同财务会计信息一样保持高质量，或者企业认为这种信息披露的规制工作，需要付出更多管理成本，可能会得不偿失。这种情况与沪深股市300指数成分股企业类似，只有10%的企业的企业社会责任报告进行了第三方中介机构的公正审计或鉴证，而其他企业大部分没有接受过专业审计，因而，大多数中国上市企业的企业社会责任报告都缺乏权威监管机构的公开确认和鉴定，由此就难以确保这些企业社会责任信息的客观性、真实性和足够的可信赖度。主要原因在于目前中国政府及监管机构并没有出台强制性的规定、规范和规程，缺少具有公正性、客观性和公允性的社会规制模式，而事实上，必须要对企业社会责任报告进行审计，才能使企业的企业社会责任信息具有决策相关性和有用性，真正地去满足不同利益相关者利用企业社会责任信息价值获取实际收益的真实需求。如果仅凭借企业自身的意志，即企业披露的社会责任报告是否需要经过第三方审计主要目的其实并不是为了维护社会公众的知情权和合法权益，更多的是出于实现管理层个人偏好的目的，或者外部施加的舆论压力，当存在负面信息，又需要审计鉴证的话，那很有可能是因为沽名钓誉，就需要"移花接木""张冠李戴"，提供虚假的社会责任信息。当然，企业的这种"涂脂抹粉""徒有其表"的不诚信行为也只会成为其遭受社会公众抨击与受到商业道德谴责的笑料,会直接影响企业业绩和间接影响其社会地位或形象,经过第三方审计鉴证过的企业社会责任信息披露尚且如此,则社会公众对那些没有接受过审计的、企业社会责任信息披露不充分的企业自然也就难以客观地判断其企业社会责任信息内容是否可靠,质量是否符合监管要求。

（4）企业社会责任报告披露行为缺少强执行力的内部监督规制程序。

依据已发布的企业社会责任信息披露报告内容可知,目前大部分中国企业的企业社会责任披露重点具有同质性、正向性和差异性等特征。其中同质性是指几乎百分之百的样本公司的企业社会责任报告主体内容都包括:经济责任、环境责任和社会公益责任等主要信息。正向性是指约八成以上上市公司都愿意提供可持续发展、环境、公益慈善捐赠、信息等积极作为的社会责任信息;只有不到一成的上市企业提供了负面的安全生产和职工薪酬待遇方面的信息。差异性是指不同上市公司的企业社会责任信息容量与质量并不一致,有高比例的企业愿意披露的企业社会责任信息,也有大量企业并不愿意披露的信息,比如只有8.3%的企业社会责任报告接受了审计鉴证和专业化的规制。这种大部分企业选择对负面信息进行"隐形化"现象,表明相当部分的企业高管层仍然在选择性地回避披露不太有利于企业的社会责任信息、有意识地忽略部分利益相关者的合法权益信息,这实质上意味着该企业管理层的商业伦理理念存在严重缺失,若企业选择披露自身存在的不足,可能会影响企业的业绩,对内部员工绩效的考核和来自社会各方面的舆论考评等内容;如果企业的社会责任信息披露充分可靠的话,政府机关的公共治理业绩可能受到社会公众的质疑与批评。

（5）企业社会责任报告披露缺少与其他利益相关者充分沟通的规制。

根据对已有企业社会责任信息披露报告分析可知,其主要提供的是非财务信息,提供这些信息报告的企业中90%以上都是以内部人自身立场(个别利益相关者)出发,只愿意披露对其自身有利和与其经营相关联的信息,比如企业已经作出的社会贡献(纳税和扶贫)、慈善贡献(灾难捐赠)、社区贡献(修路与就业)、环境贡献(恢复植被),目的是为企业做宣传和广告,而隐瞒企业不当行为和存在的潜在风险信息。而现实的真实情况是这些企业对于其他的利益相关者的权益往往选择性地忽视和轻视,显然我们知道股份企业的经营目标是追求股东利益的最大化，而实际上，基于利益相关者理论，企业的经营者不仅需要与最大股东和实际控制人进行沟通与报告，还需要对其他利益相关者负责，应当对国家法律规制下的企业经济、劳动、环境、道德、安全和员工发展权益等方面的问题与信息进行充分披露与报告，让所有的利益相关者都能知晓企业的经营行为的相关信息，并根据各自的立场来作出有利于他们自身利益的合理的决策。因此，企业社会责任信息披露过程中存在的突出的问题是：中国现有的社会市场环境中客观上缺少与其他利益相关者充分沟通的关系网络规制程序与方法，即企业监管方（如证监会、国资委、地方政府）并没有为其规定企业发布社会责任信息的明确目标与要求，没有明确企业社会责任信息应为特定网络内的利益相关者服务，并且企业应对这些相关者及其关系承担相应经济与法律责任。

4.2　中国企业社会责任信息披露规制动因与可行性

4.2.1　中国企业社会责任信息披露规制动因

如前文所述，企业的社会责任信息披露规制是指企业社会责任利益相关者管理主体将与企业社会责任活动相关的信息（经济、法律、社会和道德等方面）运用单项责任报告表、专门报告书、综合报告、专门网站、自媒体平台和杂志、报纸等多种方式，对社会各方面主体公开透露、报告，并对所披露出来的社会责任的原因、过程和结果等行为，进行不同程度的主动管理、控制、约束和规范的系统化的过程。其中研究其行为驱动是深入探讨和总结中国企业社会责任信息披露质量提升的源头因素和关键因素。基于融入五大发展理念的新视角，本书作者认为有关推动中国企业社会责任信息披露规制的动因主要有以下几个方面的内容：

（1）维护企业利益相关者共享权益目的。

首先，从经济学的角度来分析，相对于股东至上主义理论，利益相关者理论是一个含义更宽泛、更丰富的企业经济学概念。多德（Dodd，1932）认为企业要成为真正合格的资产委托人就需要承担全面性的责任，既为主要出资者——股东负责，也要为企业相关者——雇员、管理层和客户等其他群体负责，即为企业全部的明确的利益相关者负责。R. 爱德华·弗里曼（R. Edward Freeman，1983）形成了比较成熟的利益相关者理论（Stakeholder Theory）。基于利益相关者理论的理念，企业是一个由多个利益相关者构成的集合体，包括来自企业内部的股东、员工、管理者，也包括来自企业外部的债权人、消费者、供应商、政府、社区居民、媒体和非政府组织等，这些利益相关者或对企业进行了专用性投资，或为企业分担了经营交易风险，或承受了企业发展过程中的负外部性，或付出了利益受损的代价。企业经营活动与管理决策通常会受到不同来自主体的利益取向的影响或限制，无论哪个因素都有可能影响或阻碍企业经济收益的持续增长。基于利益相关者权益共赢的理论观点，企业要想实现收益目标，必然需要利益相关者的充分参与，最终的利润分配也应当考虑其他社会利益相关者的合法利益，并对其进行足够的补偿与回馈，才可能实现全部利益由所有利益相关者共享的初始目的（见图4-7）。

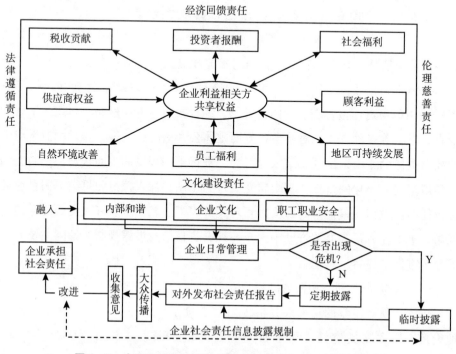

图4-7 企业利益相关者权益共享与社会责任信息披露规制

其次，如果企业实际控制人只是满足股东等少数利益相关者的权益，自然会倾向于垄断内部经营与社会行为方面的信息，加上信息披露成本等因素，他们往往会选择隐瞒披露和不披露其他利益相关者期待获取的除经济信息之外的社会责任信息，就会势必会怠慢其他利益相关者和减少其他利益相关者应得的经济利益和其他社会利益的分享。这种信息分享的不平衡状况持续下去，进而又会加剧企业的利益相关者之间权益的错配、倒置，相应行动的摩擦和冲突自然会阻碍企业的健康与可持续性的壮大、发展和进步。因此，利益相关者理论告诉我们企业的经营者要实现企业的可持续发展就必须共享经济利益和其他利益，而这种利益共享的前提条件是企业将其经营拥有的经济信息、法律信息、商业伦理信息和社会责任信息实现透明化和共享，因为这是企业承担经济、法律、道德、慈善和国家秩序等责任的必然选择形式。

（2）确保协调实现多元社会契约目标的。

所有权与经营权的分离是现代公司制企业产生的根本原因，进而诞生了企业的资本出资者（所有者）与资产管理者（经营者）之间的委托代理关系，形成了委托人与受托人之间的企业契约协议的问题，企业的契约自然是社会契约的一部分，达成企业所有者与经营者之间的委托代理契约——显性化契约，既是现代企业需要遵从的社会契约的基本形式之一，也是现代企业社会责任信息披露管理的重要理论依据。但是基于契约双方的利益出发点和环境不一致，双方的信息可能存在不对称性，而且双方的信息需求目的存在着明显的不一致性，甚至会演变成相互间的利益冲突，但是市场秩序的维护者——国家与政府监管机构负有建立有利于资本市场运行的良好法制环境的义务，提供既定上市公司投融资活动的各种规则与制度，来降低委托代理成本，提高信息披露的效率。投资者通常会在代理契约中明确要求以公司经营者的最终经营成果指标作为公开披露信息的主要观测点（如企业市场价值、经营利润、股东收益率、资本利润率、销售利润率等）。

但是基于所有权与使用权两权分立的雇佣契约和债务契约安排，上市公司监管方需要加强对财务会计信息的规制，企业社会责任信息的规制方也需要做好完善的制度性安排，而且企业主动进行社会责任信息披露规制也是公司治理层优化治理结构、履行雇佣和债务契约、降低委托代理成本和提高委托代理效益等目标的主要实现途径，因此，公司治理层对社会责任信息披露的制度化建设与规范，企业雇佣契约和债务契约等社会显性契约形成及履行是促使治理层进行社会责任信息披露自我规制的重要原因。

　　企业除了与股东等直接相关方的显性契约必须履行之外，还存在着无形的社会契约关系。因为基于彼此之间休戚相关的依存关系，政府、社区、媒体和NGO等企业外部的利益相关者与在特定区域范围内经营的企业之间实质上存在着隐性的社会契约关系，企业为这些相关方提供经济、就业、公共服务方面的福利；政府、社区、媒体也同时在为企业提供治理、资本、资源和安全稳定环境的支持和保障，因此，这些主体同样也需要驱动政府监督管理机构加强对企业社会责任信息的披露标准进行规范与控制，这也是加强企业社会责任信息规制的主要成因。

　　关于社会契约目标实现与企业社会责任信息披露规制行为的关系可见图4－8。

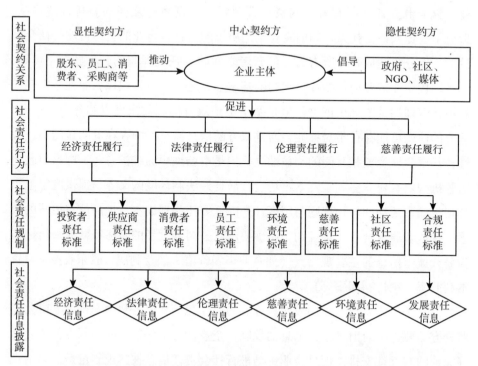

图4－8　协调社会契约目标实现与企业社会责任信息披露的规制

（3）保障企业拥有持续开放的金融资本市场。

在竞争性的资本市场、金融市场、劳动力市场和技术市场中，上市公司要得到这些宝贵的经营资金、资源、资本和技术，对外进行自愿性信息披露是重要且必要的路径选择。随着大部分国家金融资本市场的壮大与繁荣，各国上市公司数量在倍速增长，这种市场扩大趋势又催生了其投融资业务进一步扩展，进而刺激了这些公司营运资本需求量的快速增长，然而间歇性经济危机与风险的冲击使得金融市场上市公司资本供给的形势相当严峻，金融资本买方市场的特征进一步凸显，出现资金短缺窘境，使得上市公司对能够提供急需资本的供给者和投资者的争夺日趋激烈和白热化。按照有效市场论的观点和假说，影响一个证券市场上市企业股价行情波动和变化的一个重要信号和变量其实就是该公司对外公布的财务信息，该信息是引发上市公司股票、债券和期货等资本市场衍生金融工具根据公允价值变化的主要信号，是资本市场融资形势的风向标。因此，公司会计信息早就已经成为商业竞争和获取超额利润的关键要素。如今，伴随着社会责任意识、理念和运动实践的范围在世界各国的扩展，社会责任信息也成为开放市场中潜在利益相关者需要的重要信息资源，企业社会责任等非财务会计信息披露的规制行为可以帮助信息全面透明的有效资本市场中的理性投资者认清杂乱市场财务信息背后的真实状况，理性地选择和实施既定的投资计划和经营决策的方案。

随着资本市场的大量机构投资者、证券分析师、中介预测机构对上市公司披露年度信息（含经济责任、法律责任、道德责任和社会责任信息）的重视度和关注度不断增加，投资者、消费者、其他客户和社会公众等市场参与者对上市公司社会责任信息披露的透明度提出了更高的要求。客观而言，促使上市公司财务会计信息和社会责任等信息充分披露的好处是：能够通过降低公司经营信息的不对称性，降低委托代理成本，增加各利益相关方获得的剩余收益，创造更多的社会福利，实现古典经济学理论强调的经济人社会实现的帕累托最优状态。因为如果在信息不充分的情况下反而能够使投资者得到较高的回报，就可能给投资者更多的误导和暗示，从而导致企业道德行为的逆向选择和社会福利更差化，因此，企业的财务信息和社会责任信息披露的充分性与有效性会深度影响上市公司市场表现和收益。

因此，如果政府没有建立更加开放的市场制度设计、没有规范企业进一步开放企业信息披露的空间范围，如果企业没有能够提供更多的财务信息和非财务信息（如社会责任信息），在不了解公司经营盈利、公司伦理文化和社会责任理念及行动等真实情况下的多数理性投资者往往就不愿以更高的证券溢价去购买股票进行投资，债权人也就不会积极或愿意向融资市场提供各种长短期资金，从而导致资源、资本和资金的市场流动性会变得更弱、更低，使得企业的融资难度加大，并很可能引致更激烈的财务风险。企业等其他主体的管理当局为了更方便和更快捷地获取投资者的闲余资金和资本，其有强烈的动机自愿性地向银行、信托投资公司和财务公司等投资群体提供财务信息和战略、规划、安全、社会责任等非财务信息。而政府市场监督管理当局基于缓解企业在金融市场上融资困难的需要，进一步从外部为市场主体拓宽筹措资金渠道提供帮助和保障，稳定金融市场的运营秩序等原因，以及基于进一步推动与拓宽中国资本市场融资宽度、广度和环境开放的新理念和新动机，会加强对企业社会责任信息披露的全过程的规制与规范。

关于企业社会责任信息披露规制与开放的金融资本市场之间的内在关系见图 4 - 9。

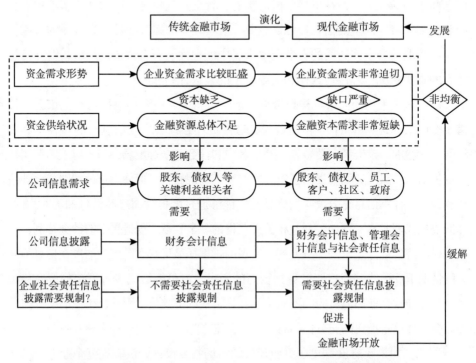

图 4 - 9　开放的金融资本市场与企业社会责任信息披露规制的关系

（4）助力企业维护市场信誉与价值创新。

银广夏、蓝田股份、绿大地公司、科龙股份和万福生科、长生生物、康美药业和康得新等上市公司的财务丑闻表明，中国的资本市场其实长期存在着严重的"企业商业道德与诚信"的危机。郑志刚（2002）发现在股票市场中，企业管理当局基于利益的驱动，常常借助获取被隐匿的信息为自己牟利，其最直接的表现就是凭借管理者身份取得对公司信息的掌控优势，在交易前期提前采取低价购进行动，或以较高价格出售通过股票期权所持有的股票；根据克瑞普斯（Kreps）、威尔森（Wilson）和米尔格罗姆（Milgrom）、罗伯茨（Roberts）等学者提出的"声誉机制模型"，他们认为拥有企业社会责任良好声誉的企业，为了维护市场中受公众欢迎和认可的愿意主动承担经济、法律、道德和社会责任的形象，倾向于自愿性披露企业社会责任信息。为了使公司的价值能达到最大化，实现企业的价值增值与价值创新，企业治理层和管理层通常会尽力地去控制与降低公司的资本成本，其采取的一种有效的管控措施就是通过自愿性披露更多充分可靠的财务信息和非财务的社会责任信息，给社会公众和潜在的投资者展示企业可长久立足于社会和市场的、更全面可靠的形象，以全面增强投资者对公司未来发展的信心，因为只有开放的企业治理制度环境和对他人诚信负责任的商业文化，才可能实现助力企业实现维护市场信誉与价值创新的目标。

此外，穆尔汤姆（Mertom，1987）认为为了使更多的潜在利益相关者了解目标公司的市场信誉和商业道德行为的分量，公司习惯于采取自愿性披露社会责任信息的行动方式，从而不断吸引和扩大公司投资者的规模，进而增进公司在更多潜在投资者和消费者心目中的受欢迎程度，即创造企业的核心竞争能力。自身的社会责任信息显示出的核心竞争力量，使得企业高管层在充满竞争性的经理人才市场、在企业兼并市场上才可能会有更宽松的营商环境、更自由的选择空间和选择余地。所以，企业自我规制、社会规制、专业规制和政府规制等制度设计的建设和完善，使得上市公司经理人员不得不选择公司价值最大化的策略作为企业的最终经营目标，通过企业信誉与价值创新的双维度信息披露驱动模式完善企业管理层、员工和大股东的社会责任意识与管理途径，维护经营者在职业经理市场上社会责任履行方面的信誉，否则，隐瞒或谎报社会责任信息的不良行为可能导致其被其他经理人所取代。

（5）推动中国企业参与生态文明建设和绿色化发展。

近些年来，中国政府及其各方面力量都在致力于实施企业社会责任信息披露规制制度建设的一个重要原因是为顺应党中央和政府提出的生态文明建设及实现全行业绿色化发展的顶层战略目标的号召；当中国的改革与发展进入 21 世纪之后，基于外部世界的政治经济文化环境都几乎在发生着全面性的大变动，党的十九大报告提出了"两个一百年"奋斗目标，2020 年全国两会提出了引领新时代中国企业和社会各界致力于可持续发展的"十四五规划"等社会发展规划的战略部署，其中地方经济社会发展、政府治理机制的改革和企业市场竞争及其价值创造等各领域和各方面都必须充分贯彻人的生存、社会进步与自然环境之间必须实现有机化的协调和融合，而各社会主体积极主动地参与国家生态文明建设战略进程以及致力于自身的绿色发展就是实现"美丽中国"的必然举措与路径，特别是企业主体通过提供符合自身需要与社会需求的经济贡献和社会贡献等多方面的行动，和主动自愿性披露与应规性披露社会责任信息，从而向社会传递企业的正能量的行为信号，促进和谐社会的建设。

其实，从社会学视角来看，政府、企业、民间和城乡基层等各个社会组织的社会责任意识与行动都是构成和谐社会的不可或缺的主要元素，每一个元素都可能会影响到中国社会的和谐与稳定，其中企业作为市场经济建设的主体与主要参与力量，其社会责任行动的信息是否被其他社会群体所了解、理解、熟悉和认可，自然是广泛影响企业经营与生存发展所需要的社会环境、经济环境、法律环境和生态环境的关键变量因素，在促进整个社会组织体系有序运转和进步方面具有重要的激活与驱动的功能。在企业众多的信息中，那些反映企业在环境保护与改善方面的投资、贡献和慈善行为的绿色发展信息；关注劳工权益维护、合规及城乡企业可持续发展都属于核心的社会责任信息，对其进行有步骤、有秩序的规制安排，可以起到推进与引导社会组织其他群体沟通、建设和谐社会的重要作用。因为这些信息正是和谐社会的重点关注内容，而且企业绿色发展及其参与生态文明建设的具体行动与整个社会和谐、环境改善、文明程度的提高等目标之间是一个相互依存、相互促进与整合提高的密切关系，切不可割裂和偏废。企业自然不能只有短期的经济利益追求，还要有积极承担推进绿色发展和社会和谐的社会责任，把企业的发展融入社会的持续发展和国家绿色发展之中。

4.2.2　中国企业社会责任信息披露规制可行性分析

（1）社会责任法律体系完善为企业信息披露规制提供了有利法制环境。

企业的社会责任信息披露既是一种企业积极履行社会责任的公民自我管理行为，又是一种需要遵守国家关于企业经营管理要求的法定社会行为，即企业市场化竞争、发展和社会责任的规范化与成熟化，无论是企业的自我管控行为还是法定的社会行为都需要从无序状态，走向有序的制度安排。因此，对企业社会责任信息的披露的规制目标及其行动的实施，需要多种形式的来自企业内外部的规章制度逐步完善等条件的充分支持。比如用以规范和约束企业社会责任行为及其信息披露质量的法律、法规和规章制度是否完善，社会责任法治体系是否健全就是社会责任规制目标能否实现和功能能否发挥的必要前提与条件，其中有关规制企业社会责任的法律规范按照其适用范围及其影响力大小主要分为两个方面，即社会责任及其信息披露相关的国际惯例、规制和部分国家间的社会责任行为协定，以及国家层面与企业权利与义务相关的社会责任法规等。有关国际社会责任惯例、规则和规范的相关内容可参见表 4-11。

表 4-11　　　　　　　企业社会责任的国际标准及其影响

标准规范	年份	内容	对企业社会责任信息披露影响
ISO14000 环境管理体系	1993	国际标准化组织制定发布的国际环境标准。宗旨是确认国际市场经营企业在环境管理方面的行为是否符合要求的国际性标准	规范跨国企业内部社会责任环境管理体系方面信息的公允披露
ISO26000 社会责任指南标准	1994	国际标准化组织制定发布的国际行为标准。评价跨国企业在履行环保、劳工等社会责任方面行为的绩效评价方面的国际标准	审计变化、劳工权益、基金贡献和安全条件

标准规范	年份	内容	对企业社会责任信息披露影响
SA8000 社会责任国际标准	1997	依据《国际劳工公约》所建立的社会责任指导性国际标准。宗旨是确认供应商所供应的产品是否符合社会责任要求，是全球首个道德规范的国际标准，是首个被第三方认证机构审核认可的国际标准	行为达到该标准的社会责任信息披露属于国际市场的服务部门认可的公允性信息。非强制要求和管理体系
ISO9000 质量管理体系	2001	国际标准化组织制定发布的国际产品质量标准。其宗旨是确认国际市场经营企业的管理质量方面的行为是否符合要求的国际性标准	鼓励跨国企业内部社会责任管理质量体系及类似信息公允披露
全球契约（Global Compact）	2000	1999 年初原联合国秘书长安南提出"全球契约"计划，次年正式启动，主旨是要求企业承担起社会责任，特别是：遵循联合国人权（尊重和维护国际公认的各项人权；不参与任何漠视与践踏人权的行为）、遵循劳工标准（维护结社自由，承认劳资集体谈判权利；彻底消除各种形式的强制性劳动；消除童工；杜绝任何在用工与行业方面的歧视行为）、保护环境（应对环境挑战；主动增加对环保所承担的责任；鼓励无害环境技术发展与推广）和反腐败	国际性企业应支持、尊重领导者披露和公开基本就业权利、劳动权利、健康权利、生命安全权利和环境保护权利、绿色技术等社会责任信息
日内瓦宣言	2007	2007 年联合国在日内瓦发表的社会责任国际管理管理规则与行为准则	推进企业社会责任信用信息的披露、审计与评级
ISO45000 职业安全国际标准	2013	国际范围企业管理系统中职业安全与健康方面的国际标准，聚焦系统风险、安全文化和供应链	记录和披露企业管理信息升级信息管理

资料来源：本书作者根据国际组织已经正式颁布的相关标准、原则和惯例整理而成。

经过四十多年来中国社会经济建设的快速发展和政治法制方面改革开放事业的进步，和中国全国人大立法机关与国务院及各部门等行政机关的持续努力，截至目前，中国国家立法机构至少已经审定和发布了 19 部与企业社会责任相关的法律法规，涉及职工权利、节约能源、大气污染防治、产品质量、职工失业、生产促进、最低工资、污染改善、劳动者利益保障等各个方面有关企业法律权利与应尽义务，并由国家行政司法机关予以实施和执行。中国国家层面社会责任方面的法律规范的相关内容可见表 4 – 12。

表 4 – 12　　　　　　　　中国企业社会责任相关法规及其影响

法律规范	年份	内容	对企业社会责任信息披露规制影响
《中华人民共和国宪法》	1982	规定国体和政体，依法治国，公民在法律面前平等	为企业社会责任规制提供法制条件
《中华人民共和国公司法》颁布及修订	1991，1994，2004，2005	规范公司的组织和行为，保护公司、股东和债权人的合法权益，维护社会经济秩序，促进社会主义市场经济的发展。企业应当承担经济责任和社会责任	为企业社会责任管理及其信息规制提供直接法律依据与执行规范
《中华人民共和国劳动法》颁布及修订	1994，2009，2018	保护劳动者的合法权益，调整劳动关系，建立和维护适应社会主义市场经济的劳动制度，促进经济发展和社会进步	为企业提供针对劳动者权益保障应承担的责任信息披露的规制提供法律依据
《中华人民共和国环境保护法》颁布	2015	保护和改善环境，防治污染和其他公害，保障公众健康，推进生态文明建设，促进经济社会可持续发展。企业有环境保护责任	是企业需要履行环境责任并提供环境信息的法定要求与规范
《中华人民共和国产品质量法》颁布及修订	1993，2018	加强对产品质量的监督管理，提高产品质量水平，明确产品质量责任，保护消费者的合法权益，维护社会经济秩序。企业需承担产品质量社会责任	为企业承担产品质量责任和提供维护消费者利益服务责任信息规制提供保障
《中华人民共和国安全生产法》	2014	加强安全生产工作，防止和减少生产安全事故，保障人民群众生命和财产安全，促进经济社会持续健康发展。企业需承担生产安全社会责任	确保企业承担产品生产安全的责任和员工生命安全责任信息的规制保障
《中华人民共和国职业病防治法》	2001	预防、控制和消除职业病危害，防治职业病，保护劳动者健康及其相关权益，促进经济社会发展	提供企业履行职工健康医疗服务社会责任和社会责任信息披露规制的依据
《失业保险条例》	1999	国务院将待业保险正名为失业保险，将这一保险制度范围扩大到所有企业、事业单位	为企业失业信息披露规制提供依据与规则
《中华人民共和国清洁生产促进法》	2003，2012	促进清洁生产，提高资源利用效率，减少和避免污染物的产生，保护和改善环境，保障人体健康，促进经济与社会可持续发展	为合规经营、绿色生产、健康经营等社会责任信息披露规制提供明确依据
《中华人民共和国消费者权益保护法》	1993，2009，2013	维护全体公民消费权益，维护社会经济秩序稳定，促进社会主义市场经济健康发展	为企业承担社会公民行为，履行消费者保护责任信息披露的规制提供支持

法律规范	年份	内容	对企业社会责任信息披露规制影响
《中华人民共和国外商投资法》	2020	扩大对外开放，积极促进外商投资，保护外商投资合法权益，规范外商投资管理，推动形成全面开放新格局，促进社会主义市场经济健康发展	为外资企业承担社会责任与公允披露社会责任信息的规制提供法律保障
《中华人民共和国节约能源法》	1998，2007，2016，2018	推动全社会节约能源，提高能源利用效率，保护和改善环境，促进经济社会全面协调可持续发展。企业需要承担节约能源与改善环境的社会责任	有利于企业节约能源、改善环境，实现社会持续发展，为这类社会责任信息披露规制提供法律依据
《中华人民共和国公益事业捐赠法》	1999	国家为鼓励自然人、法人和其他组织对公益事业的捐赠，规范捐赠和受赠行为，保护捐赠人、受赠人和受益人的合法权益，促进公益事业的发展的专门法律。企业有义务实施相关慈善责任	为企业捐赠慈善方面社会责任信息披露的规制秩序的建立提供法定依据与制度保障
《最低工资规定》	2003	为了维护劳动者取得劳动报酬的合法权益，保障劳动者个人及其家庭成员的基本生活，根据劳动法和国务院有关规定制定的部门规章	有助于确保企业向职工提供合理劳动报酬与应尽义务，并按规披露企业社会责任信息
《禁止使用童工规定》	1991	为保护少年、儿童的身心健康，促进义务教育，根据《中华人民共和国宪法》制定的行政规定	有利于确保企业雇员社会责任信息有序披露
《中华人民共和国大气污染防治法》	1987	国家从改善经济结构和转变经济发展方式的高度来规范企业主体负有大气污染治理责任的法律。	为空气环境保护信息披露规制提供充分的法律依据
《中华人民共和国妇女权益保障法》	1992	为保障妇女的合法权益，促进男女平等，充分发挥妇女在社会主义现代化建设中的作用，根据宪法和我国的实际情况而制定的法律	为充分反映企业履行男女职工同工同酬的社会责任信息披露的规范提供支持
《中华人民共和国环境噪声污染防治法》	1997	防治环境噪声污染，保护和改善生活环境，保障人体健康，促进经济和社会发展。企业有充分履行声音环境的法定责任	为净化噪声工作环境的信息披露规制提供充分的法律依据
《中华人民共和国可再生能源法》	2006	国家为了促进可再生能源的开发利用，增加能源供应，改善能源结构，保障能源安全，保护环境，实现经济社会的可持续发展制定的法律，对能源企业的社会责任履行提供了明确的法定规范	有助于企业积极提供改善能源使用情况的环境信息，促进企业社会责任信息披露规范化与高效化

资料来源：作者根据依据全国人大常委会已经正式颁布的相关法律、法规整理而成。

　　由上表可知，中国已经正式颁布执行的企业社会责任行为权利与义务明确相关的法律、规范与规定，涉及企业生产的产品、提供的服务、雇用的员工、劳动的报酬、大气污染防治、噪声污染规避、能源的节约、公益化的活动和安全环境等多个方面的企业社会责任信息，社会责任法律体系逐渐得到完善，企业社会责任信息披露的秩序逐渐建立起来，为企业社会责任信息披露的政府规制行为的落实奠定了可靠的执行依据与有利法制环境。

　　（2）政府治理能力提高为有序规制企业社会责任行为提供现实条件。

　　按照政治制度学与行政管理理论的观点，政府治理是指一定的社会政治制度下，一国政府机构对自身具有管辖权的公共事务及其运行活动的过程管治、偏差调控和问题有序应对的系统化过程。根据政府管理的实践，可知该概念的内涵通常包括政府的治理理念、治理结构、治理措施、治理方式及过程和治理效果等子系统所构成的有机框架或互动网络。政府治理能力是国家治理体系的重要组成部分，是影响政府运作、立法执行和人们利益维护的必要条件；而且政府治理能力的强弱是执政党科学执政、民主执政和依法执政能力，立法机关科学立法、执法机关严格执法、监察机关有效监督、司法机关公正司法能力等其他国家治理能力能否顺畅实现和充分发挥作用的关键因素。企业作为政府治理的重要对象，对其有序管理与控制是其职能发挥的重要表现。

　　自新中国成立以来，中央政府和地方政府的行政管理体系在持续性的改善之中，中央及其地方各级政府治理能力也在不断提高之中。特别是党的十九届四中全会以后，为了更好地促进政府治理体系的改进和政府治理能力的提升，政府对完善国家行政体制、机制、制度诸多方面进一步提出了相应的要求。中国政府治理能力提高的相关表现参见表 4 – 13。

表 4 – 13　　　　　　　　中国政府治理能力提升的表现及影响

治理领域	涉及方面	能力表现	对企业社会责任的影响
党的十九大前中国政府行政体制及制度的完善表现	行政决策	1949～1976 年中国共产党领导各级政府采取高度集中的行政管理体制，行政管控权利主要集中于党委和政府部门，决策的效率比较高，目标明确，执行力强	企业政治属性大于经济属性，使得企业社会责任未受到应有的重视

治理领域	涉及方面	能力表现	对企业社会责任的影响
党的十九大前中国政府行政体制及制度的完善表现	行政决策	1978~2013年，国务院出台各种制度规定逐步推进各级政府在重大项目决策方面的引入公众参与、专家论证、合法性审查、风险评估、集体讨论决定等制度、机制	开始重视社会责任管理控制，重视人民利益和企业社会效益
	行政执行	自2000年以来，中共中央和国务院领导实施国家电子政务工程战略部署，逐步在各级政府公共信息管理中推进了互联网、大数据、人工智能、区块链等高科技的应用和"最多跑一次"等便民制度、机制	有利于推动政府针对企业社会责任信息披露行为的规范化和透明化
	行政组织	党的十六大后开始逐步改革政府的组织体制，推进了以大部制改革、政府机构职能优化协同高效为目标的各项行政管理制度、组织协调机制的运行	有利于推动对企业社会责任组织领导的协调管控
	行政监督	逐步推进了层级监督、职能监督以及自查自纠相结合的各项监督制度、机制的实施和运行	有利企业社会责任信息披露绩效评价
党的第十九届四中全会决定优化行政体制改革后的全新表现	行政执法	要求一是最大限度减少不必要行政执法事项，以增加企业和经济组织的活力；要求二是进一步整合行政执法队伍，探索实行跨领域、跨部门综合执法，推动执法重心下移，提高执法实效；要求三是落实行政执法责任制，防止和避免执法主体互相推诿、互相扯皮；要求四是创新行政管理和服务方式，推进全国一体化政务服务平台建设，促进政府执行力和公信力的提高	对企业社会责任信息披露行为行政治理
	行政职能	明确了调节经济、监管市场、管理社会、提供公共服务和保护生态环境等政府应具有的基本职能	明确对企业社会责任信息披露规制行为负责
	行政制度	即为防治不作为、加强政府权责清单制度、深化简政放权的相应制度。其中，行政规划制度和预算制度，有利于完善金融、货币、利率体系及健全相应制度；行政管理中应加强对互联网、大数据、人工智能等技术手段的运用，加强政府部门数据有序共享和依法保护个人信息	加强对企业社会责任信息披露规制管理
	行政结构	组织结构、职能优化、权限匹配、程序合理、责任法制化	加强对企业社会责任信息披露管理体制

续表

治理领域	涉及方面	能力表现	对企业社会责任的影响
党的第十九届四中全会决定优化行政体制改革后的全新表现	行政体制	健全完善有关中央和地方关系的机制和制度，以保障中央和地方两个积极性的充分发挥，维护国家法制统一、政令统一、市场统一。按照权责一致原则，建立和完善垂直管理体制和地方分级管理体制	加强国家行政管理体制，对企业社会责任信息披露规制起推动作用

资料来源：本书作者根据依据人民出版社《十九大报告辅导读本》（2019）相关内容整理而成。

如上所述，自党的十九大以来，党和政府对和谐社会建设与发展，制定了系列战略规划和重大部署，既体现了各级政府对区以内社会经济持续协调发展，包括企业竞争实力和能力的建设，寄予了高度的重视与期望，体现了党中央和政府决策者全力实施可持续发展战略的决心，也凸显了各级政府在强化人口资源环境和公共服务等管理与服务方面的责任。因此，各级政府首先需要合理优化配置资源；科学运用行政资源和执法力量，强化监督与治理。全面要求企业在积极履行社会责任的基础上，客观、准确和全面地公开企业社会责任信息。不过，现行的财务报告信息中并不能准确和清晰地了解、认知企业社会责任信息的内涵。政府有关部门只有加强对企业社会责任信息的检查、监督与规范，才有可能客观评价企业真实的业绩，才能作出更多有益于社会的贡献和力量。同时，还可以借助于对公开披露的企业社会责任信息进行数据化剖析与总结，为政府经济该规划部门制定未来的国家社会经济发展政策、战略方向、预算计划和实施方案，科学合理地配置社会资源提供最优化的决策依据，促进人口、资源、环境和谐进步。

（3）公民责任理念为加强企业社会责任信息披露规制提供了内生动力。

截至目前，从中国企业的实践经历来看，不少中国企业包括国有企业、中央企业、民营企业等经济主体的社会责任观念其实还不强，比如，几乎每年都会发生企业安全事故，现实中我国不少企业安全意识差，具体体现在：产品生产风险频频发生；忽视职工在职条件和业务培训；缺乏环境意识，随意排放废弃物或污染环境；制售假冒伪劣产品；商业诚信缺失，提供虚假会计信息，偷逃国家税收等。这与国家对企业的发展目标要求实际上是格格不入的，对企业的经营活动也往往会产生矛盾、摩擦力和反作用力，自然也会严重影响企业现实的竞争力和长远的可持续发展能力，进而必然会阻碍企业社会责任信息披露。笔者分析其中很重要的一个原因是企业高管层只持有狭隘的经济责任和盈利目标，缺乏企业商业伦理思想、管理层道德品格、公民经营责任意识，是企业社会责任信息公开性和透明性不足的主要原因，会造成严重的经济与社会后果。因为公民责任的理念是企业作为公民应作为负责任行动和提供可靠企业社会责任信息报告的"指南针"，这有利于协助企业在履行社会责任要求时，能够避免盲目竞争，赋予企业管理者把企业社会责任信息披露工作规范化的强大内在动力，促进企业社会责任信息披露充分、有序。企业公民理念与企业社会责任信息披露规制行为之间的相关内容，可参见图4－10。

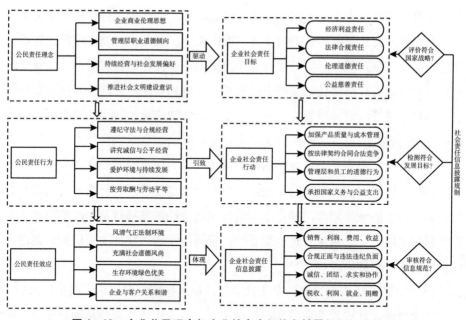

图4－10　企业公民理念与企业社会责任信息披露规制行为关系

如果中国企业的所有者、经营者和监管者能够为其管控下的企业确立符合社会责任实践发展潮流的、满足广泛的利益相关者需求的正确企业社会责任理念与方向，并且能够在国家建立"和谐中国""美丽中国""绿色中国"等战略导向的指引下，以政府、职能部门、社会组织、社会舆论和企业等为主体来致力于建立中国特色的企业社会责任会计信息及其规制机制与体系的预期发展目标，必将有利于中国企业经营者实施更加负责任的行动，自觉或按照政府的要求开展企业公民的生产运营活动，充分履行其应尽的社会责任与义务，有利于获取更大规模的企业经济效益，最终有利于实现企业的社会综合效益的最大化目标。尽管履行社会责任必定会增加一些额外经济成本，但是由于企业社会责任与经济效益之间存在内在依存关系，企业社会责任信息公允和合规地披露，有利于提升企业的社会形象，培育持续性的核心竞争能力。目前作为中国市场经济主力军、国民经济贡献主体和推动区域进步的领导者——中央企业或国有企业，纷纷确立了各自的企业社会公民责任使命、远景和价值观，比如，宝钢集团公民责任理念是"全流程绿色管理＋绿色价值创造"；中国移动的公民责任理念是"以天下之诚而尽己之性、尽人之性、尽物之性"；中钢集团的公民责任理念是"做负责任的中国企业"；国家电网公司的公民责任理念是"以人为本、忠诚企业、奉献社会"，等等，这些超大型国有企业的社会责任理念、意识和行动，为其他中国企业的社会责任目标设定、社会责任内容履行和社会责任信息披露规范化与透明化提供了实际行动的标杆和绩效评价的尺度。

（4）全球化发展为企业社会责任信息披露规制水平提升提供了便利环境。

全球化是指我们这个地球上不同国家的政府、不同产权的企业和不同文化背景的民众之间进行相互交往、交流和交易，并实现互动与整合的过程，主要是受到国家间大规模的经济贸易、资本投资、人才流动和 IT 信息技术的充分支持与推动的过程，这一逐步化、全面化和系统化的国际间社会经济融合的过程，对于世界各国的经济、文化、法律、生态环境、多元文明、政治制度、企业社会责任履行等方面的发展与进步意义重大。2020 年世界各国商品货物贸易规模的总量是 1950 年贸易量的 20 倍。其中 1999 年外国资本投入量是 8270亿美元，相当于 1997 年贸易总量（4680 亿美元）的 2 倍多，全球化发展大大推进了劳动力国际间的分工、促进了国家资源优化配置、提高了不同国家间的生产能力、扩大了劳动力就业、利用了比较优势、减少了贸易壁垒、促进了稀缺资源的流通与分配、促进了社会责任思想理念与实际行动的推广和扩散，通过国际间企业的交流与交往，越来越多的企业在接受先进的社会责任理念与实践经验，并通过这个特定的社会经济交往与联系平台，直接和间接影响企业作为社会公民的未来表现、行为和绩效。

如前文所述，在西方发达国家的跨国企业愿意积极履行社会责任，自愿披露社会责任信息的内容，有助于促进跨国企业和负责国内业务的企业形成新的社会责任微观环境，进而形成具有强大核心竞争力的重要应用策略，也有利于对其他企业实行社会责任目标管理，督促履行社会责任行为，评价社会责任实施后果等方面提供了榜样和示范作用。比如，2019 年《财富》杂志在对全球1000 家公司的调查中发现，95% 的被调查企业管理层和员工表示，如果打算参与世界范围内的市场竞争，并实现预期盈利，就必须实施更具社会责任感的企业行为以维持其竞争优势，这也是中国走向国际化的必由之路。因为近 40年来，那些全球化程度较高的跨国公司企业社会责任实践丰富且成功的案例，确实为中国企业的社会责任发展及信息规制提供了诸多的示范。因此，全球化发展为企业社会责任信息披露规制水平提升提供了便利环境。

（5）国家监督体系的逐步完善为企业社会责任信息披露规制提供了制度保障。

我国的国家监督体系是指政府相关职能部门为了充分履行国家行政管理职能、中央宏观战略部署与经济社会发展规划的安排，落实社会经济责任目标，走稳健和可持续发展之路，主动设计与建设起的与国家治理大系统相适应的一套专门评价、自行监管与持续控制的系统。党的十八大报告中明确提出："未来中国的国家治理体系中，需要积极建立健全权力运行制约和监督体系""加强党内监督、民主监督、法律监督、舆论监督、专业监督、社会监督 6 种基本监督形式，让人民监督权力，让权力在阳光下运行。"其中党内监督是自上而下的监督，也是监督体系中的核心，比如截至 2019 年底已经在全国除了中国台湾地区外的 31 个省、自治区、市均设立了各级党委会领导下的国家监察和市县级纪检监察委员会；民主监督则是一种自下而上的非权力性监督，比如已经形成了乡镇、县级、地市级、省区级和国家层面的人大审查与报告制度、政府内控评价制度、自下而上的各级信访制度、检举投诉举报制度等；法律监督是一种专门性和程序性的监督，比如全国已经形成了县、市、地区和省级政府的公安机关、检察机关、法院（军队法院、铁路法院）和司法局（含法制服务、监狱行政管理)等比较健全的法律调查、审判、执法和矫正体系;舆论监督是我国国家监督体系中不可或缺的重要内容之一,比如报纸、电视等传统方式的新闻媒体,微博、微信和脸书等新兴自媒体这些监督方式;专业监督是需要采取行业性和专业性的手段而进行的专门的监察、监督与评价(信息技术、会计师、审计师、资产评估师),是最富有技术含量的企业经营行为及信息披露报告的技术监督方式,比如审计监督、会计监督、财务监督、统计监督和信息技术监督。目前我国国家监督体系对企业社会责任信息披露规制影响的相关内容参见图 4 - 11。

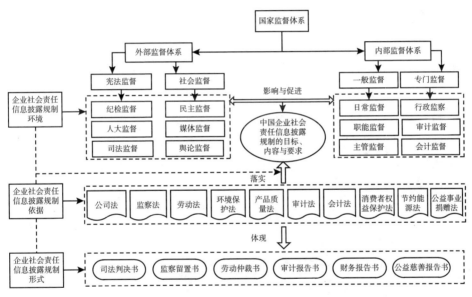

图 4 - 11　国家监督体系与企业社会责任信息披露规制关系

　　经过多年的国家监督制度的改革,我国目前已经设立和形成多层面政府治理社会经济运行状况的监督、监控、监察和审查评价系统,是各级党委和政府在探索权力制约和机制改革方面取得的重要经验和实践成果,是企业社会责任信息管理制度转型升级的创新性探索。总之,中国已经逐渐形成了自改革开放以来,对企业进行高效安全管控的较为完善的监督体系。这些监督体系的健全和完善,对中国企业社会责任的行为及其后果的评估具有重要的现实意义,中国的各类企业可以通过接受和适应多项监督体系，全力清除企业在市场竞争中的未遵循商业伦理、职业道德等不良行为，了解和掌握企业社会责任内部控制总体运行状况，并且督促这些企业社会责任治理人员能够有序实施社会责任目标管理、社会责任投资、社会责任信息规制与管理，从而积极提升中国企业社会责任信息披露规制的质量与效率。

4.3　企业社会责任信息披露规制行为的经济学分析

在市场经济环境中，企业的社会责任行为作为市场活动中的复杂性活动，有多种社会目的，其内涵既包括特定经济行为，也包含诸多的非经济行为，一方面，社会责任履行者必须要付出社会化责任行为的投资和成本，比如经济成本、时间成本和机会成本等，另一方面，也可能因为付出了经济成本和其他成本，后期或未来该企业的行为也很可能获得其他利益相关方的响应、支持、鼓励和回报，即企业的社会责任行为会获取一定的经济收益、社会效益和投资利益。本节内容主要是分析企业的社会责任行为及其管理所可能需要发生的成本与预期可能会获取的收益，以客观剖析企业社会责任信息披露规制行为、行动等方面后果的经济驱动原因和动力。

4.3.1　企业社会责任信息披露规制效益分析

企业社会责任信息披露是企业社会责任相关方实施的主动控制行为，其行为动机中必须考虑的一个因素就是权衡其规制行动的预期收益与预期成本，判断其行为是否能够实现相关效益等基本目标，以便作出适当的规制决策。笔者以为企业社会责任信息披露规制行为或系统的建设将会取得如下预期收益：

（1）企业社会责任信息披露规制的经济效益。

笔者根据过去十年已有的跨国企业和中国国家电网、中国移动、宝钢集团、中远集团和中国华能等大型国有企业的企业社会责任案例分析可知，通常情况下，企业会通过采取社会责任资源投入、资本投资和资产耗用等方式，来履行企业社会责任信息披露工作，这些工作可能给企业带来的经济效益主要有两方面内容：现实效益与额外效益。前者是指来自政府提供的财政补贴资金收益和吸引客户现金流增加的额外收益，也称为直接利益；后者是指逐渐降低信息披露成本的附加收益，也可以称为间接利益。

①企业社会责任信息披露规制的现实效益。积极的社会责任行为，会引发良好的社会反应，可能会赢得更多消费者的青睐，可以有利于正向、积极地扩大该企业的市场份额，能够持续性地助力该企业获取更多的客户、消费者的忠诚度，增加他们的购买意愿，能带来和实现企业报告期内现金流入量规模的连续增加。首先，在一个会计期间，企业社会责任信息披露成本是指企业在日常经营活动成本、财务活动成本和管理控制成本支出之外，需要付出的额外信息处理、加工和报告的费用支出和现金流出。但是，如果在若干个会计期间，这些支出可以帮助企业提升市场声誉，树立更正面的形象，很可能给企业带来更加丰厚的盈利收入，以及更加持久的经济利润（包括直接的短期收益和长期收益）。其次，企业管理层为履行对员工应承担的经济安全和工作安全感等社会责任，通常在工作环境、安全环境、家里照顾、心理信任与精神抚慰等方面给予中国更多的照顾，通过员工生产率和工作效率的改善来增加企业的经营收益、财务收益和会计利润（间接的经济收益增加）。此外，企业通过善待员工、供应商和消费者的方式，积极履行社会责任义务，树立更良好的社会公民形象，进而吸引高素质、专业化的优秀人才，实力雄厚的投资者，以便能够间接地提升企业的财务投资价值和吸引力，在有效提高企业的核心竞争能力同时，其行为带来的经济附加后果无疑是明显和积极的，能够积极驱使企业降低运营成本，提高筹资和投资实力，进而提高企业盈利能力和持续成长能力。

②企业社会责任信息披露规制的现实效益。企业主动履行社会责任的行为，可以使企业市场价值不断提高，进而引起下一会计期间企业社会责任信息处理的边际成本逐渐降低，这是企业单位企业社会责任信息披露成本的附加收益，也可以成为间接利益。此外，在特定情况下，企业承担的社会责任的积极信息扩散与传播，还可为企业获取来自政府的救济、产业援助、更新改造补贴、税收优惠政策等预期利益提供机会。企业对职工、政府、投资者、社会福

利事业和环保等的贡献率与企业价值正相关，因此，基于企业能够获取更多的社会责任信息披露的预期效益，可以直接激励、鼓励和支持企业管理者，在企业披露财务会计信息之外，再主动披露相关信息，从而增加投资者对企业的信心，提高企业市场估值的稳健性。

（2）企业社会责任信息披露规制的预期效益。

企业社会责任信息披露规制的预期效益就是其预期利益、收益和回报。其主要内容如下：

第一，管理层主动承担企业社会责任的社会收益将有助于企业在社会系统中树立良好的社会形象和更高水平的市场声誉度。一家企业披露更多社会责任信息的一个最现实的非间接利益就是能够聚合人气和好感度，从而直接提高企业的竞争优势。企业社会责任披露可有效展示企业自身无形的、稳定的竞争优势，培育核心竞争实力，在更广泛的社会范围内形成稳定顾客生态圈，借助声誉建设与形象的推广，增强企业的市场容纳量和盈利增长的广阔空间。企业只有将社会责任渗透到其日常的战略决策、计划编制、预算管控、产品设计、流程控制、质量检测和售后服务中去，才能更好提升竞争优势和发展实力。

第二，企业主动披露自己承担的社会责任信息的另一个社会收益是有助于形成和谐、团结和共同进步的企业文化。企业管理层如果具备良好的职业责任意识，主动为员工提供更合理、更便利、更安全舒适的工作环境，愿意与员工践行多维沟通，提高福利待遇，通过积极与自身雇员之间加强和谐的合作氛围建设，无疑有助于形成员工对企业忠诚度、发展企业人力资源管理的稳定性和员工内心的归属感，有利于激发企业成员的价值创造、创新能力和服务优化能力，从而持续性地促使企业提升整体的核心竞争实力，推动企业社会责任事业的进步。

4.3.2　企业社会责任信息披露规制成本分析

如上所述，随着整个市场经济规模的增大和越发成熟，企业数量迅速扩大，大型跨国企业规模与战略视野也愈加宽阔，企业社会责任的含义自然就更加丰富。相应地，企业对外披露企业社会责任信息的支出、损耗也比以前更为复杂。考虑其发展现状和环境基础，中国企业对外披露企业社会责任信息行为的成本支出有：企业社会责任信息披露的直接成本、间接成本、潜在成本三大部分的内容。具体内容分述如下：

（1）企业社会责任信息披露规制的直接成本。

企业社会责任信息披露的直接成本主要包括：①收集社会责任履行情况过程中所发生的各项直接材料、人员工资、管理、差旅等其他现金支出或者实物支出；②企业内部企业社会责任负责人员计划、组织和实施收集与整理企业社会责任信息活动中发生的管理、办公经费支出；③编制企业社会责任信息报表与报告的资金支出和物品支出；④对外报出企业社会责任信息的支出，如网站建设费用，网站维护费用，打印、复印、编辑出版费用；⑤可信度评价的评估费用支出；⑥接受社会审计鉴证与评价发生的现金、银行存款等费用支出；⑦用于披露企业社会责任信息的各种费用。

（2）企业社会责任信息披露规制的间接成本。

除了企业披露社会责任信息直接成本支出之外，相关的成本支出还包括加工、处理与分析企业社会责任信息的间接成本支出（沉没成本＋机会成本）和其他潜在成本支出。

其中，企业社会责任信息披露发生的沉没成本包括：①企业社会责任信息整理的培训成本支出。如学习如何收集关于所有者、债权人、经营者方面责任信息的成本支出，如为股东提供定期会议信息举办业务培训支出；为员工提供便利工作场所和定期技能培训的支出，这些信息属于沉没成本信息。②对消费者和政府的责任信息产生原因的学习成本。如为了向顾客提供优质的产品与服务，企业需要提供高质量的产品或服务，需要必须严把质量关，不弄虚作假，收集客户的反馈信息的成本费用支出。③对社会公益和慈善事业责任信息的学习费用支出。比如了解与掌握国家关于企业对社会公益捐赠政策、税收优化制度等规定；国家规定企业接受复转军人和残疾人就业的政策学习与宣传方面的费用支出；对社区安防设施、公共交通、娱乐设施等需求信息的调研、培训和学习费用支出。④对保护生态环境责任信息的成本。如研发环保的技术参数学习、了解与培训方面的支出。

根据机会成本的含义，可知企业社会责任信息披露行为的机会成本一般难以明确予以界定，存在不确定性。其实任何企业社会责任信息资源的形成、运用和报告，无论是否需要经历支出现金流程，最终都会实质形成机会成本。机会成本是企业管理层进行经营决策时，所必须考虑的耗费、现金成本，费用支出，尽管它不是传统意义上会计成本，但是属于信息的经济决策成本。实质上，它是指如果企业不披露某个会计期间的企业社会责任信息，而是同时去进行别的信息披露或者从事生产、经营活动所可能获取的经济利益。企业做重大决策时，如果不重视机会成本，就可能使特定项目的投资决策分析失误、失控和失败，最终导致无法挽回的损失。因此，机会成本是在确定企业社会责任信息披露成本时必须予以高度关注的成本因素。

（3）企业社会责任信息披露规制的潜在成本。

企业社会责任信息披露的潜在成本主要包括：企业将来可能会履行相关社会责任方面的信息处理所需要增加的费用支出；随着企业社会责任信息披露规制建设制度的推进，企业的支出又包括了制定相关法规制度的支出，以及接受预期管理层评估与审计鉴证方面发生的额外成本支出。

第 5 章

企业社会责任信息披露规制
经济后果的实证研究

5.1 企业社会责任信息披露规制的量化研究基础

5.1.1 企业社会责任信息披露范围界定的经典观点

企业社会责任信息披露范围是指企业在披露与之所履行的相关社会责任行为及其结果等具体信息内容的界定，是对企业社会责任信息报告范围与边界的确定。国内外学者对企业社会责任信息披露内容或范围进行过多角度的研究，采用了多种研究方法，比如归纳研究法和定量研究法。前者是早期研究者常用的社会责任信息披露问题研究方法，主要是由不同学者从不同视角分别对企业的社会责任信息披露性质、功能、范围、边界和目标等问题进行研究和探讨，再形成具有共同性和普遍性认识的研究方法；不过，有学者认为归纳方法存在的缺点就是不注重对企业社会责任内涵的研究，而事实上关于概念的性质和内涵才是揭示社会现象和基本行为理论的原始起点，如果人们不去探究基本概念的内涵及其边界，就难以准确把握事物的本质，也不符合社会逻辑学的基本原理与要求，因此，该种企业社会责任信息披露的研究方法不够严谨，自然需要采用其他更为科学和逻辑严密的方法，如定量分析方法、演绎分析研究法等进行拓展性研究。

　　国内外学者对于企业社会责任信息披露基础内容的研究主要包括：企业——这个社会与市场经济环境下参与主体的社会责任的内涵和外延两个方面的研究。其中对企业社会责任信息的内涵主要存在两种不同的看法，有关企业社会责任信息披露具体内涵的差异可见表 5 – 1。

表 5 – 1　　　　　　　　　企业社会责任信息披露主要内涵的观点比较

	企业股东财富最大化目标		企业利益相关者权益目标	
	研究者	主要观点	研究者	主要观点
企业责任信息披露基本内涵不同观点	弗里德曼（Friedman，1989）	企业社会责任是在遵守一定法律及道德标准的前提下多创造价值，并没有义务或不需要额外承担公益、慈善、环境等非社会责任。即企业对外披露企业的经济责任信息即是披露企业社会责任信息	弗里曼（Freman），吉尔伯特（Glber，1987）	利益相关者是已受到影响企业应达到利益满足目标的企业和个人。如股东、债权人、政府机构、雇员、消费者、供应商、公益组织
			卢代富（2001）	企业社会责任是谋求股东利润最大化以外的维护和增进社会公益义务，是对股东利润最大化传统原则的修正和补充，且这一修正与补充并不否认股东利润最大化原则
			欧盟（2001）	企业社会责任通过创造产品和服务，提供就业，提升股东利润，增加社会福利。但不是以利益相关者理论为基础
企业责任与企业社会责任的主要区别	企业社会责任 = 企业责任（等同关系）		企业责任 > 企业社会责任（包含关系）	
	卡洛尔（Carroll，1979）	企业社会责任包括经济责任、法律责任、伦理责任、自愿责任。是一种概念泛化的企业社会责任观点	布鲁墨尔（Brumer，1991），卢代富（2001）	企业责任包括经济责任、法律责任、伦理责任、社会责任四类。会引起概念混淆。卢代富认为企业责任包括企业经济责任和企业社会责任两种；其他责任内化其中
	笔者认为企业是一个商业组织，其直接的经济目标是股东利益最大化；企业责任的内涵应主要包括企业经济责任和企业的非经济社会责任两种责任内容；而企业社会责任是企业在谋求股东利益最大化之外所负有的维护和增进社会福利的义务；也就是说企业社会责任是企业在经济责任之外所承担的责任，即非经济责任类型之一，包含法律责任、伦理责任和慈善责任等具体责任类型，也是对企业股东权益最大化责任观的进一步修正。因此，企业社会责任信息披露的内容应包括企业的经济责任信息和非经济责任信息（包含法律责任信息、伦理责任信息和慈善责任信息）			

关于企业社会责任信息的外延主要是指企业社会责任信息应包含的具体内容，这些具体内容的不同主要是随着该企业所处的社会环境、治理环境和规制环境的不同而不同，所以其外延的范围并不存在一致的标准和相同的边界。有关企业社会责任信息披露外延的具体内容主要如表 5 - 2 所示。

表 5 - 2　　　　　　　　企业社会责任信息披露外延的差异比较

来源主体	代表人物	责任类别	企业社会责任信息内容
中国	葛家澍、林志军（2000）李正（2009）	经营责任环境责任员工责任社区责任	企业除了应提供正常经营活动报告之外，外界利益集团、政府机构和社会公众都需要会计人员提供有关企业"社会责任"的更多信息，诸如企业与环境保护、就业、雇员培训、反种族歧视、医疗劳保、与社区之间的联系或所作贡献的信息资料
日本	山上和库克比（Yamagemi T and Kokibu K，1991）	社会影响 = 环境保护、社区贡献、公平劳动关系、研发责任	企业社会责任披露信息应当包括企业所提供的对社会产生影响的信息，包括：环境（能源、产品安全）、社区参与、雇员关系、研究与开发、企业国际市场竞争活动等五大类信息
美国	美国的全国会计师协会（NAA）《研究报告》1974年	社区责任人资责任资环责任产品责任	企业社会责任信息披露包括：社区活动、人力资源、自然资源和环境、产品与服务等四大类信息。①社区活动：社会导向活动，使一般公众受益的信息。如慈善活动、社区筹划和改良项目、建造房屋和融资、健康服务、成员的志愿者活动、食品项目。②人力资源：与员工相关的信息，如有关职员培训、工作条件、提拔政策、雇员福利等方面的信息。③自然资源和环境：这包括降低或者防止环境恶化的活动。如空气与水质量、噪声质量方面遵守相关的法律规章，节约使用稀缺资源，处理固体废物品。④产品与服务：产品和服务对社会的影响。如用户、产品质量、包装、广告、产品保证、产品安全等
英国	山格雷（Gray R.）寇雷伊（Kouly R）拉卫尔（Lavers）（1995）	环境责任顾客责任能源责任社区责任捐赠责任雇员责任慈善责任	企业社会责任信息披露包括以下 15 大类内容：环境问题类：环境政策、环境审计、废物、包装物、污染、环境财务数据、可持续问题、其他环境问题；消费者问题类：产品与消费者安全、抱怨、特殊消费者关系、为残疾和老年人提供的条款、消费者服务条款；能源问题类：能源节约与保护、开发和使用新能源；社区问题类：学校、艺术、体育、雇员参与；创业慈善和政治捐赠问题类；与雇员相关的数据类；养老金的数据类；向雇员咨询类；在南非的雇佣问题类；雇佣残疾人的问题类；增值表类；健康与安全类；雇佣持股计划类；其他的雇佣问题类；其他类

来源主体	代表人物	责任类别	企业社会责任信息内容
	特瑞（Guthrie） 帕克（Mathews） （1985）	财务管理责任 非财务管理责任	企业社会责任信息披露内容：企业社会责任信息披露就是提供一个企业与自然环境和社会环境相互作用所产生的财务的和非财务的信息。 企业社会责任信息披露形式：年度报告或单独报告
澳大利亚	托德曼和布拉德利 （Totman and Bradley, 1981）	环境责任 能源责任 人才责任 生产责任 社区责任	环境信息：在生产过程中的污染控制、保护和改进环境、设计有利于环境的设备、进行环境影响的研究、土地再生和退耕还林、参加或发起垃圾回收与废料回收重要原料、建立回收工厂、通过使用废旧原料来保护资源、在生产过程中有效使用原材料资源。 能源信息：生产中更有效地使用能源、能源生产中利用废旧原材料、披露公司降低能源消耗方面的努力。 人力资源：保护雇员健康和安全、改进工作条件、雇员培训、帮助移民、培训和安置离职雇员的信息。 产品质量：产品安全、产品循环、降低产品污染信息。 社区参与：为社区捐款、慈善捐款、为大学或医院或其他机构捐款、为艺术和体育捐款、发起公共健康运动或者建立奖学金、援助灾民、向公众开放公司的公园和森林等方面的信息
国际会计中介组织	厄恩斯特和厄恩斯（Ernst and Erns）	资源环境责任 公平就业责任 雇员工作责任 产品安全责任	环境与能源信息：水污染控制、防止或修复环境损害、自然资源的保护、其他环境披露。保护能源、产品的能源节约；其他能源相关的披露。 公平雇佣信息：雇佣少数民族、提拔少数民族、雇佣女性、提拔女性、雇佣其他特殊利益团体、支持少数民族经商、在国外的社会责任实务、其他与公平雇佣有关的信息。 人力资源信息：雇员健康与安全、培训、人资信息。 产品质量信息：安全、降低生产过程中的污染、其他产品相关的披露。 社区参与信息：社区活动、社区健康与安全活动、教育与艺术、其他

由上表5-2所列示的内容可知，上述不同国家研究者对企业社会责任信息界定范围既有相同点也有不同点，其相同点主要是：（1）企业社会责任内容一般应当包括一些相同的信息。企业创造利润的经济责任信息、保护自然环境责任信息、企业人力资源管理信息、产品生产安全与质量信息、承担周围社区居民的服务责任信息等方面的信息内容，但是不同学者对具体的社会责任信

息外延存在一些细小差异的表述。如日本学者认为企业社会责任信息包括企业
用于科研开发方面的应尽责任信息；美国学者认为企业社会责任信息包括资源
与环境保护方面的责任信息；英国学者认为企业社会责任信息包括企业的能源
开发责任和企业对社会应贡献的慈善责任；澳大利亚学者认为企业的企业社会
责任信息应包括财务管理信息和非财务管理信息。（2）西方学者大多研究文
献中通常认为企业社会责任报告中并不包含对股东的责任方面信息。企业最基
本的责任是致力于实现股东权益最大化；企业除了经济责任信息外，其社会责
任是包括满足股东利益之外的活动信息。综上所述，本书认同企业的社会责任
信息应包括广义的社会责任信息，即经济责任信息、道德责任信息、慈善责任
信息和环境责任信息等内容。

此外，各国学者对于企业社会责任信息外延研究的不同点在于：上述观点
中的企业对员工的责任信息存在差异性，大部分学者认为企业的人力资源社会
责任仅仅是指企业招聘雇员就业状况、女性员工待遇、少数族裔平等工作条件
等方面的信息属于人力资源管理的社会责任信息，并不包括公司治理中的经理
层股权激励、高管层的管理层激励等人力资源信息。因此，笔者认为企业社会
责任信息中的人力资源责任信息实际上应当包括较广泛的内容与范围，比如企
业对内部员工的责任信息应既包括善待中层管理层和基层员工的合法权益，也
应包括高管管理者的合理薪酬激励体系与绩效考评制度执行情况信息。

5.1.2　企业社会责任信息披露评价方法的文献简述

由于企业社会责任信息披露规制是指企业社会责任管理主体相关方（国家
职能部门、监管机关、审计组织、社会服务主体、企业管理层雇员、新闻媒体
和社会公众等）主动实施的行为方式，是一种协同制约和约束行动；其控制的
力度和广度对企业社会责任行为持续改善与约束，具有重要的影响。因此，针
对企业社会责任信息披露的方式、方法和途径等企业社会行为实务问题，同时
也是认知企业社会责任行为及其信息报告的重要理论问题，已经有诸多国内外
学者对该领域的问题进行了深入的探索与研究。概括而言，企业社会责任信息
规制就是针对社会责任信息披露目标、管理、实施和绩效等方面进行调整与控

制。其中对企业社会责任信息披露的透明性和规范性进行评价就是一种比较有效的专业规制方式。

随着企业社会责任理论与实践研究的发展，加上其他企业管理领域知识的不断融入和交叉发展，多指标综合指数评价方法得到不断深入、丰富和拓展。截至目前，国内外学者对企业社会责任绩效及其信息质量评价已经提出了多达几十种研究方法。概括而言，可以划分为主观赋权评价法和客观赋值评价法两大类。前者是根据社会责任者的专业知识、专家经验和企业社会责任者的职业判断来确定评价指标的权重。后者则是根据指标的实际数据矩阵，通过针对统计资料的信息进行赋值，是定量化的评价指标。此外，在世界范围内，企业社会责任事业蓬勃发展的推动下，一些社会性的中介组织，如《财富》和"胡润百富"等机构也曾发布过知名企业社会责任的绩效评价报告同样也引起了众多社会公众的广泛认可。关于企业社会责任行为绩效及其信息质量的评价方法的相关内容可参见表5-3。

表5-3　　　　企业社会责任行为绩效及其信息质量的主要评价方法

类别	具体方法	观点来源	基本原理	主要特点
主观赋权评价方法	层次分析评价法	Toms Sadi (1973)	把一个复杂问题的各项指标，通过划分相互关系使其分解成若干有序层次，其中元素和上下层有一定联系，按隶属关系建立一个有序递阶层模型。如：建层次结构、构造判断矩阵、单层次排序、层次总排序与一致性检验	①辩证系统思维方式，提高借鉴复杂问题效率。②将逻辑判断与客观精密计算相结合，保障决策合理性。③存在随机性、不确定性和不一致性
	模糊综合评价法	L. A. Zadeh (1965)	综合运用层次分析法和模糊综合评价判断解决多因素、多指标权重和综合评价问题的方法。其中企业社会责任模糊综合评价层次包括：企业社会责任社会效果、企业社会责任反映和企业效果等。企业社会责任模糊综合评价步骤：评价指标集合、缺点指标集合权重、建立评价等级集合、进行单指标评价、进行模糊综合评价，得到模糊综合评价结果	评价内容全面性和综合性评价对象多元性和层次性评价效果精确性和科学性评价过程复杂性和稳定性

续表

类别	具体方法	观点来源	基本原理	主要特点
客观赋权评价方法	TOPSIS 评价法	Yoon (1981, 1991)	是有限方案多目标决策分析方法。原理：基于归一化的原始数据矩阵，采用余弦法找出有限方案中最优方案和最劣方案，然后分别计算各评价对象与最优方案的相似程度，作为评价优劣依据。步骤：确定企业社会责任评价对象、指标属性趋同化处理、趋同化数据的归一处理、确定最优与最劣方案、计算各评价对象与最优方案的相对接近程度、按照大小排序，给出社会责任评价的最终结果	①对资料无特别要求，对数据分布及样本量、指标的多少并没有严格的限制；②数字计算相对简单，使用方法和应用范围较广；③当评判环境和自身条件变化时，相应指标也会发生变化，引起最优与最劣点改变，从而导致评判结果前后不一致
	主成分分析法	Karl Pearson (1901), Hotelling (1933)	$Fp = a_{1i} \times Z_{X1} + a_{2i} \times Z_{X2} + \cdots + a_{pi} \times Z_{Xp}$，其中 $A = (a_{ij})p \times m = (a_1, a_2, \cdots, a_m)$，$R_{ai} = \lambda_i a_i$，R 为相关系数矩阵，$\lambda_i$、$a_i$ 是相应特征值和单位特征向量，$\lambda_1 \geq \lambda_2 \geq \cdots \geq \lambda_p \geq 0$。步骤如下： ①指标数据标准化； ②指标之间的相关性判定； ③确定主成分个数 m； ④主成分 F_i 表达式； ⑤主成分 F_i 命名。 设法将众多具有一定相关性，重新组合成一组新互相无关的综合指标来代替原来的指标。考察多个变量间相关性一种多元统计方法，研究如何通过少数几个主成分来揭示多个变量间的内部结构，即从原始变量中导出少数几个主成分，使它们尽可能多地保留原始变量的信息，且彼此间互不相关。数学上是将原来 P 个指标作线性组合，为新综合指标	①主成分分析能降低所研究的数据空间的维数。②可在评价社会责任信息披露指标。③根据评价指标的相关性在不减少指标信息量的前提下用最少的指标替代了原来较多的指标，节约指标信息重叠，极大简化了指标重叠的问题，简化了指标的结构。④各因子权重根据综合因子的贡献率来确定大小，保证评价结果的唯一性、合理性和客观性。⑤需要样本量较大，计算过程相对烦琐、成本较大
其他评价方法	《财富》企业社会责任评价法	《财富》研发团队 (2010)	环境责任信息：环境管理、污染防治、资源使用、气候变化与环境多样性。 社会表现信息：领导关系、消费者、社区、供应链与人权。 企业治理信息：董事会结构、公平市场政策、企业社会责任战略与承诺、企业社会责任沟通	三大领域12项主要指标加权累计。其权重由所在行业的均值确定。高耗能、高污染行业的环境权重更高达40%，其他行业社会维度为30%
	"胡润百富" 企业社会责任评价法	胡润研发团队 (2007)	企业社会责任信息披露评价标准：捐款金额、公益事业领导力和透明度、就业人数、纳税金额、环境保护、员工权益保护六大维度	50位企业社会责任专家评分占50%；企业纳税和员工数占30%；公益事业捐赠和环保支出占综合评估20%

5.2 企业社会责任信息规制的计量与分析模式研究

由于企业社会责任信息披露规制是指国家、机构与企业等主体针对企业社会责任信息对外披露的内容与形式的直接或者间接性地通过国家法规、行业规章、内部规定、方向引导、行为约束、产权制衡和管理控制等一系列形式进行不同程度的制约与规范的主动性行为，并且在经济管理学科范畴中，计量与量化研究对象是客观评价对象的前提，评价又是对需要进行调控的对象进行有效管理的主要内容与手段。因此，对企业社会责任信息披露的相关行为的规制的主要前提与基础工作内容无疑是需要相关管理主体对社会责任信息含量与质量进行精准的计量、客观的判断和理性的评价。

在既有的企业社会责任信息披露管理、调控和多元管理方面的相关研究文献中，尤其是20世纪80年代以来，专门针对企业社会责任信息披露行为的计量与评价问题，国内外理论界陆续提出了多种专门化的计量模式和定量化的分析计量方法。包括：杰夫瑞·索尼菲尔德（Jefury Sonyfield）模式与RADP模式；社会责任会计计量法、社会声誉计量法、社会责任内容分析计量法和社会责任指数计量法等。这些计量研究模型和研究方法的具体内容如表5-4所示。

表5-4　　现有企业社会责任信息披露主要计量模式及其量化分析方法

名称	主体/时间	计量内容	计量维度	相关计量特征
索尼菲尔德模式法	杰夫瑞·索尼菲尔德（1982）	企业社会绩效评价应该使企业为相关者对自身的社会绩效进行的评价，应该更多地考虑社会敏感性，即企业利益相关者管理的社会影响	外部人可接近性、公共事务准备性、对外发言可信性、可靠性与一贯性重大事件关注度、批评者可信性、公共利益清晰度。采用五分制进行计量，得分4～5分为较好，3分为一般，1～2分为较差	①引入定量统计分析法，使不同企业社会责任有一定可比性；②通过外部利益相关者来对企业社会责任进行评价，使得对企业评价结果更为客观；③按利益相关者类别进行统计分析，避免了不同利益相关者偏好对整个评价结果的影响。同时也存在一定缺陷。不但缺乏对内部视角的考虑，且对社会责任和社会敏感性两个概念的界定模糊

续表

名称	主体/时间	计量内容	计量维度	相关计量特征
RADP 模式	克拉克森 (1996)	企业社会责任要求披露主要利益相关者和次要利益相关者信息。前者是指与企业运行密切相关的利益相关者,影响正常运转。后者是指与企业互相影响群体	披露企业、股东、员工、顾客、供应商、公众利益相关者六大维度方面的信息。其中主要利益相关者包括:企业股东、员工、顾客、供应商、政府和债权人。次要利益相关者包括:社会团体、宗教组织、媒体、民族团体和其他非营利组织	以企业公众利益相关者为例。计量与分析企业社会责任的信息包括:①公众的安全、健康与保护信息;②能源与原料保护信息(节约、消耗、减少浪费);③社区关系信息(对社区贡献、安排就业);④公共政策参与信息;⑤投资项目环保评估及其他环保信息;⑥社会投资与捐赠支出信息。评估企业社会责任绩效模型:包括对抗型、防御型、适应型和预见型
企业社会责任会计计量分析	Dierkes M (1979) Epstein M, Flamholz E. and Mcdonough (1976) MahaparaS., (1984) 陈玉清和马丽丽 (2005)	把德国、美国企业从事社会责任活动所产生影响的项目录入会计信息系统中,并对它们分别进行计量和披露。年报中污染支出信息与企业盈利能力和系统风险之间的相关关系	西方学者企业社会责任观点:社会责任资产项目、社会责任负债项目、社会责任成本项目、社会责任收益项目。中国学者企业社会责任观点:政府所得贡献率、职工所得贡献率、投资者所得贡献率、社会所得贡献率	会计方法计量企业社会责任信息披露的缺点:衡量社会资产、社会负债、社会成本和社会收益的标准无法得到统一,因此,使得从不同企业得到的数据的可比性大大降低。Benston G J 认为在某些领域,对社会成本、社会收益、社会资产、社会负债等的计量无法实现(1982)
KLD 指数法	KLD 公司分析师;Wood and Jones (1997)	用八个与企业社会绩效相关的方面来评价企业对其利益相关者的责任,是计量与评价企业与利益相关者关系信息的评价标准	社区关系、员工关系、自然环境、产品安全与责任、妇女和少数民族问题等。五个等级(-2~+2)。-2 表示企业对利益相关者不负责任;+2 表示企业对利益相关者负责任;中间状态则为三个等级,即-1、0 和+1,	特点:一方面,它反映了社会投资者的关注,上市公司独立于企业而由相关的社会标准来评价,这样在一定程度上保证了评价的科学性、客观性和公正性。另一方面,它涵盖的范围也比较广,包括了诸多行业。还可以跨越时间的限制而对企业社会责任进行连续的评价

名称	主体/时间	计量内容	计量维度	相关计量特征
声誉指数法	《财富》杂志（1980），Abbott and Monsen（1979）	通过对企业各类社会责任方面的相关政策进行主观评价后得出企业声誉的排序结果	向被调查人发放问卷，考察他们对不同企业的评价，被调查者对问卷中不同企业各个指标进行打分，最后每个企业的得分总和就是它的声誉分值。取得信息的渠道：广告、报纸、网站、年度报告、其他媒体	问卷应答者应当很了解样本公司所从事社会责任活动的详细信息，但又会受到企业的规模、存在年限、是否接近大众传媒、问卷应答者的经历等的影响。易造成不同的研究者对不同的应答者进行问卷研究时，同一个公司得出不同的评分。而且声誉方法限制了进行研究的样本公司的数目
内容分析法	H. lasswell，B. Berelson（1952）Lan Smith，Aiay Adhikari，Rasoul H. Tondkar（2005）	对企业文件或报告进行分析，按文件报告披露的企业社会责任信息的字数、句子数、页数来计量企业社会责任信息披露的数量	即某类年度报告中出现关于企业社会责任的字数、句子数、页码数量越多，则企业所披露的该类企业披露的企业社会责任信息就可认定为越多	使用字数计量的优点：更加容易分类，而且对特定词汇的搜索使其具有实用性，其缺点：工作量巨大；使用句子数计量的优点：可反映企业对该问题披露的空间，表明某个问题的重要性，其缺点：某个句子中可能同时包含两个小类的企业社会责任信息；使用页数计量的优点：更加容易的计量单位，其缺点：过于笼统
指数法	Singh D. R. and Ahuja J. M.（1981）Richardson A. J. and Welker M，（2001），Haniffa R. M. and Cooke T. E.（2005）	指数法在企业社会责任信息披露的研究中被普遍采用。在衡量社会责任信息披露的研究中，指数法是较为准确的一种方法	①把公司所披露的企业社会责任信息分为大的类别；②确定这些大的类别所包括的小的类别，把每个小类分为定性描述和定量描述两种情况，并对定性描述和定量描述进行赋值；③对不同小类得分进行汇总，总分是一个公司企业社会责任信息披露得分	指数法是一种广义的内容分析法。其原因是指数法与使用字数、句子数、页数的多少来计量企业社会责任信息一样，都要对年度报告的内容进行分析

5.3 企业信息责任披露规制经济后果的实证研究

鉴于上市公司产权性质的多样性和社会责任履行经济后果的差异性，中国上市企业中，有关企业社会责任信息披露规制行为及其相关经济后果的计量与评价等方面，事实上，同时存在着数学与统计等计量方式的多样性、评价视角的多维性、评价标准的客观性与评价结果的主观性等多种复杂的实际情况，故本次评价体系中含有财务和非财务两类指标，但由于非财务指标主观性较大且不易量化，故本部分的定量化衡量企业社会责任信息披露能够产生的经济后果或绩效的评价体系仍然还是以财务指标衡量作为主要的代表性评价指标。

5.3.1　研究样本选择

本部分研究选取的样本评价对象是 2017 年在上海证券交易所和深圳证券交易所 A 股中总资产排名前 100 的上市公司（非金融类企业、非 ST 企业）。本书具体样本企业如表 5-5 所示。

表 5-5　　　　　　　　　中国上市公司研究样本选择　　　　　　　　单位：元

证券代码	企业名称	2017 年总资产	行业
601857. SH	中国石油	240491000. 00	石油和天然气开采业
600028. SH	中国石化	159550400. 00	石油和天然气开采业
601668. SH	中国建筑	155098330. 60	土木工程建筑业
000002. SZ	万科 A	116534691. 78	房地产业
601800. SH	中国交建	85023528. 24	土木工程建筑业
600606. SH	绿地控股	84853281. 47	房地产业
601390. SH	中国中铁	84408352. 90	土木工程建筑业
601186. SH	中国铁建	82188745. 90	土木工程建筑业
600104. SH	上汽集团	72353313. 13	汽车制造业
600048. SH	保利地产	69645175. 09	房地产业
601669. SH	中国电建	57594508. 45	土木工程建筑业
600050. SH	中国联通	57361733. 78	电信、广播电视和卫星传输服务
601088. SH	中国神华	56712400. 00	煤炭开采和洗选业
601618. SH	中国中冶	41456517. 40	土木工程建筑业

续表

证券代码	企业名称	2017 年总资产	行业
600011. SH	华能国际	37869372. 91	电力、热力生产和供应业
600340. SH	华夏幸福	37586471. 39	房地产业
601766. SH	中国中车	37517088. 70	铁路、船舶、航空航天和运输设备制造业
600019. SH	宝钢股份	35023463. 26	黑色金属冶炼及压延加工
001979. SZ	招商蛇口	33262092. 12	房地产业
601985. SH	中国核电	30319253. 76	电力、热力生产和供应业
600900. SH	长江电力	29939822. 01	电力、热力生产和供应业
600795. SH	国电电力	27412992. 59	电力、热力生产和供应业
000725. SZ	京东方 A	25610874. 18	计算机、通信和其他电子设备制造业
601898. SH	中煤能源	24883894. 60	煤炭开采和洗选业
000333. SZ	美的集团	24810685. 80	电气机械及器材制造业
600376. SH	首开股份	24046338. 66	房地产业
601111. SH	中国国航	23571781. 60	航空运输业
601991. SH	大唐发电	23567378. 60	电力、热力生产和供应业
601992. SH	金隅集团	23220748. 21	非金属矿物制品业
600115. SH	东方航空	22746400. 00	航空运输业
600029. SH	南方航空	21832900. 00	航空运输业
000069. SZ	华侨城 A	21746341. 20	房地产业
600027. SH	华电国际	21627858. 80	电力、热力生产和供应业
000651. SZ	格力电器	21496799. 93	电气机械及器材制造业
000671. SZ	阳光城	21325007. 03	房地产业
600886. SH	国投电力	20828800. 26	电力、热力生产和供应业
600383. SH	金地集团	20794206. 65	房地产业
000732. SZ	泰禾集团	20642088. 95	房地产业
601600. SH	中国铝业	20014661. 60	有色金属冶炼及压延加工
601727. SH	上海电气	19934575. 90	通用设备制造业
600221. SH	海航控股	19734788. 80	航空运输业
600170. SH	上海建工	19568520. 85	土木工程建筑业
601989. SH	中国重工	19544871. 42	铁路、船舶、航空航天和其他运输设备制造业

续表

证券代码	企业名称	2017 年总资产	行业
600188. SH	兖州煤业	19488729.10	煤炭开采和洗选业
002146. SZ	荣盛发展	19173314.88	房地产业
000709. SZ	河钢股份	19014793.41	黑色金属冶炼及压延加工
000338. SZ	潍柴动力	18963816.66	汽车制造业
000046. SZ	泛海控股	18777506.27	房地产业
600068. SH	葛洲坝	18692367.37	土木工程建筑业
601155. SH	新城控股	18352666.14	房地产业
002594. SZ	比亚迪	17809943.00	汽车制造业
600153. SH	建发股份	17529514.75	批发业
000961. SZ	中南建设	17500409.28	土木工程建筑业
600025. SH	华能水电	16798043.98	电力、热力生产和供应业
000100. SZ	TCL 集团	16029398.40	计算机、通信和其他电子设备制造业
000656. SZ	金科股份	15736402.28	房地产业
002024. SZ	苏宁易购	15727668.80	零售业
600690. SH	青岛海尔	15146311.07	电气机械及器材制造业
600010. SH	包钢股份	14664246.48	黑色金属冶炼及压延加工
000063. SZ	中兴通讯	14396221.50	计算机、通信和其他电子设备制造业
600018. SH	上港集团	14123490.50	水上运输业
600325. SH	华发股份	13968265.28	房地产业
601866. SH	中远海发	13903766.04	水上运输业
600297. SH	广汇汽车	13524603.84	零售业
600519. SH	贵州茅台	13461011.69	酒、饮料和精制茶制造业
000959. SZ	首钢股份	13415851.98	黑色金属冶炼及压延加工
601919. SH	中远海控	13319000.48	水上运输业
000039. SZ	中集集团	13060437.90	金属制品业
601006. SH	大秦铁路	12768651.31	铁路运输业
000402. SZ	金融街	12521557.85	房地产业
600208. SH	新湖中宝	12456908.30	房地产业
600741. SH	华域汽车	12337262.65	汽车制造业

续表

证券代码	企业名称	2017 年总资产	行业
600751. SH	海航科技	12285659. 50	批发业
600585. SH	海螺水泥	12214258. 46	非金属矿物制品业
601238. SH	广汽集团	11960241. 69	汽车制造业
600023. SH	浙能电力	11288337. 81	电力、热力生产和供应业
601633. SH	长城汽车	11054707. 38	汽车制造业
000540. SZ	中天金融	10850483. 13	房地产业
600157. SH	永泰能源	10717283. 00	煤炭开采和洗选业
000625. SZ	长安汽车	10612511. 46	汽车制造业
000488. SZ	晨鸣纸业	10562509. 61	造纸及纸制品业
601225. SH	陕西煤业	10540720. 89	煤炭开采和洗选业
600266. SH	北京城建	9820877. 02	房地产业
603993. SH	洛阳钼业	9783724. 62	有色金属矿采选业
600362. SH	江西铜业	9746865. 52	有色金属冶炼及压延加工
601828. SH	美凯龙	9701462. 41	商务服务业
600466. SH	蓝光发展	9523988. 34	房地产业
601607. SH	上海医药	9434447. 52	零售业
600515. SH	海航基础	9234745. 49	房地产业
600823. SH	世茂股份	9191790. 60	房地产业
600339. SH	中油工程	9124782. 50	开采辅助活动
601899. SH	紫金矿业	8931526. 36	有色金属矿采选业
000898. SZ	鞍钢股份	8920400. 00	黑色金属冶炼及压延加工
601117. SH	中国化学	8748132. 87	土木工程建筑业
600704. SH	物产中大	8594380. 75	批发业
600089. SH	特变电工	8359776. 71	电气机械及器材制造业
000157. SZ	中联重科	8314906. 77	专用设备制造业
000792. SZ	盐湖股份	8241852. 97	化学原料及化学制品制造业
600663. SH	陆家嘴	8118012. 05	房地产业
600021. SH	上海电力	8091396. 94	电力、热力生产和供应业

5.3.2　研究变量选取

本书研究变量的选取涉及7个层面的指标，分别为经营层面、股东权益层面、顾客层面、员工层面、供应商层面、政府层面、债权人层面；其中选用了12个变量作为自变量，来体现上市企业社会责任披露机制对企业自身经济成果的影响。具体指标的变量及各自的含义可见表5-6。

表5-6　　　　　　　　　　　　研究变量的选取

变量	变量名称	变量类型	变量含义	相关者责任
X_1	净资产收益率	自变量	净利润/所有者权益	经营层面
X_2	总资产利润率	自变量	总利润/资产总额	经营层面
X_3	每股收益	自变量	净利润/股本	股东权益层面
X_4	资产增值保值率	自变量	期末所有者权益/期初所有者权益	股东权益层面
X_5	销售增长率	自变量	(本年主营业务收入-上年主营业务收入)/上年主营业务收入	顾客层面
X_6	主营业务成本率	自变量	主营业务成本/主营业务收入	顾客层面
X_7	员工人数	自变量	员工人数	员工层面
X_8	职工劳动生产率	自变量	企业收入总额/员工人数	员工层面
X_9	应付账款周转率	自变量	主营业务成本/应付账款	供应商层面
X_{10}	政府所得率	自变量	税款/增值额	政府层面
X_{11}	流动比率	自变量	流动资产/流动负债	债权人层面
X_{12}	资产负债率	自变量	负债总额/资产总额	债权人层面

5.3.3　研究模型构建

根据前文提出的研究主题、研究目的与研究样本、研究变量的选取等相关情况，本书拟构建的计量模型如下：

$$Y = \beta_0 + \beta_1 x_1 + \beta_2 x_2 + \beta_3 x_3 + \beta_4 x_4 + \beta_5 x_5 + \beta_6 x_6 + \beta_7 x_7$$
$$+ \beta_8 x_8 + \beta_9 x_9 + \beta_{10} x_{10} + \beta_{11} x_{11} + + \beta_{12} x_{12} + \varepsilon$$

其中，β_i 为回归系数，β_0 为常数项，ε 为随机干扰项。

企业社会责任包含的内容是多方面的，因此对于上市公司企业社会责任的评价需要建立一个综合得分函数：

$$F_i = a_{1i}X_1 + a_{2i}X_2 + \cdots + a_{pi}X_p \quad i = 1, 2, \cdots, m$$

由于指标的量纲不同，分析的时候会存在许多的麻烦。实际应用中，对原始数据做标准化处理，再进行主成分计算，以此来消除量纲的影响。即：

$$X_{ij}^* = \frac{X_{ij} - \overline{X}_j}{S_j} \quad i = 1, 2, \cdots, n; \ j = 1, 2, \cdots, p$$

X^* 是为标准化后的矩阵，数据无量纲。

再计算主成分的得分：

$$F_j = a_{1j}X_1^* + a_{2j}X_2^* + \cdots + a_{pj}X_p^* \quad j = 1, 2, \cdots, m$$

5.3.4 研究数据分析

（1）实证分析与统计检验。

根据上文已提出的研究样本、研究变量选取和研究模型的设计，经过修改研究的计算，有关 KMO（Kaiser – Meyer – Olkin）数值和巴特利特（Bartlett）计算方法的检验结果如表5－7所示。

表5-7   **KMO 和巴特利特球形度检验情况**

KMO 取样适切性量数		0.524
巴特利特（Bartlett）球形度检验情形	近似卡方	421.393
	自由度	66
	显著性	0.000

从表5-7中可以看出巴特利特的球形度检验统计量的观测值为421.393，相应 P-值几乎接近于0，这里假设显著性水平为0.05，由于 P-值远远小于假设的显著性水平，即可以拒绝巴特利特球型检验的零假设，表明适合做因子分析。又因为 KMO 值为 0.524 > 0.5，因此可以认为原有变量适合进行因子分

析的处理，即总资产利润率、净资产收益率、每股收益、资产保值增长率、销售增长率、主营业务成本率、员工人数、职工劳动生产率、应付账款周转率、政府所得率、流动比率、资产负债率的大部分信息可以被因子进行很好的解释。参见表 5 - 8。

表 5 - 8　　　　　　　　　　研究因子分析初始结果

研究因子中不同的变量	初始	提取
Z（总资产利润率）	1.000	0.910
Z（净资产收益率）	1.000	0.790
Z（每股收益）	1.000	0.699
Z（资产保值增长率）	1.000	0.554
Z（销售增长率/营业收入增长率）	1.000	0.675
Z（主营业务成本率）	1.000	0.702
Z（员工人数）	1.000	0.673
Z（职工劳动生产率）	1.000	0.722
Z（应付账款周转率）	1.000	0.786
Z（政府所得率）	1.000	0.494
Z（流动比率）	1.000	0.591
Z（资产负债率）	1.000	0.755

上表数据的提取方法：主成分分析法。

表 5 - 8 中的数据是因子分析初始的结果，初始列是因子分析初始解下的变量共同方差，上述计算结果表示对原有 12 个变量如果采用主成分分析方法提取所有特征值，那么原有变量的所有方差都可被解释，变量的共同方差均为 1，提取列则是提取特征值时的共同方差，可以从图 5 - 1 中看出，这 12 个指标都在 0.494 ~ 0.910 之间，最小的都有 0.494，因此，本次因子分析提取的总体效果比较理想，具体数据的趋势变化与波动可参见图 5 - 1 所示。

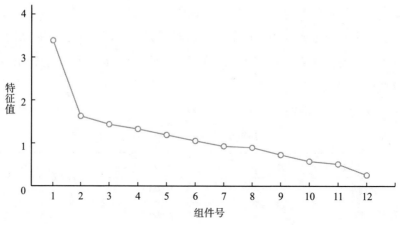

图5-1 主成分分析法计算的特征值变化

根据主成分分析法特征值大于1才提取公共因子的原则，再通过碎石图观察得出，前5个主成分特征值大于1，因此，忽略第5个主成分之后的主成分，将原先的11个指标转化成5个指标，以此达到降维的目的。具体内容如表5-9所示。

表5-9 统计计量的总方差解释

成分	初始特征值			提取载荷平方和			旋转载荷平方和		
	总计	方差百分比	累积（%）	总计	方差百分比	累积（%）	总计	方差百分比	累积（%）
1	3.353	27.942	27.942	3.353	27.942	27.942	3.285	27.377	27.377
2	1.496	12.468	40.410	1.496	12.468	40.410	1.464	12.199	39.576
3	1.292	10.770	51.180	1.292	10.770	51.180	1.249	10.407	49.984
4	1.178	9.813	60.994	1.178	9.813	60.994	1.227	10.224	60.208
5	1.033	8.606	69.599	1.033	8.606	69.599	1.127	9.392	69.599
6	0.888	7.399	76.999						
7	0.756	6.300	83.298						
8	0.721	6.006	89.304						
9	0.541	4.504	93.808						

续表

成分	初始特征值			提取载荷平方和			旋转载荷平方和		
	总计	方差百分比	累积（%）	总计	方差百分比	累积（%）	总计	方差百分比	累积（%）
10	0.382	3.181	96.989						
11	0.315	2.628	99.618						
12	0.046	0.382	100.000						

提取方法：主成分分析法。

从表 5 - 9 中不难看出，该输出的结果是各主成分的方差，其中第一个主成分的方差贡献率为 27.377%，第二个主成分有 12.199%，第三个主成分有 10.407%，第四个主成分有 10.244%，第五个主成分有 9.392%，故前五个主成分的累计贡献率达到 69.599%，故可认为这五个主成分共同解释了总方差的 70%，从比例上看可以说较好地保留了原有变量的信息。

为了更好地解释因子，本次分析选取的正交旋转后的成分矩阵，目的在于最大程度上保证因子间保持不相关性，从表 5 - 10 中可以看出：总资产利润率、每股收益、主营业务成本率、净资产收益率、政府所得率在因子 1 荷重较大，而资产增值保值率、资产负债率在因子 2 荷重较大，应付账款周转率、流动比率则是主要体现在因子 3，职业劳动生产率、员工人数在因子 4，至于因子 5，主要靠销售增长率体现。

表 5 - 10　　　　　　　　　旋转后的成分矩阵分布*

关键财务指标的比率	成分				
	1	2	3	4	5
Z（总资产利润率）	0.938	- 0.127	0.010	- 0.115	- 0.020
Z（每股收益）	0.813	0.003	- 0.182	0.067	0.016
Z（主营业务成本率）	- 0.790	- 0.132	- 0.238	0.040	0.042
Z（净资产收益率）	0.755	0.451	- 0.038	- 0.021	- 0.120
Z（资产保值增长率）	0.288	0.678	- 0.058	- 0.071	- 0.051

续表

关键财务指标的比率	成分				
	1	2	3	4	5
Z（资产负债率）	− 0.517	0.666	− 0.064	0.199	− 0.025
Z（应付账款周转率）	0.142	− 0.002	0.869	0.097	0.039
Z（流动比率）	0.410	0.200	− 0.563	0.163	0.199
Z（职工劳动生产率）	0.027	− 0.285	− 0.051	− 0.787	− 0.134
Z（员工人数）	− 0.046	− 0.393	− 0.033	0.708	− 0.118
Z（销售增长率/营业收入增长率）	0.017	0.102	0.135	− 0.028	0.803
Z（政府所得率）	0.090	0.193	0.236	− 0.065	− 0.623

提取方法：主成分分析法。

旋转方法：凯撒正态化最大方差法。

注：∗旋转在 7 次迭代后已收敛。

根据表 5 - 11，可得主成分线性组合的式子，即：

$$F1 = 0.296X_1^* + 0.205X_2^* + 0.257X_3^* + 0.042X_4^* + 0.15X_5^* - 0.239X_6^*$$
$$+ 0.46X_7^* - 0.19X_8^* + 0.6X_9^* + 0.03X_{10}^* + 0.123X_{11}^* - 0.194X_{12}^*$$

同理可得 F_2，F_3，F_4，F_5。

上式中，X_1^*，X_2^*，X_3^*，X_4^*，X_5^*，X_6^* 是原始变量标准化后的变量。

表 5 - 11　　　　　　　　成分得分系数的矩阵分布

关键财务指标的比率	成分				
	1	2	3	4	5
Z（总资产利润率）	0.296	− 0.144	0.007	− 0.039	0.005
Z（净资产收益率）	0.205	0.265	− 0.009	0.012	− 0.087
Z（每股收益）	0.257	− 0.061	− 0.137	0.094	0.012
Z（资产保值增长率）	0.042	0.456	− 0.015	− 0.067	− 0.030
Z（销售增长率/营业收入增长率）	0.015	0.092	0.179	− 0.068	0.738
Z（主营业务成本率）	− 0.239	− 0.056	− 0.205	− 0.012	− 0.001
Z（员工人数）	0.046	− 0.303	− 0.042	0.606	− 0.156

续表

关键财务指标的比率	成分				
	1	2	3	4	5
Z（职工劳动生产率）	− 0.019	− 0.177	− 0.083	− 0.635	− 0.085
Z（应付账款周转率）	0.060	0.032	0.713	0.105	0.101
Z（政府所得率）	0.003	0.133	0.152	− 0.016	− 0.534
Z（流动比率）	0.123	0.082	− 0.424	0.127	0.137
Z（资产负债率）	− 0.194	0.488	− 0.020	0.113	− 0.037

提取方法：主成分分析法。
旋转方法：凯撒正态化最大方差法。
组件得分。

（2）研究数据的相关结果。

通过上述实证研究与统计分析，笔者运用 Excel 函数程序运算与处理，并形成相关研究结论与分析数据，计算出各个企业的社会责任表现的综合得分，表 5 - 12 中列示出了各上市公司的 5 个主成分得分、综合得分和综合得分的排序。

表 5 - 12　　　　　　　　　　综合得分及排序

企业名称	净资产收益率	第一主成分	第二主成分	第三主成分	第四主成分	第五主成分	综合得分	得分排名
格力电器	3.33145	2.15	0.25	− 0.51	1.35	− 2.71	0.45	12
新城控股	2.87938	0.50	2.62	− 0.77	− 1.07	− 3.90	− 0.10	60
贵州茅台	2.7466	6.56	− 1.47	− 0.96	7.14	0.35	2.28	2
华夏幸福	2.12513	0.46	3.36	− 1.28	− 1.54	− 3.43	− 0.08	58
陕西煤业	1.92892	1.83	0.78	0.55	− 2.17	− 1.22	0.32	19
美的集团	1.80549	1.37	0.30	− 0.41	0.71	− 0.97	0.35	16
青岛海尔	1.5503	0.25	0.46	− 0.12	− 0.52	− 1.33	− 0.07	56
万科 A	1.44103	0.41	0.50	− 0.42	1.79	− 1.55	0.17	28
荣盛发展	1.40485	0.01	1.73	− 0.29	0.52	− 1.38	0.11	34

续表

企业名称	净资产收益率	第一主成分	第二主成分	第三主成分	第四主成分	第五主成分	综合得分	得分排名
陆家嘴	1.38704	0.03	0.03	0.51	1.27	−1.63	0.04	43
潍柴动力	1.12423	0.58	1.06	−0.17	−0.27	−0.83	0.17	29
招商蛇口	1.02836	0.55	1.62	−0.17	0.67	−0.61	0.34	17
海螺水泥	0.96618	2.16	0.09	−0.13	−0.63	0.27	0.55	9
广汽集团	0.96121	1.09	0.93	−0.55	−2.53	−0.58	0.04	44
华侨城 A	0.83131	0.16	1.72	−0.61	−0.90	−1.25	−0.02	50
上港集团	0.78875	1.03	0.11	0.79	−0.69	−0.01	0.31	20
金地集团	0.76073	0.15	0.23	−0.20	1.32	−0.66	0.12	33
长江电力	0.68459	5.92	2.03	7.69	1.42	0.28	2.84	1
华域汽车	0.63364	0.28	−1.08	0.01	0.29	−0.17	−0.04	52
上汽集团	0.63119	0.52	−1.38	−0.07	0.68	−0.37	0.00	47
中国建筑	0.60087	−0.61	0.15	−1.24	−0.35	−1.62	−0.46	86
保利地产	0.55823	−0.45	1.41	−2.25	−1.28	−2.71	−0.57	91
长安汽车	0.52362	0.12	−1.46	0.19	0.38	0.13	−0.08	57
绿地控股	0.46687	−0.53	1.00	−0.49	0.50	−0.84	−0.10	62
晨鸣纸业	0.44928	0.10	0.45	0.34	−0.23	−0.35	0.06	40
泛海控股	0.44711	−0.58	0.39	−0.42	1.52	−1.08	−0.10	61
建发股份	0.40796	0.77	1.72	−0.27	0.15	−0.19	0.39	13
中国神华	0.39732	−0.12	−2.24	−4.70	−4.11	−5.05	−1.69	100
大秦铁路	0.32477	1.62	−0.60	1.50	−0.57	1.08	0.57	8
泰禾集团	0.31134	−0.35	1.48	−1.06	1.64	0.97	0.23	24
兖州煤业	0.30629	0.54	0.91	0.53	−1.74	−0.78	0.06	39
中远海控	0.26621	−0.45	−0.37	0.30	−0.47	−0.11	−0.19	66
中天金融	0.23834	−0.48	1.24	0.76	−0.52	−3.43	−0.28	76
宝钢股份	0.23619	−0.13	−1.57	−0.62	−1.48	−1.41	−0.58	92
广汇汽车	0.2065	2.42	2.13	2.47	−0.81	−0.26	1.07	5
华发股份	0.18602	−0.06	2.05	−0.47	1.31	0.45	0.36	15
南方航空	0.14997	−0.40	−1.31	0.98	0.06	−0.57	−0.21	69

续表

企业名称	净资产收益率	第一主成分	第二主成分	第三主成分	第四主成分	第五主成分	综合得分	得分排名
阳光城	0.14966	-0.18	3.42	-0.70	-1.56	-0.58	0.08	37
东方航空	0.13942	-0.48	-1.44	0.86	0.23	-0.68	-0.26	75
中国交建	0.06309	-1.48	-1.23	-3.50	-2.19	-3.67	-1.49	99
中兴通讯	0.04254	-0.45	-0.56	-0.03	0.32	0.04	-0.16	65
鞍钢股份	0.03031	0.39	-1.21	0.99	-0.38	1.20	0.14	31
葛洲坝	0.02473	-0.32	-0.29	0.03	0.89	0.10	-0.02	49
中国铁建	-0.01763	0.35	-0.53	-0.97	1.65	-0.49	0.05	42
紫金矿业	-0.05196	0.06	-0.19	0.86	-0.67	0.20	0.03	45
蓝光发展	-0.0564	-0.53	1.65	-0.41	-0.33	-0.22	-0.04	51
国投电力	-0.08594	-0.31	-0.80	1.07	0.55	0.14	0.00	48
中国中铁	-0.09197	-0.74	-0.12	-0.31	0.39	-0.49	-0.24	72
新湖中宝	-0.09472	-0.27	1.59	-0.30	0.34	0.54	0.17	27
上海医药	-0.11017	-0.18	-0.83	-0.04	0.27	0.42	-0.09	59
世茂股份	-0.11198	0.24	0.88	0.35	0.39	0.97	0.34	18
中国核电	-0.11455	-0.51	0.19	0.46	0.21	-0.05	-0.05	53
物产中大	-0.12397	0.88	0.26	1.83	-0.09	0.40	0.49	10
美凯龙	-0.12712	0.38	-0.48	1.41	0.36	0.74	0.30	21
金融街	-0.13985	0.39	2.01	-0.96	1.35	0.75	0.46	11
中国电建	-0.1407	-0.97	0.51	-0.83	-1.31	-1.24	-0.54	90
长城汽车	-0.14846	-0.21	-1.07	0.42	0.24	0.57	-0.06	55
上海建工	-0.16238	-0.86	0.41	-0.18	0.27	-0.25	-0.20	67
TCL 集团	-0.18433	-0.93	-0.61	-0.83	-1.01	-0.88	-0.60	93
金科股份	-0.1931	-0.59	0.78	-0.30	1.35	0.27	0.07	38
中远海发	-0.21588	-1.11	-0.11	0.26	-0.21	-0.49	-0.36	83
洛阳钼业	-0.25617	1.33	6.17	0.46	-2.62	2.88	1.17	4
中国中车	-0.26261	-0.85	-0.84	-1.33	-1.12	-1.18	-0.70	94
中国国航	-0.28782	-0.87	-1.70	-1.09	-2.48	-2.46	-1.04	97
京东方 A	-0.29888	0.06	1.12	-0.08	0.08	1.09	0.26	23

续表

企业名称	净资产收益率	第一主成分	第二主成分	第三主成分	第四主成分	第五主成分	综合得分	得分排名
首钢股份	- 0.36998	- 0.79	- 0.92	0.93	- 0.16	0.34	- 0.22	70
特变电工	- 0.41554	- 0.46	- 0.25	- 0.17	- 0.62	- 0.11	- 0.25	74
首开股份	- 0.43248	- 0.24	1.97	- 0.51	0.24	0.31	0.18	26
中集集团	- 0.44397	- 0.36	- 0.28	0.24	0.41	1.65	0.09	35
上海电力	- 0.45312	- 1.00	- 1.44	0.85	0.42	0.38	- 0.28	77
中国中冶	- 0.47053	- 0.96	0.00	- 0.27	- 0.24	- 0.06	- 0.32	80
比亚迪	- 0.50485	- 0.51	- 1.65	- 0.15	1.38	2.49	0.02	46
北京城建	- 0.54995	- 0.01	1.77	- 0.99	1.61	0.91	0.36	14
浙能电力	- 0.55269	0.06	- 1.13	0.90	0.02	1.83	0.15	30
中国石化	- 0.57571	- 0.21	- 1.90	- 0.06	- 0.61	0.47	- 0.31	79
海航科技	- 0.68288	0.27	8.13	1.55	- 5.65	7.60	1.36	3
海航基础	- 0.7084	- 0.32	- 0.54	0.26	1.05	1.60	0.13	32
华能水电	- 0.71855	0.92	0.31	3.23	0.23	0.49	0.70	7
金隅集团	- 0.72391	0.84	- 0.87	- 1.10	2.19	0.50	0.28	22
海航控股	- 0.73648	- 0.63	- 0.81	1.03	- 0.47	0.83	- 0.13	64
苏宁易购	- 0.74004	- 0.29	- 0.59	- 0.03	- 1.20	0.34	- 0.25	73
中国化学	- 0.77136	- 0.96	- 0.51	- 0.60	- 0.20	0.27	- 0.38	84
上海电气	- 0.80915	- 0.80	- 0.65	0.02	0.01	0.69	- 0.23	71
中南建设	- 0.92604	- 1.31	0.09	- 0.16	1.05	0.49	- 0.21	68
国电电力	- 0.93645	- 1.09	- 2.12	0.94	0.84	0.85	- 0.29	78
包钢股份	- 0.93985	- 1.15	- 0.87	0.22	- 1.23	0.20	- 0.51	89
大唐发电	- 0.9466	- 1.34	- 1.69	0.50	0.06	0.41	- 0.48	88
河钢股份	- 0.97324	- 0.36	- 1.19	0.68	0.80	0.37	- 0.06	54
中联重科	- 1.02828	- 1.42	- 1.46	- 1.41	0.25	2.44	- 0.46	85
中国铝业	- 1.03182	- 0.55	- 0.66	0.64	- 0.51	1.17	- 0.11	63
中油工程	- 1.05006	- 1.11	0.54	- 0.32	- 1.02	0.25	- 0.35	82
江西铜业	- 1.05045	0.15	- 0.89	1.19	0.30	1.14	0.19	25
中煤能源	- 1.13371	- 0.93	- 2.11	- 0.14	1.14	5.28	0.09	36

续表

企业名称	净资产收益率	第一主成分	第二主成分	第三主成分	第四主成分	第五主成分	综合得分	得分排名
永泰能源	−1.16592	−0.48	−1.03	0.80	0.79	1.61	0.06	41
华能国际	−1.195	−1.55	−2.34	−0.22	−0.20	−0.41	−0.79	96
中国石油	−1.24263	3.48	−4.74	−2.44	5.55	1.05	0.78	6
中国重工	−1.30951	−1.17	−0.13	−0.70	−1.16	0.55	−0.48	87
华电国际	−1.35744	−1.37	−1.77	0.96	0.38	1.36	−0.33	81
中国联通	−1.43706	−1.55	−2.42	−1.17	−2.72	−0.89	−1.20	98
盐湖股份	−3.8768	−2.45	−4.12	−0.06	1.47	3.35	−0.71	95

本书原拟利用上市公司的经营成果作为计量指标，但由于经营成果易受多方面因素影响且需要综合考量，限于衡量困难，故选用净资产收益率指标来量化上市公司的经营成果。表5-12综合得分的排序表是根据这100家上市企业的净资产收益率的大小排列的，借此大致表达出这100家上市企业目前的经营成果。

5.3.5　主要研究结论

结合前文的研究模型与旋转后的成分矩阵中的数据计算结果，可以得出如下主要研究结论：

第一主成分主要体现的是总资产利润率、每股收益、主营业务成本率、净资产收益率、政府所得率等指标，故第一主成分与债权人、经营、股东权益、政府、顾客五个角度相关。其中，债权人角度中的流动比率和资产负债率与第一主成分的得分呈正相关关系，第一主成分得分较高的企业其流动比率和资产负债率均较低；经营角度中的总资产净利率和净资产收益率与第一主成分的得分呈正相关关系，第一主成分得分较高的企业其总资产净利率和净资产收益率较高；股东权益角度中的每股收益与资产保值增值率与第一主成分的得分呈正相关关系，第一主成分得分较高的企业其每股收益与资产保值增值率都较高；

政府角度中的政府所得率与第一主成分有较弱的正相关关系；顾客角度中的销售增长率与第一主成分得分正相关，与主营业务成本率负相关。

第二主成分主要体现的是资产保值增长率和资产负债率，故第二主成分与员工和债权人两个角度相关。其中，员工角度中的职工劳动生产率与第二主成分得分呈负相关关系，第一主成分得分较高的企业其职工劳动生产率较低；债权人角度中的流动比率与第二主成分呈明显的正相关关系，而资产负债率与第二主成分的相关性相对较弱。

第三主成分主要体现资产保值增长率、资产负债率、应付账款周转率、流动比率、职工劳动生产率，说明第三主成分主要是反映企业对股东、债权人、供应商、员工的责任。其中，债权人角度中的流动比率与第三主成分得分有较弱的正相关关系；供应商角度中的企业应付账款周转率与第三主成分得分有很强的正相关关系。

第四主成分与供应商、政府、员工三个角度相关。其中，供应商角度中的应付账款周转率与第四主成分得分呈负相关关系，第四主成分得分越高，相应地，应付账款周转率越低；政府角度中的政府所得率与第四主成分得分呈正相关关系；员工角度中的职工劳动生产率与第四主成分得分呈很强的正相关关系。

第五主成分与顾客和政府两个角度相关。其中，顾客角度中的职工劳动生产率与第五主成分得分呈负相关关系，第五主成分得分越高，职工劳动生产率越低；政府角度中的政府所得率与第五主成分得分呈正相关关系。

从这 100 家上市企业综合得分结果可以观察出，绝大部分企业的综合得分都在 [-1，1] 这个集合中，整体来看，由于选取的是上深股市总资产排名前 100 的企业，整体水平相似，所以大多数的企业披露信息的程度以及披露的质量都还是比较接近的。

从表 5-12 中可以很明显看出，长江电力综合得分排名第一，贵州茅台综合得分排名第二，综合得分远远超于这 100 家综合得分平均水平，对应的是它们的净资产收益率也在这 100 家企业中排名前列，而且从净资产收益排名看，倒数四位的中国电工、华电国际、中国联通、盐湖股份综合排名分别是第 87 位、第 81 位、第 98 位、第 95 位。这在一定程度上可以说明企业披露的社会责任信息内容越多，相应地，企业披露的社会责任信息的质量（可靠性与透明性）越高，企业的经营业绩表现和长期的发展趋势就会越好。至于有些企业，例如海航科技在这 100 家企业中综合得分排名第三，但是净资产收益率却排名第 76 名，这是由于在市场环境的影响下，行业性的特质存在差异或不同所导致的，将其放入其所在同类产业或行业中进行横向比较分析，则可以发现其净资产收益率的排名还是比较靠前，即表现还是相对领先的。

综上所述，本书研究认为，从上述实证研究采取的评价法得到的综合得分中，可以比较全面地反映出不同企业的社会信息责任披露及其规制的情况确实在不同发展背景、不同产权性质、不同内部控制环境和不同的文化境况等维度下确实存在着一定的差异性与异质性特征。而且还能得出一个明显的研究结论是：总体而言，在已选取上市企业社会责任信息评价中，综合得分越高的企业，其整体性的市场经营情况和最终的财务业绩信息就显示越好，即源自这些企业财务会计报表中的净资产收益率相对越高，这也显示出这些企业的社会责任信息披露的意愿强烈与否、企业社会责任信息披露规制程度等因素，不仅是驱使企业社会责任事业发展的重要变量，也是影响企业的社会表现、社会反响、财务业绩乃至经营状况的重要因素。

| 第6章 |

企业社会责任信息披露
规制的经验研究

6.1　中国企业社会责任信息披露规制的实践状况

6.1.1　中国企业社会责任信息披露规制的法制环境

（1）已形成较完整的中国企业社会责任信息披露规制的法律体系。

到目前为止，在中国法律法规没有正式提出"企业社会责任"类别的专门法律或成文法律，或者在法律中并没明确企业必须履行社会责任的说法。但是，这并不是说不存在针对社会责任行为的法律规定。事实上，我国的立法部门仍然针对相关的企业社会责任颁布了若干相关的法律文件，表6-1就归纳了全国人大颁布的与企业社会责任相关法律法规，这种情况也说明我国的企业社会责任信息披露管理的法制建设已经出现了雏形，只是还在建设和完善之中，亟须进一步培养和形成更有利于企业社会责任事业健康发展的法制环境。

具体来说，我国已有对社会责任的具体规定与约束企业社会责任信息披露相关的法规，大多体现在国家颁布相关法律法规条款或细目之中，比如会计法、证券法、安全生产法、污染防治法、慈善法、公司法、劳动法等法律法规里都存在各方面的企业应履行的法律责任。具体情况如表 6 - 2 所示。

表 6 - 1　　截至 2020 年全国人大颁布的与企业社会责任相关法律法规

名称	生效时间	名称	生效时间
《中华人民共和国环境保护法》	1989. 12. 26	《中华人民共和国外资经营合资法》	2001. 3. 15
《中华人民共和国产品质量法》	1993. 9. 1	《中华人民共和国职业病防治法》	2002. 5. 1
《中华人民共和国反不正当竞争法》	1993. 12. 1	《中华人民共和国安全生产法》	2002. 11. 1
《中华人民共和国消费者权益保护法》	1994. 1. 1	《中华人民共和国清洁生产促进法》	2003. 1. 1
《中华人民共和国公司法》	1994. 7. 1	《中华人民共和国妇女权益保障法》	2005. 12. 1
《中华人民共和国劳动法》	1995. 1. 1	《中华人民共和国公司法》	2006. 1. 1
《中华人民共和国食品卫生法》	1995. 10. 30	《中华人民共和国可再生能源法》	2006. 1. 1
《中华人民共和国环境噪声污染防治法》	1997. 3. 1	《中华人民共和国循环经济促进法》	2008. 8. 29
《中华人民共和国节约能源法》	1998. 1. 1	《中华人民共和国环境保护法》	2015. 1. 1
《中华人民共和国公益事业捐赠法》 《中华人民共和国大气污染防治法》	1999. 9. 1 2000. 9. 1	中共中央印发的《法治社会建设实施纲要（2020~2025 年）》	2020. 12. 7
		《中华人民共和国反食品浪费法》	2021. 4. 29

资料来源：依据《中华人民共和国法律制度体系》，中国法律出版社，及 2020 年互联网数据信息整理而成。

表 6 - 2　　中国部分法律法规中关于企业应履行社会责任信息披露义务的规定

法律	内容	约束
公司法（2018 年修正）	企业必须合法经营、上缴税收、公开财务信息、诚信经营等。第 5 条首次明确企业应承担社会责任，规定"公司从事经营活动，必须遵守法律、行政法规，遵守社会公德、商业道德，诚实守信，接受政府和社会公众的监督，承担社会责任"	追究违法者的行政责任、刑事责任、民事责任等法律责任
清洁生产促进法（2018）	第 17 条规定，各级政府环境保护主管部门，可按照促进清洁生产需要，按企业污染排放情况，在当地主要媒体上定期公布污染物超标排放或者污染物排放总量超过规定限额的污染严重企业的名单，为公众监督企业实施清洁生产提供依据；第 31 条规定，列入污染严重企业名单的企业，应按照国务院环境部门规定公布主要污染物排放情况，接受公众监督	违规者需要承担相应法律责任： 行政处罚责任、民事赔偿责任、有期或无期等刑事方面法律责任

法律	内容	约束
关于中央企业履行社会责任的指导意见（2008）	要求有条件的企业要定期发布社会责任报告或可持续发展报告等企业社会责任信息（国资委文件）。2018年《环境信息公开办法》颁布	规范国有中央企业社会责任信息披露工作的行动指引
社会责任系列国家标准（国家质检总局和国家标准委）	2015年发布《社会责任指南》《社会责任报告编写指南》《社会责任绩效分类指引》，组织履行社会责任提供系统、全面的指导，将对提升国内社会责任水平起到重要作用	给行业确定统一的国家层面标准文件
绿色制造工程实施指南（2016～2020年）（国家工业和信息化部2016）	企业实体和企业社会责任作为基本原则，强化高效、清洁、低碳、循环发展的理念，落实节能环保社会责任，加大绿色改造，淘汰落后产能，大力推动绿色机制的创新，不断提高绿色制造管理水平，实现经济、社会和生产效益的共赢	政府相关部门站在外部监督者角度，逐步采取措施引导企业社会责任的落实和披露
会计法（2019年修正）	企业必须公开、合法、真实、公允地对政府和社会公众提供客观可靠的财务会计信息，禁止损坏会计档案文件	追究违法者的行政、刑事、民事等法律责任

资料来源：笔者依据《中华人民共和国法律制度体系》，中国法律出版社，及2020年互联网数据信息整理而成。

虽然在企业社会主体的相关社会责任信息披露领域，中国立法部门还未建立或颁布专门的成文法律或国家层面的专项法规，但是目前中国至少有20多种法律、法规、规章与制度与企业社会责任相关。企业在现有法律体系下，必须遵守法律制度的规定，同样必须要遵守关于这些法律中，有关企业履行相关的社会责任行为（含社会责任信息披露规制）的具体规定，从而形成了良好的中国企业履行社会责任的法律基础、行为底线和国家法制建设的氛围。

（2）中国资本市场监管机构已颁行的企业社会责任制度安排与规定。

在目前的中国资本市场上，上市公司的主要行业监管机构是指：中国证监会、中国银保监会等。作为中国资本市场运作秩序的维护者，中国证监会推动企业社会责任信息披露规制制度与规定的完善方面，自从20世纪90年代中国资本市场恢复建立以来就扮演了积极的组织与推动作用。1997年中国证监会发布"关于发布《公开发行股票公司信息披露的内容与格式准则第一号（招股说明书的内容与格式)》的通知"，证监会关于《公开发行股票公司信息披露的内容与格式准则第六号〈法律意见说明书的内容与格式〉（1999 年修订)》文件，其主要内容是针对上市公司在相关经营活动中，如涉及需要进行环境保护方面行为时，对合规行为和违规行为进行了明确的规定，并对企业具体的企业社会责任信息有无违反环保法律法规而被处罚等方面的具体信息的公开进行了明确规定。两年后，证监会又发布《公开发行证券的公司信息披露内容和格式准则第 1 号——招股说明书》和《公开发行证券公司信息披露编报规则》。与国家经贸委跨部门协商后，确定联合制定并颁布了《上市公司治理准则》（2002)，其中第 86 条指出，明确规定上市企业公司社会责任之一就是及时充分的自我评估、审核和合规报告环境信息、周边社区福利、公益慈善活动支出等企业社会责任信息。

此外，另一家金融保险市场的国家级监管机构——中国银保监会，及中国银行业协会，作为金融、保险等特种行业企业的企业社会责任规制机构，也在履行自身的行政治理和维护内容安全的社会责任，积极推动社会责任信息披露的法规完善和健全。比如，中国银保监会发布《关于加强银行业金融机构社会责任的意见》（2007)，目的是以国家监管机构的权威性，要求制定金融企业，特别是大型金融企业（银行、证券公司、保险公司、经纪公司），在从事金融业务工作中，能够遵照国际惯例，坚持遵循国际企业的社会责任十大基本原则，全面履行社会责任行为，并定期、充分、公允地编制金融企业的社会责任报告。中国银行业协会出台《中国银行业金融机构企业社会责任指引》（2009)，引领中国金融企业能够实现经济效益与社会效益双丰收，以便稳健支持中国其他行业企业的投融资活动健康发展，有效防范金融风险。中国银行业协会从 2008 年开始，已连续十年发布《中国银行业社会责任报告》。以下归纳了中国证监会、银保监会和银行业协会等监管机关已颁布的与企业社会责任相关的部门规章与规定，见表 6 - 3。

（3）上市公司证券交易管理机构发布的社会责任信息披露规制文件。

作为中国证券交易的运营管理机构，中国上海和深圳两家证券交易所，不仅为上市公司制定用于保障正常运行交易秩序的规则与制度，提供了充分必要的运行条件和场所，而且还为中国资本金融证券市场的正常秩序的稳定提供了强大的支持与保障；并且对于促进上市公司社会责任信息披露规制与秩序方面，发挥着重要的证券交易制度的设计与运行的基础支撑功能。事实上，近三十多年来，这两家证券交易所采取了一系列具体行动措施来推动上市公司社会责任信息披露工作的有序开展。

表6-3　　中国资本市场监管机构已颁布的与企业社会责任信息披露相关的规定

年份	发布单位	名称
1997	中国证监会	《公开发行股票公司信息披露的内容与格式准则第一号（招股说明书的内容与格式)》
1999	中国证监会	《公开发行股票公司信息披露的内容与格式准则第六号〈法律意见说明书的内容与格式〉（修订）》
2001	中国证监会	《公开发行证券的公司信息披露内容和格式准则第1号——招股说明书》《公开发行证券公司信息披露编报规则》
2002	中国证监会和国家经贸委	《上市公司治理准则》
2007	中国银监会	《关于加强银行业金融机构社会责任的意见》
2009	中国银行业协会	《中国银行业金融机构企业社会责任指引》

资料来源：笔者依据2020年互联网数据信息整理而成。

　　其中，深圳交易所2006年发布《上市公司社会责任指引》，第一次规范了企业社会责任报告的格式。随后，在近500家深市主板上市公司的2007年年报中，约5.4%（21家）的公司披露了企业社会责任报告或专项内容。深市2008年10个行业中的40家环保题材的企业，为了倡导与推行中国上市公司的努力方向，不仅要追求经济绩效指标良好以外，还需要重视环境保护、能源低耗、可持续发展等方面的责任信息披露。因而，推出了我国第一个企业社会责任指数——泰达环保指数。

　　同样，上海证券交易所也制定了一系列企业社会责任信息披露的规则和制度。在《中国公司治理报告（2007）：利益相关者与公司社会责任》报告中，规定上市公司要进行企业社会责任绩效考核，并进行企业社会责任定期

披露与报告。接着又发布《关于加强上市公司社会责任承担工作的通知》
（2008）和《上海证券交易所上市公司环境信息披露指引》（2008）。明确增
强公民社会责任的意识，形成特色化企业社会责任战略规划与管理机制。
2008年12月31日发布的《关于做好上市公司2008年年度报告工作的通
知》要求公司治理板块、发行境外上市外资股以及金融等类别公司必须披露
履行社会责任的报告。

在上交所的主动倡导下，290家上市公司披露了包括"可持续发展报告"
和"企业公民报告"在内的社会责任报告。大约4.13%的公司聘请第三方机
构对企业社会责任报告进行了鉴证，约26.2%的公司在报告中披露了每股社
会贡献值指标等企业社会责任信息。说明了越来越多的上市公司在积极加强对
企业社会责任信息披露方面的工作力度，也开始取得了新的成绩。沪深两地交
易所在企业社会责任报告方面的规范与制度及文件的发布时间、单位和名称等
内容如表6-4所示。

表6-4　　　　上市公司证券交易管理机构已颁布的上市公司社会责任相关文件

时间	发文单位	名称	内容
2006.9.25	深圳证券交易所	《上市公司社会责任指引》	确定了国内最规范的社会责任披露格式。从股东和债权人权益保护、职工权益保护、供应商、客户和消费者权益保护、环境保护与可持续发展、公共关系和社会公益事业、制度建设与信息披露角度明确上市公司企业社会责任信息披露范围
2007.11	上海证券交易所	《中国公司治理报告（2007）：利益相关者与公司社会责任》	首次提出"每股社会贡献值"概念来全面、客观地评价公司价值。明确对上市公司企业社会责任情况进行评价。规定了企业社会责任报告格式与审核工作底稿
2008.5.14	上海证券交易所	《关于加强上市公司社会责任承担工作的通知》《上海证券交易所上市公司环境信息披露指引》	鼓励上市公司及时披露公司在承担社会责任方面的特色做法及成绩，并披露公司年度社会责任报告，进而强制披露企业社会责任报告

资料来源：笔者依据互联网公开数据信息资料整理而成。

由此可见，全国人大、证监会和银保监会、行业监督机构和资本市场运行管理机构等企业社会责任信息披露规制的主体，正通过相关法律、规定、文件、指引等多元化的方式，为中国企业社会责任事业的开展，与企业社会责任信息披露机制的有序建设，陆续作出了多项卓有成效的工作，积极推动着中国企业社会责任及其信息披露的不断成熟和完善。

6.1.2　中国企业社会责任信息披露报告的发布现状

（1）企业社会责任报告发布现状总体分析。

随着市场经济体制改革的不断深入与发展，中国企业社会责任信息披露机制正在积极建设与完善之中，比如越来越多的企业开始积极尝试接受当地政府的政策引导，接受各级政府的职能部门发布的专门针对企业社会责任的系列文件，从制度建设方面，全力推动企业社会责任信息披露的规范性和效益性，由于更多的企业开始借鉴国外的先进经验与做法，按照中国政府监管机构的制度与政策，积极披露企业社会责任报告、可持续发展报告、环境报告书等新形式的信息披露。这种情况充分体现了中国企业社会责任信息披露规制工作形势喜人，开始进入新的高速发展阶段。按照沪深股市的数据，绘制了 2001～2018 年企业社会责任报告柱状图，如图 6－1 所示。自 2001 年起，中国第一家企业发布了社会责任报告，2006 年国家电网发布央企第一份社会责任报告，随后，每年发布社会责任报告的企业数量逐步上升，至 2014 年发布社会责任报告的企业数量高达 2033 家。然后，从 2014～2017 年底，中国每年发布企业社会责任报告的公司数量在逐步下降。截至 2018 年 10 月底，发布社会责任报告的企业数量为 901 家。虽然近五年发布企业社会责任报告的企业数量在减少，但实际上，有更多数量的企业，在以积极主动的态度学习和借鉴其他国家企业社会责任信息披露惯例与标准，以多种其他年度信息的报告方式，来向社会公众和政府监管机构报告企业社会责任信息。整体而言，中国的企业社会责任信息披露工作，由最初的凌乱、分散、不规范、不完整、无规律的披露方式，逐步转向集中化、规范化、体系化、有规律的独立报告，或综合报告方式，向社会公众披露的企业社会责任信息披露规制的新局面。

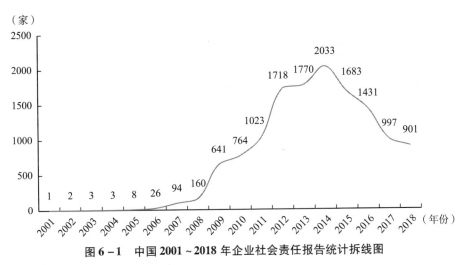

图6-1　中国2001～2018年企业社会责任报告统计拆线图

资料来源：MQI 关键定量指标数据库，http：//www.mqi.org.cn/CSRReport_Stats.asp。

（2）企业社会责任报告发布现状具体分析。

①按照各行业分布分类的中国企业社会责任报告发布概况。从2005年中国第一份企业社会责任信息披露报告时起，主要公布企业社会责任报告的企业类型是制造业企业，后来逐步扩展到或延伸至金融投资、健康保险、新能源和生物科技等新型行业，2007年又进一步扩展至互联网、自媒体、新传媒、房地产、交通运输、通信等其他行业。至2018年，制造业依旧是发布社会责任报告数量最多的行业。中国企业社会责任报告由电力、石油、通信等行业率先发布，这些具有国家垄断地位的行业因为自身的规模与企业性质的独特性，其具体社会责任报告内容与形式存在同质性，行业特点不够鲜明，但部分企业仍然存在不同行业的社会责任内容的重要性与特有的差异，例如，制造业多以慈善捐助和教育事业为主，石油行业以污染防治和自然资源保护为主，保险和房地产业以社区贡献为主。根据统计的数据，绘制了中国企业社会责任报告行业分布柱形图，如图6-2所示。

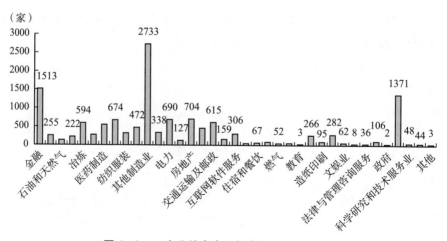

图 6 - 2　　企业社会责任报告行业分布柱状图

资料来源：MQI 关键定量指标数据库，http：//www. mqi. org. cn/CSRReport_Stats. asp。

②基于企业性质特点的企业社会责任报告发布情况。到目前为止，中国大陆范围内部分地区，企业社会责任报告发布的主体基本上都是世界 500 强企业，如国家电网、南方电网、中石化、中石油、中国银行、华能集团、南方航空、中国移动等。2008 年 10 月底，已经发布企业社会责任报告的 55 家企业中，私有或民营企业只占全部企业总数的 14.5%，数量不过 10 家。相对于民营企业，国有企业或中央企业因为受到财力、人力、物力、管理、技术以及国家行政力量的支持、行业特殊的性质等方面影响，发布企业社会责任报告的国有或国有控股企业占到总数的 85% 以上。至 2018 年 10 月，发布社会责任报告的民营企业累计达 2937 家，占总数的 24.6%。另外，国有企业和外资企业也纷纷加入积极履行社会责任的行列中，外国驻华企业或跨国公司社会责任报告意识普遍浓厚，甚至发布针对中国市场的社会责任报告，在社会责任信息披露意识、内容、模式等方面起到较好的模范作用。根据上述统计回归分析的数据结果，笔者绘制了中国企业社会责任报告企业性质分部的柱状图，如图 6 - 3 所示。

③基于独立审验角度的企业社会责任报告发布情况。自 2000 年世纪之交时起，社会公众在企业发布社会责任报告之时，也在开始关注其社会公信度，然而，经历 10 年时间之后，在全部的大型中央企业集团中，只有中国银行、中远集团、华能集团、国家电网等少数企业的社会责任报告，通过了社会第三

方的认证。不仅如此，更有大部分中央企业的企业社会责任报告，并没有提及利益相关方的信息，也没有提到第三方审计意见，或者附有社会公众反馈意见表，或政府监管机关的审核评价意见。至 2018 年，未审验报告数占总报告数的 88%，可见形成一个成熟完整的从发布到核实、确定和证明等过程的完整的社会责任发布至核证的信息披露体系还需要一个漫长的过程。根据统计的数据，绘制了中国企业社会责任报告审验情况柱状图，如图 6-4 所示。

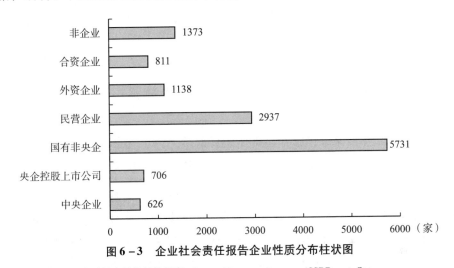

图 6-3 企业社会责任报告企业性质分布柱状图

资料来源：MQI 关键定量指标数据库，http://www.mqi.org.cn/CSRReport_Stats.asp。

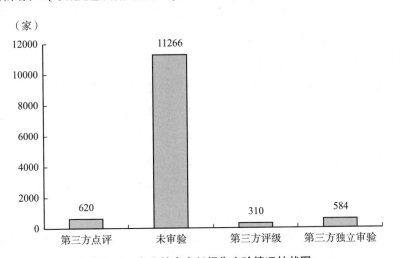

图 6-4 企业社会责任报告审验情况柱状图

资料来源：MQI 关键定量指标数据库，http://www.mqi.org.cn/CSRReport_Stats.asp。

通过以上对中国企业社会责任报告发布现状的总体和具体的分析，可见中国企业社会责任信息披露依旧处于急需发展和不断完善的阶段。发布企业社会责任报告的企业数量在 2014 年到达顶峰后开始下降并逐渐趋向稳定，这一现象应引起社会的关注。同时，不同行业发布社会责任报告的企业数量存在较大差距，发布数量较多的主要集中于制造业和金融行业。企业社会责任信息披露在中国发展的十几年间，大多数企业对报告的第三方审验价值依旧不了解，对审验机构也不熟悉，并且中国审验机构发展缓慢。因此，中国应借鉴国际经验，加快独立审验的发展速度，建立规范的独立审验体系。

6.1.3 中国企业社会责任信息披露理念的推广情况

自从 2000 年以来，国家社会责任监督部门，为了充分应对大数据 + 互联网背景下的"企业社会责任信息披露"有序管控，都认为当重视监管机关和企业自身监督对企业社会责任信息披露的重要影响。企业社会责任的利益相关方非常需要就某些问题从多方位、多角度和多领域进行多种主题的论坛进行讨论。近 20 年关于对企业承担企业社会责任方面问题进行报告发布和研讨的论坛举办的地点一般是以北京、广州、上海、厦门、深圳、海口等企业最发达的城市和苏、浙、粤等经济相对更为发达省市地区为主，其地区共同特点是经济发展程度通常领先于全国其他地方，由于地方经济的经济综合实力较强，拥有全国最大规模的上市公司、国有企业、中央企业、民营企业和外资企业，客观上拥有能有利于充分履行契约社会责任行为的法制环境；拥有主动性或自愿性进行社会责任信息披露动力的最良好外部营商环境和政府公共治理秩序或制度安排。东部沿海地区是全国经济改革和对外开放的主战场，一直以来还是外向经济发展较快的试验区域，区域内的企业深切感受到履行社会责任的意义、价值、挑战和压力，理论界对企业社会责任信息披露这一现实问题的关注大都比较早，而且履行社会责任确实给企业带来了更多的价值实现和回报企业更大量的现实收益，于是更多企业管理层开始愿意积极参与主动披露、确立公开报告社会责任信息的理念、受企业社会责任信息披露的政府部门、社会中介组织和审计监督主体的多种形式的监督、约束与规制。以下归纳了部分具有代表性的

2015～2018 年开展的与社会责任理念推广和社会责任信息披露规制的相关社会组织会议或企业社会责任研究发展的公共宣传论坛，如表6－5 所示。

表6－5 中国2015～2018 年开展的与企业社会责任相关的论坛

时间	主办方	名称	主题
2015.6.4	《WTO 经济导刊》与欧洲企业社会责任协会、日本企业市民协议会（CBCC）联合主办	第十届中国企业社会责任国际论坛暨2014 "金蜜蜂企业社会责任·中国榜"	责任十年·创变未来
2015.7.27	《南方周末》主办	2015 年中国企业社会责任年会	构建责任共识
2015.11.24	国家网信办网络社会工作局、工业和信息化部信息通信管理局指导，中国互联网协会主办	2015（第二届）中国互联网企业社会责任论坛	创新·力量
2015.11.27	中国新闻社、《中国新闻周刊》主办	第十一届中国·企业社会责任国际论坛暨2015 责任中国荣誉盛典	再见初心
2015.12.22	新华网、中国社科院企业社会责任研究中心等单位联合主办	2015 中国社会责任公益盛典暨第八届企业社会责任峰会	履行社会责任我们在行动
2016.6.6	《WTO 经济导刊》与欧洲企业社会责任协会、日本企业市民协议会（CBCC）联合主办	第十一届中国企业社会责任国际论坛暨2015 "金蜜蜂企业社会责任·中国榜"	责任创新 驱动发展
2016.7.26	国家网信办网络社会工作局、工业和信息化部信息通信管理局指导，中国互联网协会主办	2016（第三届）中国互联网企业社会责任论坛	责任与使命
2016.10.30	中国社科院经济学部企业社会责任研究中心指导、中国社会责任百人论坛主办	首届中国社会责任百人论坛暨企业社会责任蓝皮书2016 发布会	开启社会责任新时代
2016.11.23	中国新闻社、《中国新闻周刊》主办，工信部、国家工商总局、国家质检总局、国家安监总局、国务院侨办、中华全国总工会指导	第十二届中国·企业社会责任国际论坛暨2016 责任中国荣誉盛典	致善意：找寻责任原力
2016.11.30	《中国经营报》主办	2016 中国企业社会责任高峰论坛	精准扶贫 我们在行动
2016.11.30	欧洲对外贸易协会和《WTO 经济导刊》共同主办	第十五届中欧企业社会责任圆桌论坛	力促联合国可持续发展目标落地，构建可持续性供应链

续表

时间	主办方	名称	主题
2016. 12. 2	新华网、中国社科院企业社会责任研究中心等单位联合主办	2016 中国社会责任公益盛典暨第九届企业社会责任峰会	
2017. 6. 6	《WTO 经济导刊》与欧洲企业社会责任协会、日本企业市民协议会（CBCC）联合主办	第十二届中国企业社会责任国际论坛暨2016"金蜜蜂企业社会责任·中国榜"	共担责任　共享未来
2017. 6. 6	《WTO 经济导刊》与欧洲对外贸易协会	第十六届中欧企业社会责任圆桌论坛	重塑供应链伙伴关系，共创可持续发展价值
2017. 11. 7	中国社会责任百人论坛，责任云社会责任机构主办	2017 中国社会责任百人论坛暨首届北京责任展	新时代·新责任·新征程
2017. 11. 23	中国新闻社、《中国新闻周刊》主办，工信部、国家工商总局、国家质检总局、国家安监总局、国务院侨办、中华全国总工会指导	第十二届中国·企业社会责任国际论坛暨2016 责任中国荣誉盛典	致恒心：可持续的责任生态
2017. 11. 27	中央网信办网络社会工作局指导，中国互联网协会主办	2017（第四届）中国互联网企业社会责任论坛	新时代互联网企业的责任与使命
2017. 12. 5	《WTO 经济导刊》与欧洲对外贸易协会（FTA）联合主办	第十七届中欧企业社会责任圆桌论坛	打造新时代供应链，贡献包容性发展
2017. 12. 6	新华网、中国社科院企业社会责任研究中心、中国企业改革与发展研究会等单位联合主办	2017 中国社会责任公益盛典暨第十届企业社会责任峰会	责任改变世界，担当成就荣耀
2017. 12. 12	北加州中资企业协会与中国企业投资贸易服务联盟共同主办	2017 企业社会责任论坛	
2017. 12. 17	深圳市创新企业社会责任促进中心与星空卫视联合主办	2017 中华企业社会责任高峰论坛	"'一带一路'下企业全球可持续发展""科技创新与社会创新"等
2017. 11. 2	BMW 主办	2017BMW 可持续发展与企业社会责任论坛	做新时代责任前行者
2017. 11. 22	《中国经营报》主办	2017 中国企业社会责任高峰论坛	大国责任

续表

时间	主办方	名称	主题
2017.12.2	富士施乐（中国）携手全球报告倡议组织（GRI）主办	GRI 大中华区年度报告者会议	
2017.12.8	广州日报报业集团	粤港澳大湾区 2017 年企业社会责任论坛	新财富　心使命
2018.4.10	中国电子工业标准化技术协会、中国电子技术标准化研究院主办，中国电子工业标准化技术协会社会责任工作委员会、《WTO 经济导刊》联合主办	中国电子信息行业 2018 可持续发展与企业社会责任高峰论坛	绿色供应链助推中国制造强国梦
2018.6.6	《WTO 经济导刊》与欧洲企业社会责任协会、日本企业市民协议会（CBCC）联合主办	第十三届中国企业社会责任国际论坛暨 2017"金蜜蜂企业社会责任·中国榜"	责任新时代　引领新未来
2018.8.21	《中国经营报》主办	2018 中国企业社会责任高峰论坛	前瞻未来—责任先行者

资料来源：笔者依据 2020 年互联网公开数据信息资料整理而成。

通过表 6-5 所列示的相关信息内容分析，可以看出中国 2015~2018 年这 3 年间，各种官方或非官方的机构或组织公开举办的与企业社会责任相关的研讨会议和意见交换论坛的基本情况与未来的发展形势确实是令人深受鼓舞的。总体而言，由于多年来对外开放和经济发展，在我国社会经济发展迅速的推动下，企业增长规模进一步扩大，企业社会责任信息的主动管理问题及其影响也越来越大，致使社会公众已经开始对企业社会责任信息披露的关注力度和重视程度不断增加，近年举办的论坛数量在逐渐上升，举办方主要集中在国内外相关的协会、机构部门、媒体（如欧洲对外贸易协会、国家工商总局、《中国经营报》等），同时，社会责任感较强的大型企业也开始主办与其相关行业的企业社会责任论坛，协同促进了企业社会责任信息披露发展的规范化、规程化和规制化。

中国近十多年来，对外开放程度越来越高和中外经济融合的程度越来越高，开展的企业社会责任相关论坛的主题皆紧密联系中国新时代下企业发展的现状和新情况，聚焦于新常态、新发展观和新的经济循环等大背景下，以国有上市公司和中央企业为代表的越来越多的企业决策者开始意识到，企业自身的可持续发展和外部市场经济发展与进步，客观上影响着管理层的决策因素与预期的效益，企业的发展与进步离不开企业社会责任及其公允合法的信息披露，需要越来越积极地承担企业社会责任承诺与宣示，积极主动地公开、披露与发布企业社会责任行为相关的信息，尤其是应当履行的经济、法律、伦理和社会方面的责任和历史使命，充分助推中国早日成为能够对自己管理下的公民承担社会责任的大国，早日实现科技强国的中国梦。

6.2 国外企业社会责任信息披露规制的历史经验

6.2.1 国际组织关于社会责任信息披露国际惯例

经过漫长的企业社会责任理论的演变与实践的探索，越来越多的企业社会责任理论与实务界的人士开始认识到企业的社会责任事业是否能够得到健康的发展与进步，与企业自愿性社会责任行为及其信息披露行为均需要进行某种程度的规范、约束、控制和管理之间存在密切的关联关系。为了规范和管理企业社会责任及其报告，一些国际组织开始积极行动并付出了巨大的努力。

（1）ISO 的行动。ISO 于 1996 年发布了 ISO14000 系列环境管理的世界性的质量标准，该标准强调法律的合规性、行为的自愿性，以及企业社会责任报告信息的可认证性，因而该行为的质量标准具有广泛的适用性，不仅适用企业组织形式，还适用其他类型的组织形式，不过，该社会责任的国际行为标准范围存在局限性，只是明确了环境保护方面的责任要求。

（2）企业社会责任国际性的行动规则。1997 年，社会责任国际（SAI）发布了全球第一个社会责任管理体系的国际标准 SA8000，该标准旨在通过有职业伦理行为表现要求、有道德感的供应采购活动标准等方式，来逐步改善全球企业职员的工作环境与薪酬条件，致力于最终实现全体企业职工受到公平而且体面的对待。该标准也是目前对中国影响最大的国际标准之一。

（3）联合国"全球契约"的宣示。2000 年，联合国发布"全球契约"（GC）社会责任十项原则，突出强调企业在经济全球化过程中的社会责任，该十项原则分为四个方面，除 3 条是规范环境方面的，剩下 7 条分为人权、劳工标准以及反腐败三个方面对社会方面进行规范，目前全球已经有多家企业签署加入，是当前国际上影响力较大的规范之一。

（4）全球报告倡议组织的推动。20 世纪 90 年代后期，全球报告倡议组织（GRI）开始着手设计可持续发展报告的标准和指导原则。2000 年，GRI 发布第一份适合任何规模和类型企业的可持续发展报告框架指南，2002 年，修订后的第二版发布，2006 年，第二次修改后的第三版报告框架指南即 G3 标准发布，成为了当前国际上应用最广、影响最大的一个报告指南。

（5）社会中介组织的鉴证标准。社会和伦理责任协会（ISEA）是一个非营利的会员组织，旨在推动社会责任方面的创新，引领负责任的企业行为以及民间社团和公共组织广泛的社会责任行动。2003 年，ISEA 公布了 AA1000 鉴证标准，成为了目前世界上第一个关于社会责任报告审计方面的鉴证标准。

上述组织中，ISO 发布的规则在全球范围内的影响最为广泛，对各国和各地区众多企业的社会责任及其信息披露规制行为的实践指导意义最为明显。以下归纳了社会责任信息披露相关国际惯例，如表 6-6 所示。

表 6-6　　　　　　与企业社会责任信息披露相关的国际规制与惯例

年份	组织	标准
1996	国际标准化组织（ISO）	ISO14000 系列环境管理国际标准
1997	社会责任国际（SAI）	第一个社会责任管理体系的国际标准 SA8000
2000	联合国（UN）	"全球契约"（GC）社会责任十项原则
2003	社会和伦理责任协会（ISEA）	AA1000 鉴证标准
2006	全球报告倡议组织（GRI）	《可持续发展报告指南》第三版即 G3

年份	组织	标准
2010	国际标准化组织（ISO）	ISO26000 社会责任指南标准
2011	全球报告倡议组织（GRI）	《可持续发展报告指南》G3.1
2013	全球报告倡议组织（GRI）	《可持续发展报告指南》第四版即 G4
2014	全球报告倡议组织（GRI）	《可持续发展报告指南》G4 中文版
2015	联合国（UN）	联合国可持续发展目标

资料来源：笔者依据《中华人民共和国法律制度体系》，中国法律出版社，及 2020 年互联网数据信息整理而成。

从 20 世纪 90 年代开始，国际组织就开始致力于规范和管理企业社会责任及其报告的研究。至今，相关权威的国际组织已发布了一些具有科学性、可行性、完整性的鉴证标准，并随着时代的发展，主题的变化，不断地修订已发布的标准，从而更好地适应新时代。与中国企业社会责任现有的关注点"责任和使命"有所不同，国际组织以更加开阔的眼界和长远的眼光，更加强调契约与可持续发展，这就促使中国在紧密联系自身现状的同时要不断地向国际标准趋同，完善企业社会责任的独立审验标准。

6.2.2 美国企业社会责任信息披露的经验

（1）美国企业社会责任信息披露的制度背景与基本情况概述。

美国是世界上最早披露社会责任信息的国家之一，美国钢铁公司在 1905 年就披露了相关的内容，并且在以后的年度都有不同种类的社会责任信息披露。20 世纪 60 年代以来，美国企业社会责任报告开始大量增多，行业范围也越来越大。其中，有关在美国企业披露社会责任信息的制度设计方面，一方面，体现政府意志和权力的法律体系，不仅面临着正式的、非正式的、来自企业内部的、企业外部的压力。另一方面，还面临着社会公众和新闻媒体的评价力量，属于非正式压力。其中，正式的压力来自美国法律强制性的相关规定，目前已有的、由美国立法机构陆续颁布制定的与此相关的法律有：《公民权利法》（1964）、《雇员健康与安全法》（1970）、《清洁水法》（1972）、《安全饮用水法》（1994）、《清洁空气法》（1970）、《消费者产品安全法》（1994）、《萨班斯－奥克斯利法案》（2002）。对于企业社会责任信息披露行为的非正式压力，主要是来自作为一个合格的企业公民的伦理压力、新闻媒体的曝光情形等。企业内部的压力除了来自雇员和工会需要相关的信息之外，美国的企业管理当局也编制用于内部决策用的社会责任信息。企业外部的压力则来自消费者、供应商、环境报告组织、其他公益组织等。

下面是不同种类的美国企业社会责任信息披露的制度背景与基本情况，如表6－7所示。

表6－7 美国企业社会责任信息披露规范制度的主要情况介绍

责任类型	相关法律	责任内容说明
企业环境信息披露的制度背景与基本情况	1934年颁布《证券法》	不管是财务或非财务信息，其中包括环境负债、遵循环境和其他法规所导致的成本、未遵循法规所导致的成本
	1969年《国家环境政策法》	上市公司活动所产生的环境影响进行披露管制
	SEC1971～1973年间，发布了一系列环境披露的公告	披露与环境和人权相关的重要事项
企业雇员、产品质量及其他社会责任信息披露的基本情况（SEC）	社会责任信息举行听证	扩大企业披露的重大举措
	1975年4月，企业是否要强制披露	会计披露作出规范之外已采取措施

资料来源：笔者依据2020年互联网关于社会责任领域的公开数据信息资料整理而成。

（2）美国企业社会责任信息的披露内涵与体现形式。

埃普斯坦、弗莱明哈尔茨和迈克欧诺（Epstein，Flamholtz and McDonough，1976）把美国的社会责任报告分为七类：对内报告、对外报告、描述性的报告、定量内容的报告、货币性的报告、部分社会会计报告、全面社会会计报告。以下归纳了美国企业社会责任信息的披露形式及其内涵，如表6－8所示。

表 6 - 8　　　　　　　　　美国社会责任报告披露形式分类及内涵

美国社会责任报告信息披露的形式分类	美国社会责任报告信息披露的具体内涵
对内报告	公司提供的社会责任报告用于内部决策，大多数美国公司都编制社会责任报告，但是很多企业不对外部披露这些报告，当然也有的企业披露这些用于内部决策的社会报告
对外报告	针对外部使用者对企业社会责任信息的需求而编制的
描述性的报告	不使用或者使用很少的定量信息，只对企业从事的社会责任活动进行描述性披露
定量内容的报告	使用非货币的数字来计量企业的社会业绩，例如，披露企业雇用的女职员数目、不同种族的职工数目等
货币性的报告	使用以货币为主要计量手段来计量企业所从事社会责任活动的报告，其优点是在不同公司之间的可比性较强，缺点是并不是所有的社会责任活动都可以货币化
部分社会会计报告	只对某一个或者几个但不是全部的社会责任活动进行报告，例如，环境问题报告
全面社会会计报告	全面地计量并报告了企业的社会影响

资料来源：笔者依据 2020 年互联网关于社会责任领域的公开数据信息资料整理而成。

6.2.3　英国企业社会责任信息披露的经验

（1）英国企业社会责任信息披露的制度背景与基本情况概述。

英国早期的企业经营秩序的维护，是以《公司法》作为管制会计信息的立法基础，《公司法》的基本原则：主要是适用于英国境内的所有股份有限公司。对于企业社会责任信息披露来说，很多规定是在 1985 年的《公司法》里面。此外，还有很多法律与企业社会责任信息披露相关，例如，1970 年、1974 年、1975 年和 1976 年，先后颁布了《平等工资法》《工作场所的健康与安全法案》《性别歧视法案》《种族关系法案》等现实法律规范。这些法案能够驱使企业对员工负有相应的工作生存和生命安全方面的责任。

下面具体描述的内容是英国各类企业社会责任信息的基本情况：

①企业雇员就业信息披露的基本情况。

英国企业社会责任信息是大部分企业最常见的信息披露的对雇员的责任方面的社会责任信息披露，是在英国上市公司的年度报告的董事会报告的第三部分——雇员信息披露的内容。包括要求企业必须描述企业所采用的对残疾人的雇佣政策，已经考虑了残疾人的能力；当雇员在企业劳动期间致残，企业要安排恰当的培训；公司所雇用的残疾人的培训、职业发展和提升。有关企业社会责任信息披露受相关英国法律法规等形式促使企业社会责任信息披露保护的内容，可见表 6 - 9。

表 6 - 9   英国企业社会责任信息披露受相关法律形式保护的报告

法律	年份	与企业社会责任相关的信息披露突出内容
雇佣法	1982	要求员工人数在 250 名以上的企业在年度报告中，披露已采取促进雇员参与的政策
公司法	1985	企业向雇员或者代表咨询，系统地提供给雇员相应的、需要的信息。影响企业业绩的经济、金融因素，利润表或者附注中披露
证券法	1986	按照董事会所确定的雇员种类对雇员平均人数进行分类披露；已经支付的和将要支付的工资总额，社会保障金和养老金成本

资料来源：笔者依据 2020 年互联网关于英国社会责任法规方面的公开数据信息资料整理而成。

②企业环境保护信息披露的基本情况。

基于国家的所有权是私有制度的性质，英国企业环境报告行为一般的自愿性披露的行为，但是具体而言，却有很多促进英国环境披露的动因。第一动因是法律制度的规定。该因素具有强制性的促进作用，如 1990 年英国议会颁布了《环境保护法》，要求企业在清洁的技术上主动投资、建立废物最小化程序、评价资产价值、在废物处理上投资等；第二动因是对企业社会责任披露内容有重要影响的媒体。新闻媒体如果大量报道与环境有关的重大事故，使环境信息披露增加；第三动因是企业社会责任信息的社会反响与鼓励。英国特许会计师协会在 1991 年建立了年度环境报告奖励制度，比如，英国航空公司和 Norsk Hydro 公司是首次获得此奖励的上市公司。评奖标准包括对企业的特定环境目标、遵循环境法规的情况、核心经营业绩评价等。第四类企业社会责任披露内容动因是环境保护行为指南。这些指南包括：英格兰和威尔士注册会计师协会（ICAEW）在 1993 年发布的旨在鼓励企业披露相关环境信息的行为指南、商业企业的环境报告指南等。

③企业其他社会公益信息披露的基本情况。

在多数的企业社会责任信息报告中，企业的社区信息应当是自愿披露的，应当是能够反映企业认为最为重要的事项。比如，对政府机构的政治捐款信息、行政项目的援助信息和慈善捐赠数量规模等信息通常都是要求企业强制披露的企业社会责任信息，在 1985 年《公司法》的目录 7 部分，要求企业在董事会报告中单独披露慈善捐款数额与政治捐款数额。

（2）英国企业社会责任信息的披露形式。

英国多数企业的企业社会责任报告中，具体企业社会责任信息多是以描述性的、客观性的内容为主，使用增值表来反映社会责任信息的属于少数，目的都是以便促进企业社会责任信息披露的透明度和责任信息传播的公开化。企业在采取公开化的方式对外披露责任信息时，通常会采取两种信息披露的规范化的形式：专门的企业社会责任信息报告、非专门化年度报告一个部分。尽管在表达形式方面存在差异，但其披露的企业社会责任的内容却是基本一致的。如表 6 – 10 已经归纳了英国企业社会责任信息披露形式分类及其具体内容等相关情况。

表6 – 10　　　　　　　英国企业社会责任信息披露形式分类及相关情况

英国企业社会责任信息披露形式分类	英国社会责任报告信息披露的具体概况
年度报告之外的单独披露形式	皇家壳牌集团的企业社会责任报告是年度报告之外单独披露的，共有 49 页，以描述性内容为主。报告预测了 2050 年世界对能源的需求将是现在的一倍。报告披露了公司通过与政府、非政府组织、当地社区、公司行业成员合作来克服困难，公司如何处理危险的工作场地、可持续发展问题
增值表披露	会计准则筹划指导委员会鼓励企业编制增值表，但是，没有会计准则对此进行规范。因此，公司是自愿披露的，因为没有准则规范，所以披露的公司之间也缺乏可比性。自 1975 年开始，一些大型企业编制了增值表，其目的在于改进公司的态度、精神和行为。增值表的内容最低包括：销售额、购入的原材料和服务、雇员工资和福利、支付的股利和利息、支付的税、企业留存的再投资数额。很多公司因为没有准则规范就不披露

资料来源：笔者依据 2020 年互联网关于英国社会责任报告的公开数据信息资料整理而成。

6.2.4　德国企业社会责任信息披露的经验

（1）德国企业社会责任信息披露的制度背景与基本情况概述。

德国是目前西方国家中，经济实力比较强大的资本主义国家。其强大主要体现在德国企业公司竞争实力比较强大，特别是公司治理结构比较有特色，其中，企业社会责任信息披露方面的特征比较突出：

比如，德国企业年度报告中，主要包括：资产负债表、利润表、审计报告、股东报告等报告形式。股东报告中包括两大部分：第一部分是在报告期间的企业的内部报告，比如，企业内部出现的重大事项，企业外部所发生的重大事件；第二部分就是"社会报告"，包括雇员信息、环境报告等信息。但是在披露的动机方面，由于环境和职工信息对社会公众等利益相关者的攸关性特征，德国企业的一些环境信息或雇员信息需要分别就不同的对象，向政府强制报告，向雇员强制报告，但年度报告中向股东披露的社会责任报告却是企业自愿选择的。

①雇员信息披露的基本情况。法律要求企业管理层向雇员代表提供信息，1972年，德国的《工作章程法》具体规定：企业管理层至少每年一次向雇员代表报告企业的雇员政策、社会政策、经济状况和公司前景（涉及企业机密信息的除外）。该法特别要求关于经济状况和公司前景的更加详细的信息要向雇员经济委员会报告；代表或者雇员委员会要了解雇员计划、公司投资、培训情况方面的企业社会责任信息。德国《公司法》（1965）规定：在企业内部监督委员会中也要有雇员代表，除了董事会的日常报告之外，雇员代表可以不定期向董事会要求获得相关的重要信息。

②环境信息披露的基本情况。对于企业社会责任信息披露最基本的法律是《工商业管理条例》，该法律规定：企业环境相关的信息，需要专门向联邦政府强制性报告，要求企业能分析过失、预测污染、进行污染信息登记、加快技术研究与开发，来减少污染对环境的破坏等。《环境保护法》（1973）取代了该部法律。

③其他信息披露的基本情况。除了雇员报告和环境信息，其他信息的披露

是自愿的，例如布鲁克哈尔夫（Brockhoff, 1979）的研究使用了296家样本中，只有7家公司报告了慈善捐赠的情况。但是，有110家公司报告了研究与开发活动。这说明尽管是自愿披露，研究与开发已经受到社会公众和政府机构的高度重视。

（2）德国企业社会责任信息的披露形式。

在德国的社会责任相关法律中，德国企业所采取的企业社会责任信息披露形式是传统综合报告、社会责任会计报表、目标社会责任报告、专项企业社会责任报告等基本形式（Dierkes M, 1979）。以下归纳了披露企业社会责任信息的形式及其相关情况，如表6-11所示。

表6-11　　　　　　　德国的企业社会责任信息披露形式及相关情况

企业社会责任信息披露形式	社会责任报告信息披露的相关情况
社会责任报表	S公司披露的是德国的第一份社会报告。该份报告是以货币形式报告了企业在反对污染、雇员关系、与一般大众的关系等方面所发生的成本和获得的收益。而近些年来，使用社会责任报表的德国公司几近消失，其原因是没有大家公认的对社会福利的计量方法、指标体系
描述性责任报告	描述性报告是更加谨慎的方法，通过收集信息，然后定期或者不定期公布这些信息。这是德国企业经常采用的企业社会责任信息披露方式，几十年来，德国的企业就是这样收集不同种类的数据，然后，以社会报告的形式对外披露，这些种类的数据中还是以雇员信息披露最为全面，有关企业社会责任活动的其他方面的信息现在正逐渐地进入企业社会报告中来
目标社会责任报告	这种披露形式除了对企业所从事的社会责任活动进行详细披露之外，还详细列示了企业未来的社会责任目标，该模式被称为"目标社会责任报告"。德国M公司在2006年的社会责任报告中不但详细描述了公司在环境、社会问题、雇员等方面的贡献，还列示了公司在未来几年的社会责任目标

资料来源：笔者依据互联网关于德国企业社会责任报告的公开数据信息资料整理而成。

6.2.5　日本企业社会责任信息披露的经验

（1）日本企业社会责任信息披露的制度背景与基本情况概述。

1990年开始，日本为未来提振经济，化解金融风险，提出了外向型海洋发展战略与可持续发展目标，日本政府强调企业财团等市场主体应当确立化解保护和社会环境改善建议，并加强环境规制法律制定，如《环境基本法》《环境基本计划》《环境影响评价法》等法律与法规。日本最早的社会责任报告是1993 年本田汽车公司的环境保护报告和东京电力公司的环境行动报告。为了解决进一步提高日本企业对环境造成污染的重大成本规模，提高资源消耗的效率，1999 年，日本环境省发布了《环境保护成本原则》，用于指导企业进行环保成本的信息披露。2000 年，官方环境会计报告——《环境会计指南》以及不同年份的版本，对环境信息披露的范围、方式、内容等作了更加明确和详细的规定，大大提升了操作的可行性。2003 年，日本政府内阁发布了《促进可持续社会建设主计划》。同时，为了把企业社会责任的理念向投资方和消费者渗透，日本企业修改了组织架构，成立了专门负责企业社会责任建设的机构，促进这些社会性的活动与其经营业务能够更好地予以整合与健康发展。

（2）日本企业社会责任信息披露的具体内容。

由于日本是亚洲最先倡导"企业社会责任"概念的国家，"经营之神"松下幸之助关于"企业是社会公器"的理念对日本企业管理层的伦理影响深厚。由于拥有较完善的企业社会责任信息披露法规，日本企业在社会责任信息披露的内容上，丰富而具体，披露形式上可靠又多样。根据日本经济主管部门统计，目前已有超过90% 的日本企业每年都会发布"企业社会责任年度报告"，包括企业社会责任相关理念、方针、组织、绩效、评价和控制的情况等。同时，日本企业为了有效推动企业社会责任的履行，在理念、方针、规划到实施、监督、评价与完善、信息公开等一系列环节上构建了一个完整的企业社会责任推进体系。

6.3　中外企业社会责任信息披露规制比较研究

6.3.1　中外企业社会责任信息披露规制比较

从企业的利益相关者利益维护的视角，经过多年实践和相关社会责任信息披露的法规要求，中国企业作为社会主义社会中一个合法公民的身份，企业不仅有义务和责任去做创造价值、财富、福利和发展市场经济运行的主体，同时作为其他利益主体行为的受益者和关联方，还有社会义务去承担相应的保护环境、实施慈善、实践伦理和履行法律规范等系列社会责任。中央及其地方政府作为市场经济的战略决策与实践调控的主体，应当建立一套行之有效的社会责任信息披露规制制度安排，主动去约束和保障企业社会责任信息管理工作能够遵循科学发展、可持续发展的原则，谋求企业经济利润、剩余收益的快速增长与社会的长足进步、生态环境的良性互动、人和自然系统实现和谐发展。早在20世纪70年代，西方发达国家就率先开展了有关企业社会责任信息披露机制的研究。基于每个国家有不同的历史和国情，对企业社会责任信息披露机制的研究也存在一定的差异，中国相较于发达国家在此方向上的研究稍显滞后，以下，就以中、美、德、英、日五个国家在企业社会责任信息披露规制方面进行比较研究，如表6-12所示。

表6-12　　　　　　　　　　中外企业社会责任信息披露规制比较

国家	出现的时间	相关法律法规	企业社会责任信息披露的主要内容
中国	2006年	《中华人民共和国公司法》	要求披露：生态环境、社会贡献、雇员情况、产品质量等方面的社会责任信息
	2019年	《中华人民共和国公司法（修订版）》	要求披露：财务信息、环境信息、产品质量信息、员工权益保护信息和税收、社会贡献信息
美国	1969年	《国家环境政策法》	企业应披露环境保护报告——强制披露；雇员、产品质量及其他社会责任信息自愿披露
德国	1972年	《工作章程法》	强制披露雇员报告和环境信息：社会环境、职业健康与安全、研究与开发、股东等自愿披露
英国	1985年	《公司》《证券法》	强制披露：企业雇员的情况、政治和慈善捐赠；自愿披露：环境保护的报告、社区贡献信息
日本	2003年	企业特定行业规范，无专门性的法律	披露产品质量、员工权利、环境保护和社会贡献等方面的信息

资料来源：笔者依据互联网关于中、美、日等主要国家社会责任领域的公开数据信息资料整理而成。

早在 1969 年，美国就出台了与企业社会责任相关的法规，把公司社会责任与公司经营者满足产业内外各类人群需求的责任联系起来。五个国家中，日本最早提出企业社会责任的时间仅早于中国三年，并且是五个国家中唯一没有出台相关法律强制约束企业社会责任信息披露的国家，仅依靠行业规范，日本近年来约90%的企业自觉披露了企业社会责任信息。五个国家企业社会责任信息披露的主要内容有所差异，但是，基本都包括环境、雇员、产品、社区四个方面。从各国强制与自愿披露的内容比较中可见最受重视的是环境和雇员两个方面。中国相较于其他四国，对于企业社会责任信息披露的内容具体细分不足，有待加强。

通过中外国家企业社会责任信息披露方面的对比分析，中国的企业社会责任信息披露规制事业的发展，规制机制的建设与完善，都必须积极借鉴上述各国企业社会责任信息管理的宝贵经验，推动中国企业责任信息披露理论框架、企业社会责任实务指南的建立。制定部分重要社会责任信息强制披露的规章制度，同时，建议政府监管机构，需要通过激励措施继续鼓励企业自愿披露其他信息。其实企业社会责任信息披露框架实施的关键幕后推动者就是各级政府部门。原因在于现代政府的治理体系的建设已经开始走上国家制度建设的快车道。企业社会责任信息披露的合规、有效的对外报告信息，就能在企业社会责任信息披露体系中，发挥积极且重要的作用。由于目前中国企业履行社会责任的情况欠佳，信息披露的质量也有些滞后，因此，中国企业在整体上，对外合乎要求地披露社会责任信息的积极性实际上储备不足，就必须利用政府强制力进行推广。

6.3.2　中外企业社会责任信息披露形式比较

企业社会责任信息披露形式在构建企业社会责任信息披露体系中也占据举足轻重的位置。中国大多数的企业都在年度报告中采用分散的、简单的文字描述形式披露部分企业社会责任信息，少数企业采用增值表和独立的企业社会责任报告的披露形式。相较于企业社会责任信息披露起步较晚的国家，经过长期发展的美、英、德等国，则具有多元的、复杂的企业社会责任信息披露形式。以下对五国企业社会责任的披露形式进行了比较研究，具体内容如表 6 – 13 所示。

表 6 – 13　　　　　　　中外企业社会责任信息披露形式比较研究

国家	企业社会责任信息披露形式
中国	描述性的报告、社会责任收益价值增值表、发布独立的企业社会责任报告、企业年度报告、企业可持续发展报告和企业综合信息报告
美国	企业对内部员工的责任报告、对外部利益相关者的责任报告、描述性报告、定量内容的报告、货币性的报告、部分社会会计报告、全面社会会计报告
英国	企业财务报告、企业年度报告之外的单独社会责任信息披露、增值表披露
德国	社会责任报表、描述性报告、目标社会责任报告等
日本	环境报告、环境管理报告、社会环境报告、可持续报告、企业社会责任报告、责任关注报告、社会责任报告等

资料来源：笔者参考《2020 年社会责任报告》［M］. 北京：经济科学出版社，2020. 相关内容整理。

各国基于不同的背景和惯例，在企业社会责任发展的长期过程中，都逐步完善并形成了适合本国企业应用的披露形式。近年来，虽然中国对企业社会责任的重视力度加大，但是企业社会责任信息披露的形式依旧集中于描述性的报告。基于现阶段中国的发展现状，企业社会责任信息披露形式应当从年度报告内的分散披露形式过渡到年度报告内的独立性报告阶段或者单独发布社会责任报告，宜采用描述性内容为主、定量内容为辅的社会责任报告。目前还不宜采用美、德等国家所使用的复杂的社会资产负债表、社会利润表等较为复杂的披露形式。

6.3.3　中外企业社会责任信息披露规制推动力量比较

企业社会责任信息披露体系的发展源于各国各方力量的推动。每个国家披露框架的发展都离不开政府的重视，政府在企业社会责任信息披露体系中起着无法比拟的推动作用。同时，法律法规是多数国家重要的推动力量，美、英两国的学术研究成果引导了企业披露的信息内容向充分、完整和科学的方向发展。日、德两国民间力量占据了主要的推动位置，并为两国企业社会责任信息披露体系的建立提供了巨大的贡献。以下对中外企业社会责任信息披露主要推动力量进行了详细的对比，如表6-14所示。

表6-14　　　　中外企业社会责任信息披露规制主要推动力量比较表

国家	企业社会责任信息披露主要推动力量及关键措施
中国	第一，国家政策导向的推动。中国目前的基本国策是建设可持续发展的和谐社会。"十三五"提出中国社会责任信息披露公允化、规范化与透明化的目标以及全面落实"创新、协调、绿色、开放、共享"五大发展理念提供宏观政策的参考
	第二，法律法规的推动。2006年10月修订的《公司法》第五条规定，"公司从事经营活动，必须遵守法律、行政法规，遵守社会公德、商业道德，诚实守信，接受政府和社会公众的监督，承担社会责任"
	第三，监督机构的推动。中国证监会发布了《公开发行证券的公司信息披露内容和格式准则第1号——招股说明书》《公开发行证券公司信息披露编报规则》及《上市公司治理准则》。中国银监会印发《关于加强银行业金融机构社会责任的意见》
	第四，证券交易所的推动。深圳证券交易所发布了《上市公司社会责任指引》。上海证券交易所发布了《中国公司治理报告（2007）：利益相关者与公司社会责任》《关于加强上市公司社会责任承担工作的通知》《上海证券交易所上市公司环境信息披露指引》。鼓励上市公司编写社会责任评价报告，可与年度报告全文同时在指定网站上披露
	第五，获得国外某些进口商的认可的需要。近几年，中国对外贸易环境发生了一些变化。国外的一些进口商要求中国的企业必须通过劳工标准、环境管理体系等社会责任体系认证才同意进口中国的货物
美国	第一，法律法规的推动。1934年颁布的《证券法》；1964年颁布的《公民权利法》；1970年颁布的《雇员健康与安全法》；1972年颁布的《清洁水法》；1994年颁布的《安全饮用水法》；1970年颁布的《清洁空气法》；1994年颁布的《消费者产品安全法》；2002年通过的《萨班斯-奥克斯利法案》等
	第二，社会责任领域学术界的推动。学术界研究成果的引导，使美国公司披露的信息内容充分、完整并具有体系
	第三，会计组织的推动。美国的三个会计组织对企业社会责任信息披露的研究作出了突出的贡献，分别是美国注册会计师协会（AICPA）、美国会计学会（AAA）、全国会计师协会（NAA）。这些委员会在《企业评论》（*The Accounting Review*）的增刊上发表了一系列的研究成果

续表

国家	企业社会责任信息披露主要推动力量及关键措施
英国	第一，英国政府推动。于2000年3月任命一位部长负责企业社会责任事务和企业社会责任政策，企业社会责任报告的重要性也由此提升
	第二，法律法规的推动。英国在2001年对本国养老基金法规进行了修订，这个法规对于英国的上市公司增加披露企业社会责任信息是有激励效果的
	第三，证券交易所的推动。在2002年，英国的约翰内斯堡证券交易所，要求在该所上市的所有公司披露一类非财务信息——综合的可持续发展报告，并要求公司所披露的这份报告要参考全球报告发起者（GRI）的可持续发展指南
	第四，欧盟的推动。欧盟颁布了一项规定"综合的污染控制与防治指南"，该规定对所有欧盟成员国有效，要求企业向欧洲委员会报告污染排放数据
	第五，学术界推动。学术界对企业社会责任信息披露研究的加强，并建立了社会责任信息数据库
德国	第一，法律法规的推动。1972年颁布的《工作章程法》；1973年颁布的《环境保护法》等都对德国企业社会责任信息披露起推动作用
	第二，民间力量的推动。德国的社会报告是自愿的，为了增加可比性，部分大型德国公司组成的一个研究小组探讨了企业社会责任报告的标准化问题，发布了社会责任报告指南，指南对报告所使用的术语、指标、形式都提供了建议
日本	第一，日本政府的推动。2003年，日本政府内阁发布了《促进可持续社会建设主计划》，并提出到2010年，实现"有50%以上的上市公司和30%的未上市、但雇员超过500人的企业应发布环境报告"的目标
	第二，法律法规的推动。《环境基本法》《环境基本计划》《环境影响评价法》等法规，使企业对环境造成污染成本要高于控制环境污染成本，催生了日本最早的社会责任报告
	第三，相关协会的推动。以日本公认会计师协会为主的日本相关协会、职业团体和研究机构为满足社会需求，都积极开展了与企业环境审计和第三方认证有关的调查研究及实施工作
	第四，企业自觉的推动。日本企业把企业社会责任理念向投资方和消费者渗透，在组织架构上，很多企业成立了专门负责企业社会责任建设的机构，促进企业社会责任活动与其业务活动更好地整合，同时还定期发布企业社会责任白皮书，推动企业社会责任信息公开透明

资料来源：笔者依据2020年互联网关于社会责任领域的公开数据信息资料整理而成。

由表6-14所示，中国与英、美、德、日等西方发达国家的企业社会责任信息披露规制化的发展进程中，共同特点与一致之处在于：（1）各国企业社会责任信息披露都已经实施了相应的规制与管理措施，而且采取了法律建设和政府干预等手段。如出台相关的企业社会责任的法律规范及相关制度来利用法律进行推动、政府采取行政管治措施来进行推进等。（2）各国企业社会责任信息披露规制都已经历了多样化的实现形式。比如几乎都采取了三种以上的措施：中国采取了政策、法规、机构、客户等内外约束形式进行规制；美国采取了法律制度、社会责任学术界、会计组织等来进行规范；英国采取了政府干预、法律制度完善、证券监管机构、区域性国际组织联盟和社会责任学术界等形式来推动规制；德国采取了法律制度建设和民间力量等形式来推动规制；日本则采取了政府干预、法律介入、社会组织和企业主动等形式进行推动规制。不同点在于：各自的侧重点不同，具体规制的实现形式也存在明显的不同。比如中国的企业社会责任信息披露规制的独特之处在于：利用长期性宏观的国家政策来对企业社会责任信息披露规制进行指导，替代具体的政府干预行为；利用企业内党的纪律检查组织、监察部门、工会、职工代表大会和内部审计机构来推动企业社会责任信息披露的规制；利用国外的进出口商来约束社会责任信息披露。美国的企业社会责任信息披露规制特点是：利用企业中的会计组织来进行企业会计信息披露的规制。英国的企业社会责任信息披露规制特点是：利用区域性国际组织来推动社会责任信息披露的规制行动。德国则是强调依靠民间力量来进行社会责任信息披露的有序规制。日本的企业社会责任信息披露规制特点是：强调需要借助市场经济运行中的企业行为主动宣传企业社会责任信息披露规制理念向企业利益相关方如投资方、债权人和消费者渗透。

　　基于上述五国关于企业社会责任信息披露主要推动力量的比较研究，紧密联系中国新时代需求，借鉴各国经验，总结出中国在企业社会责任信息披露规制的主要推动力量方面存在着五个新的着力点：第一，加强中国企业社会责任信息披露的强制规定，从本质上提升中国企业社会责任信息披露的数量和质量；第二，加强学术研究，为企业披露更多的货币化或定量化的数据提供理论依据和方法；第三，加大相关行业协会的推动力度，开展更多具有行业特色的企业社会责任信息披露的推广活动；第四，大力发展中国社会责任型投资基金，促进企业承担社会责任，重视社会责任信息披露；第五，加强对社会责任信息的审计，使投资者和公众能够获得更加可靠的第三方审验信息。

6.3.4　中外企业社会责任信息披露规制比较研究的启示

第一，需要进一步推动企业社会责任信息披露制度的构建与完善。英、美等国在相关法律中对社会责任信息都有所规范，而目前中国对于企业社会责任的信息披露缺乏相关明确的法律规定，使得企业社会责任信息披露的可比性、可信性和可检验性难以量化和规范。因此，须加强企业社会责任信息披露机制的法制建设，以法律形式约束、规范企业经济行为，颁布指导企业社会责任信息披露的指南和手册，提高企业操作性。中国可以借鉴美、德、英等国家利用法律制度推动企业社会责任行为及其信息披露的规范化的历史经验与教训，通过渐进式立法和严格的执法等手段，倡导和推进将对社会公众有重要影响、共同共享的社会责任信息中经济责任类信息和法制责任类信息实施强制性披露，其他类型的社会责任信息，则可以选择通过相关激励措施鼓励企业自愿披露。

第二，实务中企业社会责任信息披露及规制形式呈现出多样化的特征。美、英、德、日四国企业社会责任信息披露的一个很重要的特点就是其披露形式的多样化，既有附于传统三大会计报表予以反映的社会责任信息，也有独立的企业社会责任报告，对社会责任信息的披露将定性分析与定量分析相结合，特别是通过量化指标可以清晰地反映其企业活动对雇员、环境、社会的影响。中国可以借鉴其他四个西方国家企业社会责任信息披露制度建设中的合理成分，可将其首先应用于中国上市公司的财务报告和相关年度报告的改良之中。增强对企业社会责任信息披露行为的强制性和可持续性，同时鼓励企业自愿编制单独类别的社会责任报告，并主动披露社会责任报告，通过经济与法律制度创新来完善中国企业社会责任信息的披露形式。

第三，针对企业社会责任信息披露的规制力度在日趋加强，多地开始尝试对企业社会责任信息披露的独立审验。由于企业社会责任信息披露实际上是其企业社会责任行为的集中展示，是有效衡量某企业社会责任履行外在表现的客观依据，企业高管层对政府及社会公众披露企业社会责任信息，既是企业的相关利益者们沟通与传递企业社会责任表现方面信息的主要途径，也是相关利益者之间进行权益维护程度的比较，更是企业社会责任信息披露绩效的有效评价方式。在不同国家企业公开披露企业社会责任信息的过程中，与企业有关的利益相关者，必须明确所披露的信息是否真实可靠，这就需要权威独立的第三方对企业披露社会责任信息进行审验。虽然，中国发布的企业社会责任报告数量在增加，不过，的确存在未审验的企业社会责任报告有意夸大企业正面社会责任行为方面的事实信息，这种泡沫式企业社会责任信息披露方式，无疑将在很大程度上限制报告的可靠性。因此，借鉴各国经验，加强对中国企业社会责任报告的独立审验工作是非常必要的。

第四，鼓励企业自愿披露社会责任信息。无论是中外国家的企业管理者都需要尽早树立起"可持续发展"的科学发展观或者战略目标，其实这种发展目标，是该国政府对其监管的企业，提出了有利于其长远性发展设计与实施的战略目标，以及企业运营的方向与要求。此外，由于企业的持续发展与利益相关者的利益交融程度更加深厚，许多社会公众会越来越关注企业社会责任信息的披露，其中，企业披露社会责任信息的自觉性、主动性和道德性特征，是企业公民能够立于市场经济社会的根本特征。德国和日本企业社会责任信息披露体系的规范主要靠民间力量，尤其是日本，在没有法律强制规范的前提下，依靠行业和企业自律，形成了完善的企业社会责任信息披露体系。中国多数企业自律自觉性不足，企业社会责任信息披露体系的建设任重道远，企业必须转变经营理念和增加社会责任理念，在科学发展观的指导下，抓住契机，促进企业和社会的可持续发展。

第五，采取法律和政府干预以外的多方力量来共同推动企业社会责任信息披露的规制进程。由于各国的基本国情存在较大的差异，存在迥然不同的社会经济文化的发展环境，在推动企业社会责任行为和企业社会责任信息披露的规制过程中，需要结合各国的文化和经济条件及实际情况，因地制宜，权益相变地采取灵活有效的制度和社会监督形式来推动中国的企业社会责任信息披露规制制度建设。比如采取多样化的监督体系和手段，如党的纪律监督、行政监察、工会群众监督和内部审计监督等形式，民间行业协会，企业主动作为等形式，进一步完善中国企业社会责任信息披露规制规范化与稳健化。

第 7 章

企业社会责任信息披露规制的
战略方向与实施途径

7.1 企业社会责任信息披露规制的战略意义与发展方向

7.1.1 五大发展理念对企业社会责任信息披露规制的战略意义

五大发展理念是统筹规划中国社会经济发展的决策机构——中国共产党中央委员会和国务院，于 2015 年 10 月 29 日在十八届五中全会上经全体讨论通过的《中共中央关于制定国民经济和社会发展第十三个五年规划的建议》中首次指出：全党和全国人民要坚持运用"创新、协调、绿色、开放、共享"五大发展理念，有助于为我国国民经济发展的"十三五"，及未来相当长时间内推进社会经济可持续发展，进行战略性的谋划与布局。

中共中央总书记习近平强调："发展理念是推动社会经济进步的先导要求。只有发展理念对了，目标任务才会有序确定，各地方、各企业和个体群体的落实发展战略与政策的具体举措或行动方案也就可以顺理成章地予以拟定"。此处的五大发展理念是指导社会经济发展的纲要与战略，发展理念是国民经济发展的先导，进而才能进一步明确区域内社会经济、产业发展和企业社会责任行为及信息披露规范化的主要方向、核心思路、重点任务、关键举措；对企业社会责任事业发展而言，具有宏观指导性、战略谋划性、方向指引性。关于五大发展理念对于企业社会责任信息披露规制的战略意义的具体内容可概括如下：

（1）树立创新性战略发展理念能够产生根本性推动企业社会责任信息披露规制重大变革的积极效应。其主要理由是，从社会学发展的视角来看，创新性的理念、思维和决策不仅是引领社会经济进步发展的首要源动力，也是驱动企业社会责任事业包括其核心信息披露数量与质量同步发展的第一动力。在新常态下，企业社会责任信息披露规制建设面临的最大挑战就是避免企业社会责任信息公开化和信息质量含量低质化趋向与企业社会责任规范化及其信息透明化等事业高质量发展目标发生异化与偏误，要破解这一目标差距与难题，其根本性的出路依然在于在社会责任信息披露规制机制与路径方面实现变革性与创新性的变化。

企业社会责任信息规制的参与方可以尝试的创新性的应对措施包括：在企业社会责任信息披露规制的领导与组织方面进行变革和创新；在企业社会责任信息披露规制制度环境方面实现改革和创新；在企业社会责任信息披露规制的组织模式和实施工具方式方面实现创新；在企业社会责任信息披露规制信息系统与平台的建设方面实现创新；在企业社会责任信息披露规制的信息报告层次方面实现改革和创新；在企业社会责任信息披露规制绩效评价方面实现创新。

（2）确立协调性战略理念能有助于实现企业未来生存发展的经济需求与企业实现稳健性运行环境相兼容及相互扩容的效能。关于企业社会责任信息披露规制建设中的诸多影响要素之间的关系，可采取协调性的战略发展理念，引导政府、企业、市场监管机构、纪检监察机关、企业自身主动管理及内部监督、新闻媒体、自媒体和社会公众等主体，不仅需要从自身角度出发做好企业社会责任信息披露的有序规制工作，还需要从所在国家、地区和社会的整体利益出发，协调各自采取的规定、规矩和规范等系列规制行动与措施；协调的规制过程中可能存在矛盾、冲突和摩擦，解决规制过程中还会存在制度缺陷与障碍不足等棘手的问题。

具体而言，在协调性战略理念的指引下，政府主管机关需要协调不同产权性质的企业社会责任信息披露规制的主动性差异；需要协调不同经济发达程度的企业社会责任信息披露规制程度不平衡的差异；需要考虑各区域社会文明程度及国民素质与企业市场化、国际化、企业盈利水平不匹配的现实矛盾。即使是在未来"十四五"期间，仍然需要按照协调发展的战略理念与要求，继续推动区域协同、城乡一体、物质文明和精神文明协调、企业社会责任充分履行和政府高效治理目标的协作化发展。在外部环境、国家管治、社会需求、企业利益和民众福利等方面协调发展中进一步拓宽持续与健康发展的更广阔空间，在加强现有部分企业社会责任信息披露缺陷与失序等虚弱的空间领域中切实增强未来发展的耐力与后劲。

（3）恪守绿色性战略理念对形成所在区域合理化、持续化的企业社会责任信息披露制度安排，构建长远性、和谐型社会生态系统取得新进步等方面具有全局性统领与持续性谋划作用。过去四十多年，改革开放和经济建设，使得众多各类型国有企业、民营企业和外资企业等主体，在帮助国家和人民取得重大经济发展成就的同时，也造成了许多环境问题，比如严重的空气、水源、森林、矿产资源、耕地和土壤等生态系统受到污染、破坏、损害等，引起了人民群众对企业经济责任以及环境责任的担忧，引致了许多企业理应积极改善社会责任行为，并更公开地披露与更充分地展示企业的社会责任信息内容。

因此，在过去的"十三五"及未来的"十四五"期间，企业的利益相关者们如政府机关、企业监管方、企业高管层、企业员工和社会公众等社会主体，在实施新发展格局、优化产业布局和提高市场竞争能力的过程中，需要始终坚持绿色化的战略发展理念，坚持在企业战略布局和日常经营活动中能够节约自然资源、保护生态环境和倡导绿色化发展方式与理念，坚持在企业的日常经营中使用所需要充足财务资源与绿色低碳经济资源，积极创造能源节约型、环境友好型和文化和谐型的美丽社会环境及生存条件，通过积极主动地去履行应有的社会责任行为，并提供透明化的披露绿色低碳资源的节约使用、创造绿色盈利、绿色 GDP 和绿色税收等绿色经济贡献方面的信息披露，由点到面、由浅入深、逐步稳妥地推进绿色低碳循环经济发展新模式，为国家、为社会、为企业、为民众福祉，也为全球生态安全作出中国企业的贡献。另外，通过对于公开披露社会责任信息的行为及结果进行合法和公允的规制，来引导更多的中国企业参与绿色生态经济的正确发展轨道之中。

（4）开放性的战略理念具有积极推动企业社会责任信息披露规制系统的科学化与规范化建设的助推剂功能。伴随着对外开放的国策的深入落实，中国有大量的企业参与进出口贸易和国际市场的竞争，为国家引入了大量的资金、技术与外汇资源，目前为止，中国是全球最大金额的货物贸易国、最大规模的外汇储备国和名列前茅的服务贸易国，同时也形成了范围和容量双大的中国对外投资新局面。中国和世界经济已形成了互相参与、相互依存和相互作用的新格局。未来的"十四五"时期，中国企业必须在实施更加开放和更高层次的经济发展模式基础上，奉行开放的心态和战略发展理念，指引企业在广泛的国际市场和国际资本运作的舞台上，积极履行社会责任，争做负责任的企业公民，融入全球生态圈，构建广泛的利益供应链和生命共同体。开放性的战略发展理念可以指引中国的企业主动或自愿性提供开放性的企业社会责任信息披露，通过实施有序化的企业社会责任信息披露规制，实现企业社会责任行为与信息披露有机统一的新系统，推动中国企业面临的国际化、法制化和便捷化的营商环境建设，积极承担企业的公民责任、社区责任、国家责任以及国际责任和义务，积极参与保护生态环境的行动，充分参加和应对全球气候变化对自身持续发展带来的各种不利的影响与风险。

（5）共享性战略理念具备能够高质量指引企业社会责任信息披露规制体系的社会综合效应与社会福利最大化的辐射功能。经过多年来的国家政策和行业推广及发展，中国企业在创造企业价值、承担经济责任、提供就业保障和改善民生等方面履行了多元化的社会责任要求，同步发布了相关社会责任成效的相关信息。不过仍然存在不少企业不履行经济责任以外的其他社会责任目标的要求，与民众对企业行为的较高期望值相比，它们所能够提供的公共服务和社会责任方面的贡献还不够充分，尤其是不同经济发展程度区域内的企业社会责任信息披露质量存在差异化与非均衡化的特征，主管企业社会责任的行业监督机构与政府领导部门的社会管理和矛盾协调处理能力仍然较差。因此，未来的"十四五"期间，企业社会责任的利益相关者，理当坚持企业的经济发展最终是为了维护客户与消费者的权益得到保障；必须明确企业的市场竞争实力与壮大始终依靠社会公众的信任、支持和推动，最终的社会责任成果自然需要由普通民众来实现共同分享。具体表现：

一是企业未来的社会责任事业发展中应坚持共享性战略理念，通过更多履行社会责任和商业伦理行为及企业社会责任信息披露规制机制建设，建立健全科学、负责任的薪酬激励决定与报告机制、收入增长机制、市场经营的后勤保障机制等方式，实现企业创造的经济价值与社会利益共同分担的目标，逐渐地缩小承担社会责任的高管层收入与普通员工之间薪酬的明显差距，坚持企业员工收入增长和经济增长同步、劳动报酬提高和劳动生产率提高同步。二是确立共享性社会责任战略发展理念，有利于促使建立透明化的企业社会责任信息披露网络，让中国企业的消费者、投资者、政府机构、社会公众和新闻媒体都能享有对企业社会责任公开披露的信息进行实时获取与有效使用，支持、促进和最终实现多方之间利益相关者利益合理分配与企业持续发展的良性互动和循环的局面。三是共享性社会责任战略发展理念，能够通过企业社会责任信息披露的高质量规制管理，督促中国企业在先进和良好的企业社会责任信息披露制度下，充分、合法和有序地向社会公众提供社会责任信息，提供规范化的企业社会责任信息披露的数量与质量，向社会公众、企业的利益关联方和国家监管机构体现、展示和表明企业的商业伦理文化与做企业公民的战略意图，树立拥有创造、共有、分享、修正和进步的动态调整发展模式，在国家推动高质量发展前提下，企业社会责任核心领导主体应积极引导、驱动、重设和实践企业坚守社会道德与伦理的底线、突出社会责任信息管理的重点、完善企业行为的社会责任管理制度、引导公众对企业社会公民规范行为的合理期望与理性预期，注重建设企业之间的生存和发展机会协调与平衡机制，保障企业的基本权利、核心利益与社会福利。

7.1.2　融入五大发展理念的企业社会责任信息披露规制发展方向

（1）新时代五大发展理念对企业社会责任信息披露规制方向的意义。

新时代是指完全不同于以前的发展环境和政治、经济、文化和法制化的社会环境，即中国社会各阶层正面临新型政治环境以及党政一体化的行政管理制度、全面依法治国的法律制度、市场化程度较高的经济运营制度、继承优秀文化传统又融合现代管理制度的新文化条件，充满更多不确定性和更为复杂的国际环境等新的历史时期。此外，如前所述，所谓新的发展理念中是指包含创新、协调、绿色、开放和共享等五个方面的具体发展理念，这五大发展理念不仅涉及社会生产生活的方方面面，而且更重要的是：五大发展理念是这一时代的发展主基调。五大发展理念对于企业社会责任信息的披露有序管理与控制无疑是具有极为重要的指导意义和作用。下面笔者就对每一种理念的指导意义进行必要的解释与说明。

其一，创新发展思路与理念对企业社会责任及信息报告机制具有重大的总体导向功能。创新理念要求要把创新放在国家发展的核心位置，更多发挥先发优势的引领型发展。根据自身的经济发育实际情况，企业社会责任信息披露需要同时强调强制性和自发性，二者缺一不可。强制性需要进行制度创新，建立健全社会责任信息披露法规体系，创新获取社会制度意见的手段，提升披露规则政策执行手段，同时形成硬性规则和柔性规则；自发性则需要进行企业文化创新，形成企业长远战略规划的文化，同时提倡社会形成对企业信息披露关注的文化。

其二，协调发展思路与理念对可融合诸多利益相关者利益的企业社会责任信息披露规制体系的构建具有广泛的连接与沟通价值。协调理念要求发展必须紧贴中国特色社会主义事业总体布局，同时注重硬实力和软实力的提升。企业社会责任信息披露的必要性源于企业规模的扩张，扩张使其对于社会的影响呈上升趋势，可以通过信息披露来协调企业利益要求和社会公众需求之间存在的矛盾和推动物质文明和精神文明协调发展，增强企业的社会意识，以此促进企业经济效益与社会效益的协调。

其三，绿色发展思路与理念对企业社会责任信息含量的丰富化和披露机制的科学化等方面具有长期性的前瞻、指引与衡量的价值。绿色理念要求发展中必须坚持节约资源和保护环境的基本国策，加快建设资源节约型、环境友好型社会。企业对于社会责任信息披露的最终目的是约束企业行为，避免或减少企业的短视行为，最终实现可持续发展。认识到企业社会责任信息披露的实际意义，有助于更好地进行披露规则的战略方向规划。

其四，开放发展思路与理念对企业社会责任信息披露的绩效提供具有实时性和客观性的社会评价价值。开放理念要求在发展中不断提高开放层次，借鉴国外企业社会责任披露规则的先进之处，建立与完善主管企业的国际化、广泛化和便利性的营商条件，促进借助对市场的监管市场环境的优化，企业与债权人、管理者、社会公众等群体之间朝着相互维护利益、相互配合和相互合作及共赢的方向发展。

其五，共享发展思路与理念对充分发挥企业社会责任信息积极信号传递功能呼唤更广泛的社会响应与群体鞭策的价值。共享理念要求企业经营成果透明化，履行对于社会的责任，建立信息共享平台，使企业的社会责任披露信息能够借助有序规范，能够实现共生、共享和共同拥有的行动目标，确立企业与社会公众之间"人人为我、我为人人"的普世化的利益共享观，实现企业社会责任信息的共享和共赢的目标，推动社会责任信息与周边经济发展相互促进的良性互动局面。

（2）结合创新理念与趋势促进企业社会责任管控机制整体优化与进步。

企业社会责任的相关监管方，首先要明确企业的社会责任信息披露的规制目标，通过企业社会责任信息披露规范化与公允化，尽量通过多种形式来提高企业社会责任信息的透明程度，最终逐步实现这些企业的可持续发展目标。其次在确立五大发展理念的基础上，针对企业社会责任进行规制的国家主管机关应当制定新时代背景下中国企业社会责任信息披露规制的中长期发展思路与计划。包括如下七个方面：

①结合新的时代环境与发展形势，尽早组建国家级别的上市公司社会责任信息披露规制体系协同管理机构，即成员应包括全国人大、国资委、自然资源部和生态环境部、财政部、证监会、审计署、税务总局、民政部等国家机关和职能部门，进而应当在党中央和国务院的统一领导下，在行业主管机关的直接规划下，构建起更高层次的企业社会责任信息披露规制的管理框架和运营体系。

②作为企业社会责任的重要构成内容，发布企业社会责任及反腐信息不仅可以倡导正确的商业伦理与职业道德风尚，而且还能够在企业经营管理中充分降低企业的经营成本，不仅可以提高企业社会公民行为和高水平的运营效率，积极提升公司治理水平，还可以从外部改善企业社会形象。比如，国家最高权力机构的主要角色——全国人大代表可以通过审查和批准国民经济和社会发展

计划以及计划执行情况的报告，从国家层面为改善企业社会责任信息披露的透明度提供可行性。

③国务院系统机构改革创新了社会责任信息披露的行政管治方式。比如，新组建自然资源部和生态环境保护部。其动机主要包括：首先，国家要求污染的重要源头——所有的企业经营单位管理者和经营者们能够更加重视习近平总书记的重要指示和嘱托："绿水青山就是金山银山"，即如今社会的热门话题"两山论"的说法。在日常的经营与未来的战略发展中，每一家企业都需坚持绿色发展理念，积极践行企业应尽到的自然环境保护的社会义务和责任。其次，自然资源部的职责是全面关注中国国土管辖范围内的山、水、林、田、湖、草等之类的自然物产资源，而生态环境部重点关注全国范围内的大气污染与治理、水污染与防治等对象。从生态系统的一体化运行协作行为链条的角度来看，自然资源部主管生态系统的入口和前端，生态环境部管生态系统的出口和末端。而企业则是生态系统的主要参与者，在其获取经济利益的同时，从自然界索取经济利益和其他利益的系列行为，同时必定也会对周边环境产生破坏并可能带来负面影响。所以，企业社会责任信息披露中关于环保的方面，也成为企业能够实现可持续发展的重要一点。

④新创新理念要求国资委应履行对国有资源、资产和资金的主动监管责任。首先，国资委应当是依照《公司法》等法律法规充分履行国有资产出资人的基本职责，监管金融类企业之外的其他中央企业国有资产经营活动。其次，承担监督国有企业的资产保值增值的责任。比如，积极研究、建立和完善国有资产保值增值指标评价体系，制定关于资产和预算管理要求，通过统计、稽核对所监管企业国有资产的保值增值情况进行监管，负责所监管企业收入及工资分配管理等。再次，应通过法定任免程序，对所负责监管的企业负责人进行考核后按规定任免。比如，规定企业应当建立符合社会主义市场经济体制，建立现代企业制度科学合理的选人、用人机制，完善所有者、管理者和经营者的激励和约束制度。

⑤政府创新管理理念要求国家民政部负责牵头拟订社会救助规划、政策和标准制度。现代企业公共管理的要求是及时建立与健全城乡社会救助体系，负责城乡居民最低生活保障、医疗救助、临时救助、生活无着人员救助工作。负

责监督全国范围内的各类企业是否尽到社会责任义务和责任，是否能够主动落实国家的倡导和宏观发展政策，能否充分履行为社会创造价值、提供就业和维护社会公平等目标，如对慈善活动的支持、自然灾害中的捐款捐物的行为力度；是否能够提供充分透明化的企业社会责任信息披露等内容。民政部还负责依照根据民政部的相关规划以及相应企业的对口管理体系，严格管理各类企业设定的慈善基金会和社会公益组织，准确监督其信息透明度。

⑥财政部拟订财税发展战略、规划、政策和改革方案并组织实施，分析预测宏观经济形势，提出运用适度的财税政策，实施国家宏观调控、财政税收综合平衡和政府债务有效递减的政策建议，拟订中央与地方、国家与企业之间的财政收支分配政策，完善鼓励公益事业发展。企业应该积极响应财政部的号召，增加企业社会责任信息披露的透明度，提供规范的社会责任信息披露让国家财政管理机构了解和信任企业经营行为的经济性、效率性以及社会化行为的合理性，便于国家财政部门能够准确选择应当扶持的经济主体，从而有助于促进国家一体化的财税管理制度建设，并得以规范与有序地向更高水平的方向健康发展。

⑦审计署主管全国审计企业组织社会信息披露状况、形势规划、程序实施和报告期总结等工作。全面负责对国家财政收支和法律法规规定属于审计监督范围的财务收支的真实、合法和效益进行审计监督，维护国家资产和财政经济的秩序，审核政府财政补贴企业的合理性，判断这些企业资金使用方面的经济效益的合理性，保障国民经济和社会发展形势健康且有序。对设计企业社会责任信息的全面审计、专项审计调查和核查社会审计机构相关审计报告的结果等方面的审计质量与绩效来承担责任，并负有督促被审计单位整改的责任。因此，企业应该做的是保证所披露的信息真实可靠，并且通过自律、自查、自评和自审来抑制贪污与舞弊等不法行为，而要实现这些目标，借助与通过企业社会责任信息披露规制的透明化、程序化和公允化。还可以通过主动接受审计机关的审计监督与评价来逐步落实企业社会信息规制目标所能够带来的高效率和多效益。

（3）秉持开放理念驱使企业社会责任信息披露规制方式的变化与进步。

强制性披露与自愿性披露是目前企业社会责任信息披露的两种披露行动的

不同方式，一般来说，中国企业进行企业社会责任信息披露的动机主要诱因：①源于监管者的强制性要求。②源于企业利己因素的考虑。从利益相关者的角度看，迫使企业承担社会责任的压力来源从强到弱分为两类，对企业需要企业社会责任信息需要加工的信息施加压力最大的是监管者、社会公众、竞争者；承受次级工作压力的是消费者、员工、股东。正是因为企业社会责任信息披露的行动结果，责任更多的是企业被动选择的结果，但随着企业社会责任理念的发展以及市场因素、社会因素的综合作用，企业开始履行社会责任信息披露企业管理层在采取主动取代被动的行为。

（4）融入协调理念能促进多元化企业社会责任信息披露规制模式构建。

①企业自我监控提高企业社会责任信息披露透明度，共有三个途径。

第一个途径，企业社会责任信息披露的内部利益驱动。提升品牌效应。企业积极承担社会责任，进行企业社会责任信息披露的企业，其目的是为了让利益相关者们的利益首先得到有效满足。承担相应价值观和社会责任感，提升企业社会形象，给产品品牌增加与同类企业识别度，获取更多消费者的认同感，打造广泛的市场口碑，在社会上建立起良好企业声誉，进而吸引潜在消费者，赢得已有消费者，留住现有消费者，最终达到扩大市场份额，提升营业收入的目的。利己经济动机意味着企业作为理性的"经济人"，会对社会责任报告的成本收益进行权衡。当进行社会责任报告的成本低于预期带来的经济利益时，企业会主动发布企业社会责任报告。

第二个途径，增强企业自身的竞争能力。企业的竞争能力主要来自企业核心价值观、高级专门人才的差异化。其中包括培养高素质的人才、评价合理的人才管理和制定分层性的人才制度。企业管理层应当致力于长期培养优质人才，助力企业取得强大的核心竞争力，关爱员工、善待员工、营造良好的企业氛围，也是企业社会责任的重要内容。企业发布的企业社会责任报告通常将对员工薪酬、福利、个人健康的关注作为重点信息进行披露，不仅有利于增强企业内部的凝聚力和员工的归属感，更有助于企业吸引更多优质的人才，企业通过中国企业社会责任信息披露工作的开展，可以吸引更多有道德、有觉悟、有专业技术的高层次人才，进而增强企业自身的竞争力。

第三个途径，提高公司价值，降低融资成本。企业社会责任报告的发布可以让投资者了解更多关于公司的非财务信息，突出的企业社会责任业绩能够增强投资者对企业的信心，体现出企业的可持续发展能力，有助于提升企业的市场价值，一定程度上可以推高上市公司的股价。

②依靠行业竞争监管提高企业社会责任信息披露公允性，企业社会责任信息披露的外部压力驱动来自竞争者的压力。同一行业中的企业总存在竞争关系，越来越多的企业发布企业社会责任报告是塑造自身品牌，提高社会影响力和品牌知名度的一种方式，同时也给竞争者造成压力。在同等情况下，那些主动或自愿进行企业社会责任信息披露的企业往往比未进行披露的企业更具有竞争优势。

③借助社会评价监督驱动社会责任信息披露目标绿色化。社会中各类新闻媒体、社会公众形成的社会压力是企业进行企业社会责任信息披露的重要驱动力。企业在生产经营过程中的行为直接影响到了社会大众各种利益的取得，在当前社会环境下，假若一个企业不重视其各种社会责任的履行，如出现企业生产污染环境、提供伪劣产品、淡漠公益事业等情况，经过媒体曝光或公众通过其他方式获得信息后，会对企业的声誉、市场份额造成重大影响。

④政府加强行政监察，促进企业社会责任信息披露监管力度。由政府机构或有关组织制定的有关企业社会责任信息披露的法规或规定一直是企业进行信息披露的主要推动力。在企业社会责任法制较为完善的国家，政府扮演着引导企业进行企业社会责任信息披露的角色。此外，一般来说，能够获取当地政府财政补贴、税收优惠或减免的企业，通常是对当地经济发展作出较大贡献的企业。因此，在企业社会责任报告中，企业有足够的利益动机，去驱使企业管理层更关注解决当地就业、保护环境、社区关系等方面企业社会责任的履行情况。

（5）保持开放理念，促使社会责任信息披露规制体系的建设进程。

①管理层报告企业社会责任信息与治理层审核。现有的企业社会责任报告，不仅是企业承担社会责任的反映，也是与利益相关者沟通的重要途径。企业社会责任报告由于其具有的非财务信息的特点，通常是用文字和数据的方式，为管理层获取更好的市场形象和社会的积极响应，为所谓的印象管理提供

了充分的技术支持。另外，我国企业社会责任信息披露行为，比较缺乏健全的法律法规进行规范，企业管理层可以根据自身利益以及公司利益的需要，可能会通过选择报告或不报告某些不利于企业声誉的事项，尽量夸大或美化企业正面的形象，因此，需要采用更加开放的理念，用更先进的法制建设经验，加强对企业社会责任信息披露规制程序发展进程。

②企业社会责任信息披露专业规制。目前，在企业社会责任信息披露管理的实务中，多采用自愿的方式来进行企业社会责任审计报告鉴证。在国家层面上强制要求企业对企业社会责任报告进行审计鉴证的只有法国、瑞典和丹麦这三个欧洲国家。首先，法国政府的法规规定，企业年报中应当包括企业社会责任信息并要对其中的环境信息进行第三方鉴证。其次是瑞典，规定所有国有企业都应要求并公布企业社会责任社会报告的鉴证及披露。第三是丹麦，规定超过1100家国有控股公众公司应当将可持续发展信息纳入年报或者出具独立报告，且必须经过第三方鉴证。显然，无论是自愿披露还是强制披露模式的国家，还并没有形成统一的企业社会责任审计报告鉴证标准，这极大地增加了企业社会责任审计报告鉴证业务开展的难度。中国目前对于企业社会责任审计报告鉴证采用自愿披露模式，同时也没有专门的、统一的企业社会责任审计报告鉴证标准，但在审计报告鉴证中，除借鉴国际上通用的企业社会责任审计报告鉴证标准经验外，还应了解《中国纺织服装企业社会责任报告验证准则》《中国企业社会责任报告编写指南》等呈现中国企业特色管理的审计报告鉴证条款。

③企业社会责任信息披露社会规制。媒体监督机构应提高职业道德，选取有益于企业履行社会责任的事件进行报道，同时，政府机构应制定相关的法律措施对媒体机构进行保护，让媒体机构敢于报道企业负面信息，从而迫使企业在舆论压力的环境下更好地履行企业社会责任。企业需要通过社会责任信息披露并借助媒体宣传满足社会公众对于企业社会责任的期望和关注，社会责任信息披露和企业可视化水平呈现其对社会负责和透明的形象，在稳固企业合法性地位的同时，为企业建立长期竞争优势和获取经济效益提供战略手段。

（6）探索企业社会责任信息披露规制的新方式——提交企业社会责任鉴证报告。

截至目前，基于社会环境和经济发达状况的复杂性，在世界范围内，企业社会责任报告的规制方式，比如各个企业经营主体的社会责任报告的鉴证标准远未能实现统一，研究较为表面化。比如，国内有关企业社会责任报告鉴证标准的研究总体数量比较少，且从实证和定量化的角度来衡量、分析企业社会责任报告鉴证标准的相关性和效果的研究就更少。已有的研究文献中，相对更多数量的学者，往往都是对国际范围内的跨国企业的企业社会责任报告鉴证标准的比较研究，并且没有考虑到中国国情、省情和市情，研究较为表面化。未来的中国企业社会责任信息披露规制的创新措施之一就是应结合我国社会主义初级阶段较为复杂的基本国情与企业外部市场竞争环境，对中国企业社会责任信息披露进行可行的审计规制措施，比如，构建符合中国发展模式的社会责任信息披露报告的网络化系统与全覆盖的审计平台，并尝试在经济发达的地区和城市进行企业社会责任信息披露的专业规制形式，即通过引入第三鉴证机构对企业社会责任信息规制进行强力监督与约束，并发布纸质版或电子版的社会责任信息披露情况的鉴证报告书或鉴证意见与结论形成的说明书。

此外，关于企业社会责任披露模式的创新可以基于企业社会责任披露或报告的形式与企业的年报形式实质上确实存在明显的差异的现实情况。例如，企业社会责任信息披露报告可以采用类似于财务报告中资产负报表编报的格式——尝试采用账户模式社会责任信息，即企业社会责任报告的格式是账户式，该账户的左右两侧分别披露：左边是社会责任信息资产，反映企业因为履行社会责任所能够获取的预期回报与收益。右边是社会责任支出信息和社会责任权益。企业的社会责任支出信息，主要又包括企业定性化的社会责任行为表现的信息与定量的社会责任经济支出的信息；当然，还可以在企业社会责任披露报告中将企业对社会的贡献、劳动安全、对社会的可持续发展的影响以及提供就业的情况都考虑到其量化的社会责任的支出信息等项目之中，可进一步采取措施引入信息披露质量的评价与鉴证报告，来进一步强化企业社会责任信息披露的规制效果。

7.2　构建新时代中国企业社会责任信息披露规制模式的框架

7.2.1　基于可持续发展目标的企业社会责任信息披露规制趋向

自中国共产党第十九次全国代表大会以来，以习近平同志为核心的党中央向全党全国人民发出号召，各地政府、各职能部门和市场经济主体——每一家企业都应当明确坚持和发展中国特色社会主义，国家发展的总任务是实现社会主义现代化和中华民族伟大复兴"中国梦"的奋斗目标：在全面建成小康社会的基础上，争取在 21 世纪中叶，建成富强、民主、文明与和谐美丽的社会主义现代化强国。在此大背景下，国有独资企业、国有控股企业、上市公司、民营企业和中外合资企业等经营主体的管理层均应当坚持以实现自身的可持续发展为预期战略目标与主要道路选择。进一步明确并致力于发挥自身的优势和力量，逐步解决新时代企业利益相关者日益增长的对合法权益的需求和社会公平、产业优化、经济增长、公众利益、收入分配等方面的不平衡不充分发展之间的差距与矛盾，企业的发展与壮大过程之中，必须坚持以服务社会公众、捍卫公民利益为中心理念与发展方向，不断促进企业经营业绩、职业伦理和社会责任的协调统一，实现企业贡献与社会责任、个人义务与公民责任、政府的权力与治理责任之间保持全面性的协调发展与综合平衡。

因此，企业应当在新时代、新情况、新背景和新环境下，为降低企业的社会责任风险和成本，充分确保企业的长期运行和持续发展，确实非常有必要遵从与响应党和政府的号召及指引。企业的可持续发展目标指引下，企业社会责任信息披露包含的内容包括：企业社会责任的多维度发展、长远性发展、公平性发展和绿色生态协调的发展等内容，分别对应着企业社会责任作用范围规制、响应时效规制、权限共享规制等发展维度，涉及企业社会责任投资管理、资本金融市场参与方、享有社会经济便利的经济主体的利益。而从企业社会责任对企业社会责任信息披露的角度而言，做到对投资者应承担利益维护责任方面信息的透明化、对企业承担社会责任行为信息的公开化和对社会责任信息披露方式的程序化，追求和顺应有利于促进每一家企业经营行为、社会责任和国家发展社会经济实力之间实现同步可持续性的发展战略、行为规划和企业社会责任报告的审计鉴证目标要求。综上所述，有关企业社会责任信息披露规制的主要战略方向示意图可参如图 7 - 1 所示。进而对企业社会责任信息披露规制可选择战略趋势与方向的具体内涵解析，则可如表 7 - 1 所示。

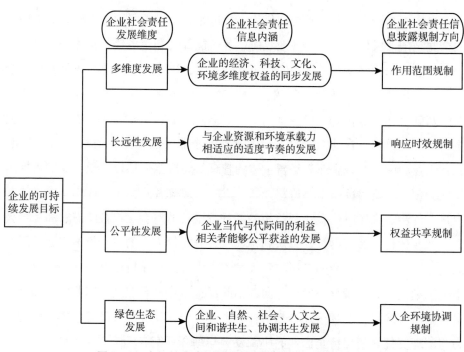

图 7 - 1　企业社会责任信息披露规制的主要战略趋向

表 7 - 1　基于可持续发展目标的企业社会责任信息披露规制战略趋向选择

战略趋向	相关选择的必要性说明
以股东为中心的企业社会责任信息披露规制的战略方向	该战略将股东视作为企业实现其股东价值最大化目标战略的组成要素。此种策略的观点：在市场这只"看不见的手"的指挥下，企业所肩负的唯一社会责任就是诚实地参与开放和自由的竞争，创造就业机会，提供消费者所需的商品或服务，遵照法律的基本要求经营盈利并纳税，这不但解决了企业自身的生存问题，同时也为全社会的价值、富足、强大与持续繁荣作出了重大的贡献

战略趋向	相关选择的必要性说明
利他主义的企业社会责任信息披露规制战略方向	企业虽被视为法人，有做好事或坏事的行为能力，但最终决定企业对企业社会责任态度的还是企业的实际经营者。因此，从这个视角上可以说，选择利他企业社会责任实施策略的前提是，企业经理人的个人价值观认同企业与所在社区之间存在着互为依附的关系。在此基础上，他们还需认同，作为社区成员，企业有责任以某种慈善形式回报社区，公开透明地为企业的周边社区及居民生活环境改善作出积极贡献
互惠的企业社会责任信息披露规制战略方向	采取互惠的企业社会责任实施战略趋向是一种务实普惠性的社会责任信息披露规制重要路径与方向。具有鲜明的理性色彩，旨在通过披露更多合规与公允的企业社会责任信息，有效地缓和企业经济目标与整个社会对企业在社会道德及环境等方面期待值之间的冲突。因此，互惠的企业社会责任实施战略与策略选择其实具有双重目标：为企业带来经济收益并造福社会
全球企业公民的企业社会责任信息披露规制战略方向	一方面，该战略趋向认识到各利益相关方在企业中所拥有的权益以及对企业的期望都不尽相同；同时，认可企业对内外部利益相关者所承担的责任。此种策略的特征之一是，企业要在不同利益方之间的诉求相互排斥，似乎很难权衡的情况下，尽可能找到各方都能接受的平衡点。另一个方面，企业需要积极与利益相关方进行对话，并将对话中发现的问题融合到日常经营决策中，最终将自身的经济目标与社会目标融合起来，向世界市场范围内的企业客户——社会公众提供全面性的企业社会责任信息

资料来源：笔者根据任荣民等著：《企业社会责任研究》（北京大学出版社 2009 年版）相关资料整理而成。

7.2.2　基于五大发展理念的企业社会责任信息披露规制模式框架

从概念的性质和作用视角来看，创新、协调、绿色、开放、共享五大发展理念与模式，实质上已构成了一个完整的互动体系，该体系的核心思想因其科学性、可行性与逻辑性，无疑已经成为事关我国各类社会经济主体促发展、促进步、促效率、促稳定和促转型等具体目标逐步实现的重大战略性方针。在整个"十三五"期间，五大发展理念已经深深根植于我国各级政府、各大国有企业、各个市场竞争主体之间的具体战略选择与重大政经部署之中，即五大发展理念已经从经济进展、政治秩序、文化建设、社会稳健、生态环境和党建加强等多个方面广泛而且深刻地影响着我国"十三五"期间的国家和各地区经济发展格局和作用于变化中的新国际国内社会经济、贸易环境。

由于五大发展理念中，协调发展理念是企业社会责任信息披露规制模式与体系中各要素之间的润滑剂，因为企业社会责任管理涉及多个部门和组织的领导与管控，既需要多个组织之间的协同、沟通与相互支持，也需要企业自身的经济责任与其他社会责任的协调。创新发展是第一理念、核心理念和关键理念，是其他发展理念的主要体现方式和重要内容。中国企业社会责任信息披露规制未来模式与框架，务必要坚持以创新、变革和进步等思想，视同为企业社会责任信息披露主动管理行为，是全面性影响社会责任信息披露规制效率发展的核心驱动因素。

基于稳健发展与全面推动企业社会责任事业的健康发展，中央及其地方各级政府应当通过企业社会责任信息披露规制法律、实践、核算、监督、评价和报告等主客观规制措施和策略，来实质性地促进国家、地区、企业、社区和个人之间可尝试持续性地进行发展方式、组织形式、实践范式和报告模式等方面的重大变革，最终的战略发展趋势与方向，是积极实现企业、行业、政府与社会等各大经济主体确立的未来"十四五"期间的党中央、政府、企业、行业、社会和民众之间享有的共同性社会责任利益与效应的最大化目标。关于中国未来的新时代发展历程期间，社会责任的关联"企业、行业、社会和政府四位一体"企业社会责任信息披露规制模式如图7-2所示。

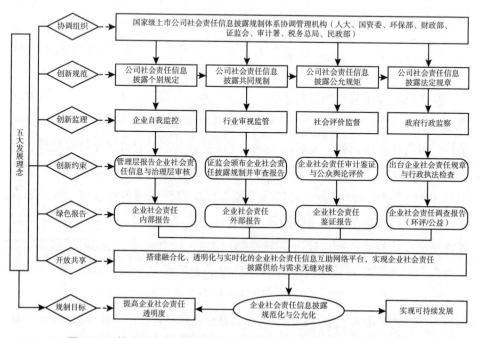

图7-2 基于五大发展理念企业社会责任信息披露规制的应用框架

图 7-2 中企业的社会责任信息披露规制相关理论应用框架，可以用文字释义的方式将其中的各大理念及其相互关系的概念与作用进行描述，具体内容可以概述如下：

在上述五大发展理念指引下的企业社会责任信息披露行为的规制程序、工作要求、关联影响与相互作用的整个流程中，核心内容是致力于构建用来优化、组织和落实企业社会责任信息管理系统各要素之间互相协作的可行方式。因此，五大发展理念中的协调发展理念才是对于领导和促进国家级政府相关机构及其他部门针对企业社会责任信息披露规制机制建设发挥宏观指引等基础性理念。创新发展理念是促使中国企业社会责任信息披露规制战略目标得以顺利实现的核心理念。绿色发展理念是为了中国企业社会责任行为及其信息披露制度逐步完善的方向性理念。开放发展理念是推动中国企业社会责任信息披露规制完善进程中能够充分汲取企业社会责任国际管理惯例与先进经验，使得中国企业在社会责任探索方面能够取长补短、落实"洋为中用，古为今用"，是一种具有广泛包容性的实用理念。而共享发展理念则体现的是中国优秀传统文化中"和而不同""互助共赢""构建人类命运共同体"等哲学思想的精髓。

第一，协调发展理念对于促进企业社会责任信息披露规制目标实现具有组织指挥作用。在协调理念的正确指引下，企业社会责任信息披露监管主体方需要重视企业社会责任信息披露的全面组织、上下沟通和相互协助，各职能部门需要明确设定和划分各自的社会责任信息披露的监管权限与职责，坚决防止相互推诿、形式重于实质等缺陷导致的企业社会责任信息披露管理、控制和约束等方面出现漏洞。协调立法机构与行政执行机构，保证法律执行有相应的惩处力度，国资委、环保部、财政部、证监会、审计署、税务总局和民政部行使其监督职能的时候做到信息互联，执行标准一致，从而依次规范企业社会责任信息披露的企业个别规定、行业共同规则、社会公允规矩和政府法定规章。

第二，创新发展理念对于推动企业社会责任信息披露规制缺陷得以弥补与完善方面具有根本性的显著性更新作用。即说明企业的创新理念对企业社会责任信息披露的规制起到了不可替代和极其重要的功效，因为协调组织的组织结构与组织形式，仅仅能够部分做到针对所管控企业社会责任信息披露高效与透明机制的执行上的流畅性，只有做到战略思路与实践模式方面的重大变革；只有进行深度化的变更与重构企业社会责任信息披露规范方面的多层面制度设计；只有彻底营造新的监理模式，才能在目前企业现状中产生全新的社会责任信息披露管理的约束网络。具体而言，在对企业社会责任信息披露行为规范的创新措施中，可借鉴世界上企业社会责任信息管理实践比较领先的国家管理方的做法：采取参与式管理，利用明确的激励与奖惩措施调动企业社会责任信息披露的自我评价、自我监控和自我报告等方面的行为；可通过企业的企业社会责任信息披露统计制度，全面汇集和归纳企业社会责任信息约束的个别规则与原则；可以积极研究与制定行业性的企业社会责任信息披露标准；搭建社会评价监督体系与公众舆论评价议论体系；在规范制定后长期接受社会反馈，促进社会企业社会责任鉴证报告的发展，引入第三方独立中介机构评价披露规则的公允性。

第三，共享发展理念对于推动企业社会责任信息披露规制取得实效具有根本性的实质性推广作用。企业社会责任信息的管理者必须明确，在必要的时空范围内应当积极制定社会责任信息披露方面的法定规章，明确各社会主体应享有的社会权利与应尽到的社会责任义务，并且给予政府部门在执行法律制度、行政制度和企业管理制度等方面监督与保障强制措施落实的权力。

第四，开放发展理念对于促进企业社会责任信息披露规制的包容性与创新性方面具有动态化调整的功能。因为中国企业的社会责任信息披露与世界其他国家的企业社会责任信息管理相比较而言，某些方面还呈现出明显的落后局面，亟须进行引进、吸收、融合和创新，只有秉持开放的理念、态度与思想，才能实质改变企业社会责任信息披露的缺陷与不足。

第五，绿色发展理念对于促进企业社会责任信息披露规制的长期性与持续性方面具有重大的指引作用。在世界企业社会责任事业面临更复杂的环境下，在以习近平新时代中国特色社会主义思想为指导思想的新时代，在中国企业社会责任信息披露规制目标的实现过程中，高质量发展的战略导向正在引领中国企业社会责任信息披露规制机制建设方面，必须坚持社会责任信息的绿色化报告的理念，切实保证社会责任报告包含的信息内容应当能够立足于长远发展的趋势，比如说，无论是否有法律的强制措施，中国的企业都要积极引入环境评价机制，在企业社会责任信息披露规则进程中能够贯彻落实"既要金山银山，又要碧水蓝天"的"美丽中国"等生态发展目标。此外，为了贯彻社会责任信息能够创造价值财富、社会责任信息能够实现价值容量和社会责任信息能够维护价值安全等关键性和长期性的战略目的；此外，各类型的、不同产权属性的企业个体、社会利益相关者和政府各个职能监督组织机构间借助互联网平台，实现企业社会责任信息披露的供给与需求之间保持相对稳定和平衡，以便最终能够逐步实现中国企业社会责任信息披露与报告的透明度和可靠度，并稳步实现中国社会的可持续发展的重大战略目标。

7.3　推动中国企业社会责任信息披露规制高质量发展的路径

7.3.1　完善中国企业社会责任信息披露规制的法律环境

依据《中国大百科全书》的解释，企业的法律环境是指由国家所制定和颁行的、用以规范企业与其外部社会经济主体发生特定经济关系的具体行为时，企业所有者与经营者所应遵守的相关法律、法规和规章等法律规则与制度的总称，亦可称之为法律制度环境。如，经过国家立法和行政机构发布的公司法、证券交易法、商业银行法、经济合同法、税法、企业会计准则、企业财务通则、企业内部控制基本规范及行政事业内部控制规范等均属于常规性的法律制度环境。我们知道社会主义市场经济实质上就是法制化的经济，所有企业的市场经营活动全部都是在一定法律范畴内进行与运作的。相关法律制度与规则既是用来约束或制裁企业的非法犯罪、违规违纪、逾制践律等经济行为，同时也是为了给从事各种合法经济活动的企业提供强大的制度保护和安全保障。

从法律学和社会学的视域而言，一定社会范畴内的法治、法律和法制等领域发展环境良好与否，是倡导、约束和规范该社会或某个国家范围内相关或特定社会经济行为的最关键影响要素，也是形成社会主义规制文化、常规规范与运行秩序的必要氛围及先决条件。因此，中国特色企业社会责任信息披露制度的变革进程中必然缺少不了体系健全、目的积极、具有正向引导功能的企业社会责任信息披露法律制度环境的积极建设。从过去中国国有企业的改革与发展的实践来看，培育与建设中国企业社会责任信息披露规制的法律环境，毫无疑问已经是改革开放四十多年以来，中国各类公司制企业单位的社会责任事业实现法制化和规范化发展目标，取得多个方面明显进步与卓越成绩的重要前提与保障。

由中外企业社会责任法律建设与发展的实践情况可知，企业的社会责任信息形成与披露等管理制度的法律环境，不仅包括：公司法、经济合同法、税法、会计法、审计法、商业银行法、环境保护法、国家慈善法、捐赠法、反食品浪费法等法律制度；也包括：企业内部控制、非金融企业会计准则和金融企业会计准则、审计准则、上市公司信息披露制度、劳动法和国有企业年度报告制度等行政法规或部门规章；还包括：企业会计制度应用指南、审计具体准则与应用指南、企业信息披露制度等规章制度。但是，事关企业社会责任方面的信息管理与控制制度还是比较缺乏，应继续补充与完善。笔者认为：进一步完善中国企业社会责任信息披露规制的法律环境，国家立法部门及社会责任理论研究机构和学者们就迫切需要积极研究与制定一系列事关企业社会责任信息披露管理方面的法律制度。比如，《中国企业社会责任信息披露管理条例》《中国上市企业社会责任信息披露实施细则》《中国企业社会责任信息的年度报告规定》《中国企业社会责任信息披露的核查制度》《中国企业社会责任信息披露的评价制度》《中国企业社会责任信息披露的鉴证规定》等相关法律、法规和规章制度。通过制定上述企业社会责任信息披露法律制度，以便进一步完善国家对于企业经营管理与社会响应或社会表现的约束，从而有节奏、有规程地指引各级政府立法和行政机关的制约、调整、控制与规范中国企业社会责任信息披露治理、效率与信息应用的行为，充分发挥企业社会责任信息的法制遵从理念、责任落实环境、社会综合效应、市场趋向信号、信用引致行为、责任价值增值、职业道德规约、经济效率与效果同步改善等方面的积极功能，从而有目的、有步骤和有秩序地推动产权各异的中国各类型企业（如国有、民营、集体、外资和中外合资与合营企业）的社会责任投资与社会责任管理行为，以及进一步放大社会责任信息的潜在经济、社会和文化等方面的积极效果。

7.3.2　构建中国企业社会责任信息披露规制的标准体系

企业社会责任信息披露规制的标准体系是企业社会责任信息规制主体制定的各类规制标准或规则的组合。目的是确保企业能够履行相应社会责任信息披露的规定与要求，促进企业社会责任信息披露行为实现合法与合规、公允与透明和动态与持续的良性发展目的的一系列相关法定制度安排，是便于社会责任信息披露规制执行监督方面的组织建设。因此，构建企业社会责任信息披露的规制机制与系统的主要内容和核心要件之一就是建立企业社会责任信息披露规制的标准体系，该标准体系是可以用来精准衡量与客观判断中国企业社会责任信息公开行为的合法、合规与合制与否，量化与评价企业社会责任信息披露质量、效率与绩效的主要尺度，对引导企业社会责任行为理想化和带来积极正能量的社会经济后果，均具有明确而且具体的指标意义。

参照财政部和中国证监会等监管机构颁行的企业会计信息披露管理的规定与年度报告财务信息的披露标准，笔者认为，有关中国企业社会责任信息披露规制的标准体系主要包括：对企业社会责任行为及其信息披露负有监督与管理责任的各类法律主体（例如，行政主体、行业组织、专业机构、新闻媒体、社会公众和企业董事会等治理层等）的各类组织管理标准、企业社会责任日常行为执行信息内容与范围的计量标准、企业社会责任信息的披露形式与项目报告标准、企业社会责任信息披露的技术支持标准、企业社会责任信息披露人员能力标准、企业社会责任信息披露质量的评价标准和企业社会责任信息披露的审计标准等内容。企业社会责任管理者制定这些标准的意义与目的是：对于企业社会责任信息披露规制工作进行科学与程序管控、培养职工重视社会责任及其信息公开的价值，实质提升企业主动履行社会责任及其信息管理要求的积极效果。

此外，企业社会责任的利益相关者们需要高度重视企业社会责任信息披露管理体系与机制的建设进程，务必坚持将社会责任的意识与理念有效融入企业社会责任信息管理之中，在进行具体社会责任内容等信息披露时，需要重点突出与公开关于企业社会责任的目标价值管理、战略管理、执行规划管理、业务控制管理、员工权责管理、责任执行效果的督查管理、口碑品牌传播管理、社会慈善管理、国家贡献和自然环境保护支出十个方面的必要企业社会责任信息。其中，社会责任融入企业成长的价值观、融入长远战略和融入经营规划，是整个社会责任信息管理的基础措施与制度安排。企业社会责任信息披露的利益相关者通过尽快建立企业社会责任信息披露管理的标准体系，将可能为中国企业的社会责任信息披露规程的有序执行并取得预期的目标，提供更为明确的行动依据与具有可操作性的企业社会责任信息披露控制目标的实施指南。

7.3.3 健全中国企业社会责任信息披露规制的施行机构

基于系统论的观点，社会责任的目标、主体、客体、执行、监督、信息报告披露和社会责任信息质量评价等要素都是企业社会责任信息管理系统的主要组成部分，都是大系统中不可或缺的子系统。社会责任信息披露与管理的效果身份能够达到预期目的，除了需要确定明确、适度、可操作和可持续发展等目标，必须重视社会责任信息披露规制的执行过程，如果缺少过程的控制，则所谓规制理念与目标，只能是虚幻化的空想或者泡沫化的现象而已。因此，为了实现企业社会责任信息披露规制的目标或取得预期的规制效果，笔者认为完善企业社会责任信息披露规制机制的主要可行路径之一是：中国企业社会责任相关方应根据中国当今企业面临的社会政治、经济、文化和法律环境的需要，尽快组建、设置或健全必要的企业社会责任信息披露规制的施行（组织、指挥、执行与监督）机构。

这里的企业社会责任信息披露规制的施行组织或机构是指为了充分、有效地落实事先设定的社会责任信息披露规制预期发展目标、行动计划和实施方案，专门负责实施与执行社会责任信息披露规定、监督社会责任信息披露过程及监察社会责任信息披露业务质效的相关约束和监管主体。国家及社会机构设置和组建该类施行组织与实体的主要功能是为了遵行各类企业社会责任的国际惯例、国家企业社会责任的法律与规章及地方政府的企业社会责任相关的制度规定，确保中国企业社会责任事业与信息管理水平的规范化与秩序化，提升社会责任信息披露的质量与效率，改善企业在社会经济生活中的形象，促进社会和谐与进步。因而，设置或健全社会责任信息披露规制组织、执行和评价等机构，对推进企业社会责任信息事业的不断进步具有积极而且重要的现实意义。

笔者认为企业社会责任信息披露规制系统的施行主体应当包括：（1）企业社会责任国家管理机构如国家网信办、国务院精神文明建设办公室、国务院扶贫办、民政部社会组织管理司、国资委企业社会责任司等，由这些机构负责领导、组织、指挥和协调中国境内外不同产权属性的国有企事业单位社会责任信息披露的规制工作，统筹各类国家资源推进企业社会责任事业健康发展。（2）企业社会责任信息披露行业性监管职能组织。如国有资产监督委员会、各部委社会责任监督部门、国家各级监察委员会、全国总工会等机构，负责针对部分企业社会责任规制违规或违纪现象以及涉嫌隐瞒或扭曲真实的企业社会责任信息的相关个人进行制止、监督与查处。（3）企业社会责任信息公开专业评估机构。如中国资产评估协会、中国商业信贷声誉评估协会、中国法律服务评估协会，负责针对企业社会责任信息披露声誉与企业的社会公众的反响进行专业性的评价与评估。（4）企业社会责任信息披露的审计鉴证机构。如国家审计鉴证、社会审计鉴证和内部审计鉴证组织，主要负责针对企业对外和对内披露的社会责任年度报告、社会责任报表、社会责任信息附注说明与其他形式的社会责任报告进行审计检查与评价。（5）企业社会责任信息披露信誉的社会评价机构，如引入国际信用机构与建立中国的企业社会信用评级组织，对中国企业的社会责任信息披露的信用状况进行分级和公开披露，为金融资本市场的企业筹资进行社会信用度排序，间接促进企业的社会责任信息披露行为规范化。（6）企业社会责任信息规制机制的中外协调与合作组织。负责协调和推进中外企业社会责任信息披露方面的实务经验与宝贵教训，做到中外企业的社会责任信息披露管理工作能够实现共同进步化，使得跨国企业的社会责任信息披露自行规制办法能够洋为中用或与中国企业社会责任管理之间能够实现优势互补和取长补短。（7）企业社会责任信息公开理念的传播与推广组织。如可以建立中国企业社会责任信息报告透明度指数研究与发布组织，一方面，通过社会责任信息来源与去向方面的理论研究推动社会责任信息披露实务工作效率的尽快改善。另一个方面，可以借助新媒体和高科技技术建立企业社会责任信息传播平台，积极传播社会责任信息管理理念、思想和哲学观点。（8）企业社会责任信息披露的社会监督组织。这里的社会监督组织主要包括：各种社会公益基金会、社会慈善团体、社会志愿服务组织等社会责任信息与反馈行为方面的监督组织。其责任主要是通过社会公众的广泛监督来对各类企业社会责任信息披露行为进行约束与控制。（9）各企业也需要设置社会责任信息披露内部监督与报告部门。这些部门负责对编制社会责任报告的综合部门的编制报告的形式与内容、社会反映进行评价与公开，属于对企业社会责任信息披露进行的自行规制行为。（10）企业社会责任信息披露职业道德评价组织。该组织主要是针对企业社会责任信息披露过程中的相关人员的职业道德行为进行检查、评价和报告，从企业社会伦理与职业道德等视角提升企业社会责任信息披露的水平。

7.3.4 制定中国企业社会责任信息披露规制的实施步骤

要想做好中国企业社会责任信息披露规制工作，除了需要加快企业社会责任信息规制的法律环境的建设、构建评价企业社会责任信息披露规制工作绩效的标准体系和健全中国企业社会责任信息披露规制实现机构等的必要条件之外，还要意识到：为便于实施企业社会责任披露规制的程序和提高规制效率，制定中国企业社会责任信息披露规制的实施步骤也是推进企业社会责任信息披露规制的主要路径与实现方式。关于制定和拟定中国企业社会责任信息披露规制实施步骤的相关内容，主要包括如下几个方面：

（1）统一组织、战略筹划。由于企业社会责任信息披露规制是一个系统性工程，约束与规制的相关主体需要明确：一项好的社会责任信息披露规制的政策与治理措施，首先是需要事先形成具有领导能力与权威性的统一型组织，使得企业社会责任信息披露能够形成强大的指挥能力。其次是需要结合国家宏观社会经济政策与长期性的发展战略，例如，可根据国家制定的"十四五"来设定和制定具有战略性与前瞻性的中国企业社会责任信息披露规制的规划，也可以根据国有企业、民营企业、中外合资企业、中小型个体创业企业等不同产权属性来指导不同的企业社会责任信息披露规制计划。使得中国企业社会责任信息披露规制能够实现有专责机构主管、专门机构领导、专职机构督查、专业机构鉴证和专项机构进行报道的有序管理目标。

（2）各负其责、分步推进。鉴于企业社会责任信息披露规制涉及多个方面的内容，需要多个管理主体负责进行规范与控制，比如需要由党委和政府进行统一领导行政部门规制；需要由公、检、法、司等政法机关依据法律制度进行控制的法律部门规制；需要社会信用中介机构来对企业社会责任信息可信度的社会规制；需要由企业所在行业制定各行业特色社会责任信息披露规范的行业规制；需要有社会公众和新闻媒体进行广泛约束的第三方规制；需要有国家审计等专业机构进行的鉴证规制。因此，在拥有统一领导的组织与明确长远的发展战略规划之后，需要这些规制主体明确并切实履行各自的管理职责，提高企业社会责任信息披露规制的执行力。而且，每一行业企业还需要根据所在行业的实际情况，社会责任发展的基础、状况与水平，分时间和分阶段地进行规制与约束，不可千篇一律，快速达标。不然可能欲速则不达，无法实现企业社会责任信息规制的既定目的。

（3）建改结合、动态优化。任何一家企业的社会责任信息披露规制工作其实都是一项循序渐进的任务，是需要不断建设与发展的长期性的工作。因为我国的企业社会责任理念与实务发展比较晚，多数企业的社会责任信息管理基础和管理水平也比较薄弱，不少企业更是缺乏必要的社会责任信息披露报告，甚至是连企业社会责任的信息也很少向社会责任的利益相关者或财务报表使用者披露。因此，在实施企业社会责任信息披露规制工作的第三个阶段中，需要根据不同企业的发展基础与现状进行制度建设与行动推广，同时对已有发展基础但是与国际先进企业的社会责任信息管理能力相比存在差距的企业，需要实时化和动态化地修订其社会责任信息披露的相关制度规定，优化社会责任信息披露规制评价指标与政策，改正部分企业社会责任信息披露监督管理存在的缺失与不足。

（4）整合报告、协同发展。企业社会责任信息既是反映该企业是否遵守国家相关法律法规的规定和法律责任，是否积极履行了自身应尽的经济责任，还能反映其是否尽到社会公民应尽的伦理道德责任和慈善责任，环境净化与维护的责任，具有创造经济价值与社会福利价值的多种积极效应。因此，对企业社会责任进行规制的最终目的是公开企业的社会公民行为、体现企业对全社会的贡献、展示企业的社会形象，发挥社会责任信息的道德伦理示范价值。因此，笔者认为，在企业的社会责任信息披露规制的后期阶段，需要对社会责任信息的报告与企业其他财务信息的报告一起进行充分整合，不仅需要使得企业经济责任、法律责任、道德责任和慈善责任之间实现充分整合，还应当驱动企业管理行为与社会行为进行协调统一。此外，不同企业主体之间还需要坚持相互配合、互相就企业社会责任信息披露进行及时充分的沟通，并且协调不同主体的约束、规定和控制的政策，实现部门之间的协同发展，实现企业社会责任信息披露规制的规模化效应。

7.3.5　落实中国企业社会责任信息披露规制的组合措施

（1）明确政府在社会责任信息披露中的主导作用。

建立有效的社会责任信息披露规制，要更好地发挥政府部门对企业社会责任的主导作用。具体措施包括：第一，要立足中国的基本国情，以五大发展理念为导向，围绕协调、创新、绿色、开放、共享来明确关于企业社会责任信息披露的目标，在企业的社会责任信息披露的具体经营行为和社会行为中，能够坚持主动融入这些新发展理念，真正地提升社会责任信息披露行为的质量。第二，中国企业的社会责任信息披露仍然处于自愿性披露阶段，存在着信息披露内容与形式不统一、披露数量不多、披露价值不高等问题，因此，要加强信息披露的法制建设，通过立法手段来完善中国企业社会责任信息的披露规制，如2020年12月7日，中共中央正式公布了关于《法治社会建设实施纲要（2020~2025年)》涉及企业作为社会公民主体，应当坚持义利兼具的原则要求，积极承担法定义务和履行法定及道德层面的社会责任。值得企业管理层关注的动向是属于国家层面的实施纲要的颁布，说明中国政府已经开始从法治的角度将企业社会责任纳入国家的法制化建设进程之中，企业未来的社会责任信息披露无疑需要主动加强自愿披露配合外部规制要求。第三，针对中国企业社会责任信息披露的问题，可以由政府部门组成一套由证监会、国资委、环保部和人民银行等相关部门联合的行政监管体系，通过部际联席会议或电子政务工程平台，加强社会责任信息披露规制方面的监管信息沟通。最后，可以在政府的推动下，通过社会各方与信用中介机构的配合，逐步建立符合中国实际和国际标准的企业社会责任信息信用评价发布体系。

（2）发挥利益相关方在社会责任信息披露中的约束作用。

在企业社会责任信息披露规则的制定中，企业、政府、职能管理机关和社会公众都是主要的利益相关者，在进行决策时都应当列入考虑范围。企业在长期经营过程中希望实现价值最大化，政府则应制定具有利益引导性的法规，促使企业在寻求利益的过程中完善自身信息披露体系。社会公众则是企业社会责任信息披露规则模式完善的最大受益人，政府作为规则制定主导者，应培养社会公众关注企业在环境保护、社会道德、产品安全等方面的信息，同时，社会公众应该善于利用企业发布的信息，充分利用各平台来进行信息的收集和识别，获取真正有用的决策信息。在此基础上建立政府牵头、企业积极遵守规章和舆论监督有效的总体环境，从而来发挥利益相关方对企业社会责任的披露的约束作用。

（3）建立企业社会责任信息披露规制的协调机制。

企业社会责任信息披露规制涉及企业自身、利益相关者以及政府部门，应明确相关政府部门以及社会第三方在企业社会责任信息披露流程中的作用。国资委、证监会主要对国有大型企业和上市公司起到监管作用，发布企业社会责任信息披露报告的相关指引，人民银行负责建立企业的信用评价体系，工商管理总局负责审阅企业年度报告，审计署负责核实企业年度财务报表的合法性、公允性和真实性。这些部门之间的工作需要一些数据交换，并有一些交叉重复工作，可以将各单位部门的工作成果集中到一个信息平台，各部门可以在平台中获取进一步检查企业社会责任信息披露情况工作的基础数据。另外，在信息交互平台中，设置评论通道，使社会第三方鉴证机构的评价和社会公众的舆论可以被个体公众高效、轻易地获取，让企业社会责任信息披露具有社会价值意义。让媒体报道与企业社会责任报告在平台中有效整合，促使企业提高企业社会责任报告的公允性。

（4）推动中国社会责任信息披露规制目标实现的具体措施。

①颁布多层次企业社会责任信息披露规制及规章和法律规范。首先，在宪法、法律层次中，确立企业社会责任信息披露报告为企业经营中必不可少的一

环，使关注企业社会责任信息披露成为社会习惯。其次，行政法规层次中，制定明确的、可操作性强的社会责任信息披露标准，设定披露框架、披露内容和披露形式，以便企业依据法律法规进行披露。通过社会反馈反复论证其行政法规的可行性，不断完善法规操作执行体系。最后，政府也要建立健全监管机制和奖惩制度，严格处理披露不规范、披露不全面，甚至是虚假披露的上市公司，推动信息披露实践的改善，提高披露水平，从而促进社会责任信息披露规制更好地发挥作用。

②构建互联网大数据企业社会责任信息平台。传统的业务系统在运行较长周期后会积累大量历史数据，这些海量数据却没有得到有效的分析和利用，只是对数据进行简单的统计分析获得一些表面、浅显、价值不高的结果。除此之外，受到信息载体的限制，"图片 + 文字"的信息披露形式便成了企业信息披露的主流。由此可见，信息披露的数据利用问题和载体限制了企业。构建一个大数据分析平台，结合多个业务系统从中抽取海量数据进行管理、整合、分析和利用，从中发现潜在问题和有价值的规律，并通过可视化的方式进行展示，能够为管理层提供科学决策的支持，提升企业业务能力和效益。如果企业可以把历史企业社会责任数据进行整合，提炼出有用的数据，相信对其可持续发展一定可以起到促进作用。另外，要关注的是在建设过程需要明确的目标，如表7 - 2所示。

表7 - 2　　　互联网大数据企业社会责任信息平台构建目标与方式

目标	方式
实现数据共享和交换	将各应用系统的数据进行集成和整合，使来源各异、种类不一的各类数据可以相互使用，丰富数据的来源，打破系统间的信息孤岛，实现数据的共享和应用
大数据采集和存储	研制数据适配接口，对接各应用系统获取各类异构数据，并采用大数据主流的框架和系统对数据进行统一存储，为数据的挖掘和分析打好基础
大数据分析与决策	采用数据挖掘、数理统计等相关技术，构建大数据分析框架，提取数据中隐含的、未知的、极具潜在应用价值的信息和规律，为企业的各项工作提供决策和指导

资料来源：笔者根据互联网公开信息与正式期刊数据资料整理而成。

③建立企业社会责任信息披露的风险准备金制度。所谓风险准备金制度，原本是指期货交易所，作为期货交易的管理者，发现防控者，平时可以从自己收取的会员交易手续费中提取一定比例的资金，作为确保交易所担保履约的备付金的制度。站在企业履行相应社会责任的角度，企业社会责任的风险准备金制度可以修改为以下规定：第一，企业中的企业社会责任风险准备金达到交易所规定的注册资本 10 倍时，可不再提取；第二，企业社会责任风险准备金必须单独量化、专门核算、专户存储，除用于弥补企业社会责任失信或信息失真等风险造成利益相关者权益之外损失外，不得挪作他用。第三，企业社会责任的风险准备金的动用必须经交易所理事会批准，报中国证监会备案后，按规定的用途和程序进行。当企业社会责任信息披露过于透明化，导致股东或管理层利益受损时，可以企业社会责任启动准备金，以弥补社会责任信息行为的亏损，必要时可以通过媒体来进行舆论导向。

④建立企业社会责任信息披露问责机制。总体来看，完善问责法律是问责主体对问责客体实施问责的法律依据，披露责任报告是问责主体对问责客体实施问责的文字依据和重要参考，增强问责意识是问责主体对问责客体实施问责的思想保障。建立企业社会责任信息披露问责机制，应从媒体导向、社会评价和责任明晰三个方面入手。在第一方面中，可以建立听证会制度，发挥媒体行业曝光对企业的制约作用。同时，媒体行业应该有效传播社会正能量，对企业社会责任信息披露执行情况较好的企业也进行一定的宣传和鼓励，发挥好价值观导向作用。在第二个方面中，要让社会个体对于企业社会责任信息披露情况的各方面评价能够被其他个体获取，使社会个体能够充分获取不同利益方对企业社会责任信息披露的评价，并使个体的反馈能够被评价者获取，提高评价公允性。在第三个方面中，要在披露过程中明确权责体系，使企业在企业社会责任信息披露过程中的每处细节都能落实到人，提高信息披露的真实性。

| 第 8 章 |

研究结论与启示

8.1 研究结论

8.1.1　进行企业社会责任信息披露规制是完善政府治理体系必然选择

其一，根据当前社会责任信息披露关键点完成披露规制的战略布局，正视与缩小在企业社会责任行为及信息披露方面与国际标杆企业之间的现实差距。同时，涉及这两个方面国内责任标准的确定，又应当考虑企业自身的关键问题，以及考虑不同层次和类型企业的道德与社会责任行为的承受底线。对于社会主义国家而言，集中化统一领导、全面推进的规制路径是国家层面推崇的主要治理模式，不过，由于中国国土面积广阔，不同地域企业的企业社会责任信息披露较大差异，单一地区或企业资源的相对有限，以及强制推行包含许多道德成分的责任标准存在着客观的困难，这些因素都需要让中央政府正确为自己定位，应在涉及社会和环境责任底线的硬件基础设施的设计和宏观规划上能够更有所做为。其二，以企业社会信息披露规制应对可持续发展新时代的挑战，推动产业结构调整和加快经济发展方式转变。面对区域经济禀赋和企业文化环境之间的差异性，地方政府需要全面衡量产业转移趋势，对企业承担经济、社会和环境等责任的相关后果及影响，尤其是政策在要素领域，可能造成的结构性和体系性不利影响。另外，政府之间加强协调沟通，以一系列制度安排削弱行政壁垒和地方区隔，促进产业要素和资源在更广阔范围内合理配置；行业组织可以尝试建立行业性的产业信息对接制度，以避免重复建设所造成的资源浪费和责任承接门槛上企业之间的摩擦与冲突。其三，针对性分业管理推动企业社会责任信息披露制度化建设的进程。重点考虑对企业在内部管理程序、向利益相关方报告，以及其他与社会责任相关的方面，实施可变动和控制的方案，可鼓励企业关注对可持续发展有重大意义和影响的问题，鼓励与同行或行业组织集体行动，以节省资源和提高企业社会责任行动能力。

8.1.2　贯彻五大发展理念已成为企业加强社会责任信息管理的核心原则

中国上市公司合规、有序、透明地披露其履行的社会责任相关信息过程中，不应仅仅从上市公司自身的利益与视角出发，只考虑投资者的权益、债权人和国家利益的权益与要求，而忽略了普通员工、主要供应商、消费者等客户和周边社会居民等利益相关者的需求，而应是在披露社会责任信息时，转换披露的立场和角度，全面、公正、及时地披露上市公司社会责任信息，顺应当今社会的发展趋势与需求，自觉地以企业自身良好的社会责任实际行动来尽力推动社会的可持续发展。首先，在日常的上市企业社会责任信息披露规制与管理的工作中，应全面融入创新、协调、绿色、开放和共享等新发展理念，将五大发展理念作为加强社会责任信息管理机制建设的核心原则。其次，企业还需要遵循国家法律、支持政府的重大社会经济决策，在从事日常经营活动时，应主动与政府施政方针相配合，处处履行企业在参与市场竞争时的社会责任，从而稳健和持续性地推动社会的可持续发展。同时，随着社会文明程度提升，社会各界日益关注企业的企业社会责任行为及其信息披露的深度与广度，企业需要针对社会责任行为进行投资，从经济的视角完善和促进非经济的社会责任行为的规范化。从企业社会责任发展的实践来看，企业社会责任投资（SRI）在英、美等西方部分发达国家和地区已经进行了尝试，也取得一些积极的成果，随着投资理念的不断扩展和社会责任范围的外延，未来在我国企业社会责任行为及社会责任信息的投资也将可能会成为一种流行投资趋势与方向，也就是说，在其他条件相同的情况下，投资者更愿意选择那些能够积极承担社会责任的上市公司进行投资，以便获取长期性、符合道德要求的、绿色化的投资回报。因此，我国的上市公司应该积极学习其他国家企业社会责任发展过程中，取得的先进成果与宝贵的经验教训，积极承担其应尽的社会责任，主动为利益相关者提供更丰富和真实可靠的社会责任信息，促进上市公司适应社会经济形势，以便能在中国境内顺利实现和谐、健康和可持续发展的战略规划目标。

8.1.3 坚持可持续发展目标是中国企业社会责任良性发展的战略导向

面对新形势、新要求、新任务，我们要高举习近平新时代中国特色社会主义思想的伟大旗帜，深入学习贯彻习近平总书记提出的建设"制造强国""网络强国""信息强国""美丽中国"的战略思想，全面贯彻党的十九大报告作出的战略部署。我们一方面需要在企业的社会责任信息披露规制过程中，坚持五大发展理念作为日常管理工作的指引，在企业参与市场竞争与从事具体科研开发、业务经营和财务活动时能够不断提升企业社会责任意识，强化企业社会责任信息的价值管理，创新企业经营理念与发展模式。另一方面需要坚持将可持续发展作为中国企业追求的最高目标，作为中国企业社会责任信息实现良性发展的战略导向。在中美经贸形势发生重大变化和竞争环境更加严峻的局面下，中国经济的领导者致力于将中国企业建设成负责任的国际制造商和讲信用的竞争实体，加强研发，建设起负责任的供应链和产业链，尽早构建起科学有效合理的社会责任标准体系，打造履责合作的平台与社会化的社会责任行为的监督体系，营造有利于企业履行社会责任的良好社会经济文化环境，提高中国企业负责任的全球品牌形象和核心竞争力，全面提升中国企业社会责任工作水平。

8.1.4　实现中国企业社会责任信息披露规制长远目标需组合治理策略

由前文可知，中国作为一个发展中国家，虽然经过多年的发展，国民经济各方面已经取得了不小的成绩，但是，从现状来看，中国的整体社会经济发展水平与质量，与发达国家相比，客观上仍然存在不小差距。比如，中国企业与跨国企业相比，在市场经济与企业竞争实力、管理经验等方面更是存在诸多差异，特别是在企业的社会责任行为管理及其信息披露规制等方面更是存在更大的差距。笔者经过前文的论证和说明，认为要想真正实现中国企业社会责任信息披露规制的长远目标，就必须顺势而为，冷静分析国内外经济政治发展的新环境与新情况，充分尊重中国企业社会责任发展的客观规律，社会责任信息披露规制主体的各方应目标一致、充分沟通、全力配合和相互支持，主动采取社会责任信息披露规制的组合策略与多维度措施，比如，将健全社会责任信息披露规制法律制度、加强社会责任信息管理组织与指挥、企业提高社会责任信息披露的意愿和力度、加强对企业社会责任信息披露过程的监督与评价、将自愿性的社会责任信息披露与强制性社会责任信息披露相结合、将企业的社会责任信息披露与企业的其他信息披露进行整合、对企业社会责任信息披露报告进行审计鉴证、对企业社会责任信息披露进行第三方监督与约束、将企业社会责任信息披露与地方社会经济发展政策及发展战略相结合，促进社会经济的可持续发展。

8.2　研究启示

（1）社会主体应顺应与尊重社会现象无律、他律和自律的螺旋运行轨迹。

首先，企业作为社会公民需要有正确的定位与现实的大局意识。中国企业尤其是上市公司是社会主义国家的经营实体，主动承担社会责任是企业健康发展所必须具备的政治基因，并应当合规性和公允性地对外披露企业的社会责信息也是中国社会经济发展新环境、新形势对中国企业组织的外在要求与成长需求。还必须认识到中国企业承担社会责任，也是企业实现可持续发展目标导向的必由之路和必然的选择，这表明企业自身的进步首先提升自身的发展定位与现实环境问题或困难的正确认知，也就是说必须要增强承担社会责任的责任心与主动性，积极借鉴社会责任信息披露中存在的问题，将企业社会责任与国家及地区社会经济的发展趋势紧密结合起来。其次，履行社会责任是当代企业管理的发展趋势，也是企业转变经营方式、提高管理水平的需要，是促进社会主体相互协调与相互促进、共同发展的必然要求。加上中国企业将五大发展理念的指引、支持与维护，使得企业社会责任信息披露规制的方向明确，客观上有利于促进中国企业稳健发展。

（2）政府部门需从动态演化视角与发展理念促进社会责任信息披露规制。

中国是一个社会主义公有制的国家，公有制和民主集中制的行政领导体制的政治属性决定了中国企业的社会责任信息披露需要符合国家发展的需要，需要遵循政府的宏观经济决策与发展理念。但是，政府部门的公共治理方法和程序，也需要根据国家面临的政治、经济、科技、文化和法律等现实环境的变化状况，遵从社会发展的客观规律，需要在针对企业社会责任信息披露进行动态化的管理，需要从发展的角度看待在规制中出现的问题或困难，应该认识到中国地方经济发展与文化演进过程中的复杂性决定了企业社会责任的建设与信息披露管理方面确实存在先天的薄弱基础和参差不齐的发展水平，需要采取有差别的、规制力度不同、约束节奏不一、评价方式各具特色的社会责任信息披露规制方法与路径，才可能引导、约束与规范中国企业的社会责任信息披露规制机制建设。

（3）多元协同治理是推动社会责任信息披露规制高质量发展的必由之路。

基于过去较长时间内，中国国民经济发展的复杂性和波动性的特色，导致中国企业关注企业社会责任及信息披露等方面发现问题时间比较短、进行规制管理的实践也起步比较晚，相当多的民营企业和个体企业的社会责任意识依然比较落后，并没有主动履行社会责任行为的意识，没有将践行社会责任及报告社会责任信息等行为深入企业的文化建设之中去。所以，构建基于利益相关者的企业文化方面的建设进一步拓宽企业承担社会责任的渠道和方式，此种"企业法制建设＋企业社会责任管理＋企业文化建设相结合"的管理实践模式也可以成为中国企业推进社会责任事业发展思路与方式的有益借鉴。也就是说，需要实行多元协同治理的规制方式，即坚持以"五大发展理念"为方针，在中国企业的可持续发展过程中，务必牢记国家最新制定的"加强国内循环战略为主，促进国际国内双循环同步发展"的战略选择，以适度对外投资为契机，针对实力规模强大的中国国有企业为监督的主要对象，对海外经营的央企、国企和国有上市公司的社会责任信息披露，实行多方联合监管的模式，将政府监管、行业监管、专业监管和社会监管等监督力量相结合，充分利用行业协会、大众媒体和网络、小视频等自媒体等社会责任信息披露的监督力量，加强多元社会责任协同治理，提升企业社会责任履行质量。

（4）高新技术支持与激励制度完善是保障中国企业社会责任信息披露规制效率的关键要素。

近四十年来，伴随着互联网＋、云计算、区块链和智能化等中国信息技术取得的新进步与新发展，与传统的书面社会责任报告披露方式相比，中国企业社会责任信息披露的工具、披露方式、披露的渠道和披露的容量都发生了重大的变化，现在企业的社会责任信息披露工具主要包括：书面报告、电子文档报告、视频报告和其他介质的报告等；社会责任信息披露方式主要有：企业自愿性的社会责任信息披露、强制性的社会责任信息披露和半自愿与半强制性的社会责任信息披露；社会责任信息披露的含量在快速地扩大，增加了环境责任信息、慈善责任信息和可持续发展责任信息等更多内容。无论在数量还是在质量方面，均有了实质的提高。这些现象充分说明了先进科学技术工具嵌入社会责任管理和应用是促进中国企业社会责任信息披露效率提升的重要因素。此外，构建力度更大的用以鼓励与刺激企业积极履行社会责任和披露社会责任信息的、科学合理的企业内部激励机制，也是驱动企业管理层主动履行社会责任信息披露规制的重要因素之一。因此，在中国企业社会责任信息披露规制机制建设中，需要高度重视的一个客观事实是：高新技术深度融入社会责任应用管理与加快科学化的激励机制建设是高效促进中国企业社会责任信息披露规制质量改进的关键性和保障性的变量。

参 考 文 献

[1] 安玉琢，李孟佳．社会责任表现、报告披露意愿与税收激进度——基于 A 股上市公司的实证研究 [J]．南京审计大学学报，2017 (6)：85-94．

[2] 鲍伟．我国企业社会责任信息披露研究现状 [J]．现代营销，2016 (4)：27-30．

[3] 毕楠，冯琳．企业社会责任的价值创造研究——一个三维概念模型的构建 [J]．财经问题研究，2011 (3)：28-33．

[4] 蔡刚，蔡平．企业社会责任信息披露的自我规制系统 [J]．现代经济探讨，2010 (4)：49-53．

[5] 蔡育祈，林丽娇．市场与会计基础衡量科技产业企业社会责任实施与财务绩效关联性 [R]．中国台北：管理学术研讨会，2009 (11)：325-332．

[6] 蔡月祥．企业社会责任评价模型及标准研究 [J]．生态经济，2011 (12)：126-132．

[7] 陈爱清．浅论中小企业战略管理中伦理道德缺失的原因和解决途径 [J]．管理世界，2009 (6)：1-3．

[8] 陈承，王宗军，叶云．信号理论视角下企业社会责任信息披露对财务绩效的影响研究 [J]．管理学报，2019 (3)：408-417．

[9] 陈汉辉．基于 SCP 范式下在华跨国公司社会责任弱化分析——产业组织及战略博弈视角 [J]．华东经济管理，2011 (3)：28-32．

[10] 陈宏辉，窦智．基于层次分析法的企业社会绩效评价及其应用 [J]．科技管理研究，2008 (5)：106-109．

[11] 陈玉清，马丽丽．我国上市公司社会责任会计信息市场反应实证分析 [J]．会计研究，2005 (11)：76-81．

[12] 程华安. 我国上市公司社会责任信息披露问题的实证 [J]. 统计与决策, 2013 (2): 35 – 43.

[13] 崔锦荣, 郭帆. 关于企业社会责任研究综述 [J]. 经济视角, 2012 (2): 11 – 13.

[14] 崔孟修. 审计动因论的修正 [J]. 审计研究, 2006 (2): 19 – 22.

[15] 邓启稳. 企业社会责任会计目标及实现研究 [J]. 中国海洋大学学报 (社会科学版), 2010 (6): 68 – 74.

[16] 邓启稳. 西方社会责任信息披露特点、规制和实践研究——基于法国、美国、英国的经验 [J]. 生态经济, 2010 (11): 59 – 62, 76.

[17] 董伊人. 企业社会责任对消费者忠诚的影响: 自我构建与信息属性的交互作用 [J]. 南京社会科学, 2010 (5): 27 – 38.

[18] 杜剑. 基于ISO26000的企业社会责任信息披露影响分析 [J]. 财会通讯, 2011 (11): 11 – 13.

[19] 杜剑, 王肇, 刘晓燕. 企业社会责任信息披露充分性研究 [J]. 贵州财经大学学报, 2017 (3): 60 – 69.

[20] 段鸿. 中国企业家对社会责任认知的变迁——1870年以来的考察 [J]. 经济管理, 2011 (1): 181 – 188.

[21] 段钊, 何雅娟, 钟原. 企业社会责任信息披露是否客观——基于文本挖掘的我国上市公司实证研究 [J]. 南开管理评论, 2017 (4): 62 – 72.

[22] 樊建锋, 田志龙. 中国企业公益行为特征研究——基于中国家电企业的案例研究 [J]. 工业工程与管理, 2010 (2): 75 – 80.

[23] 方堃. 关于社会责任审计的思考 [J]. 审计研究, 2009 (3): 38 – 40.

[24] 傅小倩. 上市公司信息披露与公司价值相关性研究 [D]. 太原: 山西科技大学, 2010.

[25] 盖瑞. IPO盈利预测信息自愿披露的影响因素研究 [D]. 镇江: 江苏大学, 2009.

[26] 甘碧群, 曾伏娥. 企业营销行为道德感知与测度: 消费者视角 [J]. 管理世界, 2004 (7): 86 – 92.

[27] 高汉祥. 公司治理与社会责任: 被动回应还是主动嵌入 [J]. 会计

研究，2012（4）：58-64.

[28] 高杰. 公司社会责任：制度视角的解释与探索 [J]. 东北财经大学学报，2008（6）：13-15.

[29] 高敬忠，周晓苏. 经营业绩、终极控制人性质与企业社会责任履行度——基于我国上市公司1999~2006年面板数据的检验 [J]. 财经论丛，2008（6）：63-69.

[30] 高强，陈英存. 从公共选择角度看企业伦理与公司社会责任对社会福利的贡献 [J]. 经济师，2002（11）：13-17.

[31] 高维和，陈信康，江晓东. 声誉、心理契约与企业间关系：基于在华外资企业采购视角的研究 [J]. 管理世界，2009（8）：102-112.

[32] 高勇强，陈亚静，张云均."红领巾"还是"绿领巾"：民营企业慈善捐赠动机研究 [J]. 管理世界，2012（8）：106-114.

[33] 葛建华，王利平. 财富、权利与声望：民营企业家行动的制度分析与实证研究 [J]. 经济理论与经济管理，2010（10）：74-80.

[34] 耿建新，李志坚. 央企社会责任信息披露现实困境及对策 [J]. 财会通讯，2012（9）：15-16.

[35] 郭国庆，孟捷. 论消费者忠诚与理性的均衡 [J]. 财贸经济，2004（11）：87-91.

[36] 郭徽. 房地产上市公司社会责任信息披露与财务绩效的研究 [D]. 成都：西南交通大学，2012.

[37] 韩晓梅. 论审计的社会责任观——关于审计目标的思考 [J]. 审计研究，2006（2）：59-63.

[38] 韩晓梅. 社会责任观视角下审计风险的演变 [J]. 中国注册会计师，2006（11）：38-41.

[39] 何立胜，苏明. 企业环境保护责任与政府社会性规制的嵌入 [J]. 河南师范大学学报（哲学社会科学版），2008（4）：94-98.

[40] 侯仕军. 企业社会责任管理的一个整合性框架 [J]. 经济管理，2009（3）：153-158.

[41] 胡明娟. SA8000引入与微观企业社会责任标准的建立 [J]. 理论月

刊，2005（6）：171-175.

[42] 黄超，王敏，常维. 国际"四大"审计提高公司社会责任信息披露质量了吗？[J]. 会计与经济研究，2017（5）：89-105.

[43] 黄迪. 合法性视角下企业社会责任信息披露问题探讨[J]. 财会通讯，2020（20）：116-119.

[44] 黄芳. 企业社会责任信息披露问题研究[J]. 华中科技大学学报，2009（4）：12-14.

[45] 黄敏学，李小玲，朱华伟. 企业被"逼捐"现象的剖析：是大众"无理"还是企业"无良"？[J]. 管理世界，2008（10）：115-126.

[46] 黄溶冰，王跃堂. 和谐社会中企业社会责任的审计治理与实现[J]. 华东经济管理，2008（11）：20-23.

[47] 姜虹. 国外企业社会责任审计研究评述与启示[J]. 审计研究，2009（3）：34-38.

[48] 蒋尧明，赖妍. 高管海外背景对企业社会责任信息披露的影响——基于任职地区规制压力的调节作用[J]. 山西财经大学学报，2019（1）：70-86.

[49] 金明伟. 企业公民：交换的"资源"与"第四级契约"[J]. 财贸经济，2006（5）：78-81.

[50] 李海舰，郭树民. 从经营企业到经营社会——从经营社会的视角经营企业[J]. 中国工业经济，2008（5）：87-98.

[51] 李华炎，吴家曦，李京文. 浙江省中小企业社会责任调查[J]. 管理世界，2011（9）：1-4，34.

[52] 李嘉明，赵志卫. 我国企业开展社会责任内部审计的构想[J]. 中国软科学，2007（4）：123-126.

[53] 李建伟，林志农，夏敏. 社会责任投资：公众公司社会责任实现的一种可行性机制探讨[J]. 中共福建省委党校学报，2010（2）：44-51.

[54] 李敬强，刘凤军. 企业慈善捐赠对市场影响的实证研究——以"5.12地震"慈善捐赠为例[J]. 中国软科学，2010（6）：160-166.

[55] 李敏莉. 企业社会责任信息披露问题研究[D]. 成都：西南财经大学，2008.

［56］李殊，叶陈刚．重大资产收购关联交易中的大股东"掏空"行为研究［J］．管理学报，2009（4）：513－519．

［57］李伟阳，肖红军．"全面社会责任管理"是一场前所未有的变革［J］．WTO 经济导刊，2010（4）：40－42．

［58］李心合．嵌入社会责任与扩展公司财务理论［J］．会计研究，2009（1）：31－39．

［59］李雅婷．上市公司企业社会责任信息披露的实证研究［D］．西安：西安理工大学，2009．

［60］李燕．企业社会责任信息披露的研究文献评述［J］．西南农业大学学报（社会科学版），2009（5）：18－23．

［61］李耀文．IPO 上市公司盈利预测信息披露的影响因素研究［D］．太原：山西财经大学，2010．

［62］李颖，鲍伟．我国企业社会责任信息披露问题及对策研究［J］．西安财经学院学报，2016（7）：66－70．

［63］李正．企业社会责任信息披露国际经验与借鉴——以德国、英国为例［C］．中国会计学会工科高等院校分会 2007 年论文集，2007（10）：103－107，2007（4）：95－100．

［64］李正．企业社会责任信息披露研究［D］．厦门：厦门大学，2007．

［65］李正．企业社会责任信息披露研究［M］．北京：经济科学出版社，2008．

［66］李正．企业社会责任与企业价值的相关性研究——来自沪市上市公司的经验证据［J］．中国工业经济，2006（2）：77－83．

［67］李正，向锐．中国企业社会责任信息披露的内容界定、计量方法和现状研究［J］．会计研究，2007（7）：15－20．

［68］李志斌，章铁生．内部控制、产权性质与社会责任信息披露——来自中国上市公司的经验证据［J］．会计研究，2017（10）：86－92，97．

［69］廉春慧，王跃堂．企业社会责任信息、企业声誉与投资意向的实证研究［J］．东南大学学报（哲学社会科学版），2018（3）：53－59，147．

［70］廉春慧，王跃堂．企业社会责任信息与利益相关者行为意向关系研

究［J］. 审计与经济研究, 2018 (3): 73 - 82.

[71] 林汉川, 田东山. 国际绿色贸易壁垒及其对策探析［J］. 中国软科学, 2002 (3): 4 - 7.

[72] 林汉川, 王莉, 王分棉. 环境绩效、企业责任与产品价值再造［J］. 管理世界, 2007 (5): 155 - 157.

[73] 凌兰兰. 上市公司企业社会责任报告披露问题研究［D］. 合肥: 合肥工业大学, 2009.

[74] 刘长翠, 孔晓婷. 社会责任会计信息披露的实证研究——来自沪市2002~2004年度的经验数据［J］. 会计研究, 2006 (10): 36 - 43.

[75] 刘峰, 钟瑞庆, 金天. 若法律风险下上市公司控制权转移与"抢劫"——三利化工掏空通化金马案例分析［J］. 管理世界, 2007 (12): 106 - 135.

[76] 刘刚, 黄苏萍. 企业社会责任、关系资本与竞争优势——给予丰田"召回门"事件的分析与思考［J］. 财贸经济, 2010 (6): 121 - 126.

[77] 刘建秋, 宋献中. 社会责任、信誉资本与企业价值创造［J］. 财贸研究, 2010 (6): 133 - 138.

[78] 刘利. 利益相关者理论缺陷与未来研究方向［J］. 现代经济探讨, 2008 (9): 45 - 52.

[79] 刘松柏, 刘璐. 通过组织内部设计实施企业外部社会责任［J］. 经济理论与经济管理, 2008 (7): 62 - 65.

[80] 刘显法, 张德. 企业领导者价值观与企业节能绩效关系的实证研究［J］. 中国软科学, 2007 (7): 71 - 78.

[81] 刘仲文. 国外企业社会责任发展比较研究［C］. 中国会计学会工科高等院校分会2010年论文集, 2010 (11): 123 - 128.

[82] 卢丽, 马梓焜. 企业社会责任审计理论结构框架研究［J］. 经济研究导刊, 2010 (32): 146 - 147.

[83] 陆建桥. 关于建立我国社会责任审计的探讨［J］. 财经问题研究, 1993 (12): 50 - 52.

[84] 罗元大, 熊国保, 赵建彬. 战略类型、制度环境和企业社会责任信息披露质量——来自我国矿业上市公司的经验证据［J］. 财会通讯, 2021

（3）：64 – 67.

[85] 雒京华. 企业社会责任信息披露的经济学思考 [J]. 兰州大学学报（社会科学版），2012（1）：34 – 36.

[86] 马海波. 社会责任信息披露模式的国际比较及借鉴 [J]. 南京大学学报，2010（6）：45 – 50.

[87] 买生，汪克夷，匡海波. 一体化企业社会责任管理体系框架研究 [J]. 科研管理，2012（7）：153 – 160.

[88] 缪朝炜，伍晓奕. 基于企业社会责任的绿色供应链管理——评价体系与绩效检验 [J]. 经济管理，2009（2）：174 – 180.

[89] 潘奇. 企业社会责任动态演进机制研究 [J]. 当代经济管理，2011（2）：34 – 39.

[90] 彭晓，修宗峰，刘然. 商帮文化、制度环境与企业社会责任信息披露——基于我国 A 股民营上市公司的经验证据 [J]. 中南大学学报（社会科学版），2020（20）：113 – 147.

[91] 钱明，徐光华，沈弋，窦笑晨. 民营企业自愿性社会责任信息披露与融资约束之动态关系研究 [J]. 管理评论，2017（12）：163 – 174.

[92] 秦续忠，王宗水，赵红. 公司治理与企业社会责任披露——基于创业板的中小企业研究 [J]. 管理评论，2018（3）：188 – 200.

[93] 任理轩. 关系我国发展全局的一场深刻变革——深入学习贯彻习近平同志关于"五大发展理念"的重要论述 [J]. 理论导刊，2015（11）：12 – 16.

[94] 任理轩. 用新发展理念引领发展行动 [J]. 新湘评论，2015（12）：22 – 26.

[95] 山立威，甘犁，郑涛. 公司捐款与经济动机——汶川地震后中国上市公司捐款的实证研究 [J]. 经济研究，2008（11）：51 – 61.

[96] 沈洪涛. 公司特征与公司社会责任信息披露 [J]. 会计研究，2007（3）：9 – 16.

[97] 沈洪涛，王立彦，万拓. 社会责任报告及鉴证能否传递有效信号？——基于企业声誉理论的分析 [J]. 审计研究，2011（4）：87 – 93.

[98] 沈洪涛，杨熠. 公司社会责任信息披露的价值相关性研究——来自

我国上市公司的经验证据［J］.当代财经，2008（3）：103－107.

［99］宋建波，盛春艳.基于利益相关者的企业社会责任评价研究——以制造业上市公司为例［J］.中国软科学，2009（10）：153－163.

［100］宋献中，龚明晓.公司会计年报中社会责任信息的价值研究——基于内容的专家问卷分析［J］.管理世界，2006（12）：104－110.

［101］孙继荣.ISO26000——社会责任发展的里程碑和新起点［J］.WTO经济导刊，2010（10）：60－63.

［102］谭雪.行业竞争、产权性质与企业社会责任信息披露——基于信号传递理论的分析［J］.产业经济研究，2017（3）：15－28.

［103］汤亚莉，陈自力，刘星，李文红.我国上市公司环境信息披露状况及影响因素的实证研究［J］.管理世界，2006（1）：158－159.

［104］唐顺莉.我国民营上市公司社会责任信息披露现状研究［J］.商业会计，2014（1）：97－102.

［105］唐艳.利益相关者导向下企业承担社会责任经济动因分析的实证研究综述［J］.管理世界，2011（8）.

［106］田利辉，王可第.社会责任信息披露的"掩饰效应"和上市公司崩盘风险——来自中国股票市场的DID－PSM分析［J］.管理世界，2017（11）：146－157.

［107］完绍芹，郑军.企业社会责任审计与评价［J］.中南民族大学学报（人文社会科学版），2008（4）：133－137.

［108］王爱群，刘耀娜.企业战略差异影响社会责任的履行水平吗？［J］.南京审计大学学报，2021（1）：36－47.

［109］王立东，夏蕾.中国企业社会责任制度构建［J］.长春大学学报，2009（9）：74－80.

［110］王清刚.社会责任管理中的风险控制研究［J］.会计研究，2012（10）：54－62.

［111］王晓祺，宁金辉.强制社会责任披露能否驱动企业绿色转型？——基于我国上市公司绿色专利数据的证据［J］.审计与经济研究，2020（20）：69－77.

［112］韦森．社会秩序的经济分析导论［M］．上海：上海三联书店，2001.

［113］卫媛媛．我国上市公司社会责任信息披露影响因素研究［D］．西安：西安理工大学，2018.

［114］温素彬，方苑．企业社会责任与财务绩效关系的实证研究——利益相关者视角的面板数据分析［J］．中国工业经济，2008（10）：150-160.

［115］吴丹红．我国企业社会责任信息披露发展历程研究［J］．财会通讯，2010（9）：10-13.

［116］吴定玉．国外企业社会责任研究评述［J］．湖南农业大学学报（社会科学版），2017（10）：28-33.

［117］向凯．上市公司自愿性信息披露行为动因的经济学分析［J］．财会通讯，2016（7）：66-70.

［118］辛杰．中国消费者社会责任消费行为与群体细分研究：基于SRCB-China量表的探索性研究［J］．南京农业大学学报（社会科学版），2011（1）：37-43.

［119］徐二明，奚艳燕．国内企业社会责任研究的现状与发展趋势［J］．管理学家，2011（1）：48-68.

［120］徐莉萍，辛宇，祝继高．媒体关注与上市公司社会责任之履行——基于汶川地震捐款的实证研究［J］．管理世界，2011（3）：135-143.

［121］徐尚昆，杨汝岱．中国企业社会责任及其对企业社会资本影响的实证研究［J］．中国软科学，2009（11）：119-146.

［122］徐士伟，陈德棉，陈鑫，乔明哲．企业社会责任信息披露与并购绩效——垄断度与组织冗余的权变效应［J］．北京理工大学学报（社会科学版），2019（1）：74-80.

［123］徐士伟，陈德棉，陈鑫，乔明哲．企业社会责任与并购绩效——来自中国上市公司的经验证据［J］．投资研究，2017（6）：4-19.

［124］许罡．企业社会责任报告强制披露对资产误定价的影响：信息揭示还是掩饰？［J］．经济与管理研究，2020（5）：61-76.

［125］许家林，刘海英．我国央企社会责任信息披露现状研究［J］．中南

财经政法大学学报，2010（6）：77－84.

[126] 许志勇，邓超. 利益冲突视角下金融化对企业社会责任信息披露的影响研究［J］. 中国软科学，2019（5）：168－176.

[127] 续芹，叶陈刚. 机构投资者、上市公司股价表现与公司业绩关系的实证研究［J］. 审计与经济研究，2009（5）：94－98.

[128] 薛求知，侯丽敏，韩冰洁. 跨国公司环保责任行为与消费者响应［J］. 山西财经大学学报，2008（1）：68－74.

[129] 阎俊，佘秋玲. 社会责任消费行为量表研究［J］. 管理科学，2009（2）：73－82.

[130] 阳秋林，李冬. 建立中国企业社会责任审计的构想［J］. 审计与经济研究，2004（11）：11－13.

[131] 杨昌杰. 论我国企业社会责任会计披露的现状及改进［J］. 当代经济，2012（12）：26－32.

[132] 杨海燕. 我国上市公司社会责任信息披露：现状解析和完善建议［J］. 财务与会计，2011（8）：12－21.

[133] 杨汉明，邓启稳. 国有企业社会责任与业绩研究——基于可持续增长视角［J］. 中南财经政法大学学报，2011（1）：120－127.

[134] 姚海鑫，陆智强，李红玉. 企业社会责任对股东财富影响的实证研究［J］. 东北大学学报（社会科学版），2007（4）：315－319.

[135] 叶陈刚. 国有大型商业企业改革模式研究——基于企业社会责任视角分析［J］. 企业经济，2009（4）：5－9.

[136] 叶陈刚，罗水伟. 试论企业社会责任审计形式与报告［J］. 财政监督，2009（9）：13－15.

[137] 叶陈刚，王海菲. 公司内部治理质量与内部控制互动性研究［J］. 经济与管理研究，2010（8）：22－27.

[138] 叶陈毅，宋绍清. 企业社会责任、信用治理及评价系统的构建［J］. 财务与会计，2009（6）：56－57.

[139] 叶陈毅，叶陈云. 社会责任、价值创新与核心竞争力关系研究［J］. 第十二届（2017）中国管理学会论文集，2017（10）：106－112.

［140］叶陈云，叶陈毅，姜玲玲．企业社会责任信息披露因素、质量及效果研究综述：一个理论分析框架［J］．商业会计，2019（15）．

［141］叶陈云，叶陈毅，张凤元．基于价值创新驱动的企业社会责任及核心竞争力联动效应与提升路径研究［J］．当代经济管理，2018（1）：35 - 42.

［142］叶陈云，张林，杨忠海，孟丽荣，张凤元，谷丰，王佳．五大理念、企业社会责任信息披露规制与可持续发展研究［R］．黑龙江省哲学社会科学规划项目研究报告，2019.4.12.

［143］易开刚．和谐社会背景下当代企业社会责任观［J］．管理世界，2008（12）：175 - 176.

［144］易开刚．民营企业社会责任：内涵、机制与对策——基于竞争力的视角［J］．经济理论与经济管理，2006（11）：65 - 69.

［145］易开刚．企业社会责任管理新理念：从社会责任到社会资本［J］．经济理论与经济管理，2007（11）：71 - 75.

［146］尹珏林，张玉利．中国企业的 CSR 认知、行动和管理——基于问卷的实证分析［J］．经济理论与经济管理，2010（9）：63 - 70.

［147］袁蕴，牟涛．企业社会责任信息披露研究综述［J］．财会月刊，2007（9）：41 - 43.

［148］曾小青，张恭杰．论公司治理与社会责任［J］．中南财经政法大学学报，2009（1）：124 - 128.

［149］张洁玮，陈亚楠．企业社会责任信息披露研究综述［J］．东方企业文化，2010（5）：25 - 29.

［150］张婷婷．区域文化对企业社会责任信息披露质量的影响——来自中国上市公司的证据［J］．北京工商大学学报（社会科学版），2019（1）：31 - 39，80.

［151］张兆国，靳小翠，李庚秦．企业社会责任与财务绩效之间跨期影响实证研究［J］．会计研究，2013（8）：32 - 38.

［152］张兆国，赵寿文，刘晓霞．公司治理研究的新发展：公司社会责任［J］．武汉大学学报（社科版），2008（5）：631 - 635.

［153］赵德志．企业社会责任的理论基础研究：视角与贡献［J］．辽宁大

学学报（社会科学版），2014（11）：35 – 40.

［154］赵良玉，阮心怡，刘芬芬. 社会责任信息披露对企业融资成本的影响——基于我国上市公司的经验证据［J］. 贵州财经大学学报，2017（6）：40 – 52.

［155］赵满红. 我国上市公司社会责任信息披露与公司经营绩效的实证研究［D］. 重庆：西南大学，2009.

［156］赵松. 践行公司社会责任路径的再思考——以利益相关者利益保护为中心［J］. 法制与经济，2009（7）：57 – 59，60.

［157］中国企业家调查系统. 企业家对企业社会责任的认识与评价——2007·中国企业经营者成长与发展专题调查报告［J］. 管理世界，2007（6）：75 – 85.

［158］钟鹏，吴涛，李晓渝. 上市公司企业社会责任报告、社会责任缺失与财务绩效关系的实证研究［J］. 预测，2021（1）：17 – 23.

［159］周兰，彭昕. 社会责任审计研究现状分析与启示［J］. 财会月刊，2009（4）：68 – 69.

［160］周祖城，王旭. 企业社会业绩内部评价体系研究［J］. 管理学报，2010（3）：338 – 343.

［161］朱松. 企业社会责任、市场评价与盈余信息含量［J］. 会计研究，2011（11）：27 – 34.

［162］Adrian Henriques. Civil Society and Social Auditing［J］. Business Ethics: A European Review，2001，Vol. 10（1）：40 – 44.

［163］Allen Goss, Gordon S. Roberts. The Impact of Corporate Social Responsibility on the Cost of Bank Loans［J］. Journal of Banking & Finance, 2011, 35: 1794 – 1810.

［164］Amiram Gill. Corporate Governance as Social Responsibility: A Research Agenda, Berkeley［J］. Journal of International Law, 2008, 26: 2, 452 – 477.

［165］Arvind Parkhe. Interfirm Diversity, Organizational Learning, and Longevity in Global Strategic Alliances［J］. Journal of International Business Studies, Fourth Quarter, 1991: 579 – 601.

[166] Aupperle, K E, Carroll, A B and Hatfield, J D. An Empirical Examination of the Relationship between Corporatesocial Responsibility and Profitability [J]. Academy of Management Journal, 1985, 28: 446 – 463.

[167] Barbara Robin Mescher. The Business of Commercial Legal Advice and the Ethical Implications for Lawyers and Their Clients [J]. Journal of Business Ethics, 2008, 81: 913 – 926.

[168] Bert van de Ven. An Ethical Framework for the Marketing of Corporate Social Responsibility [J]. Journal of Business Ethics, 2008, 82: 339 – 352.

[169] Bowen, H. R. Social Responsibilities of the Businessman [M]. New-York: Harperand Brothers, 1953: 245 – 236.

[170] Bryan W Husted, David B Allen. Corporate Social Responsibility in the Multinational Enterprise: Strategic and Institutional Approaches [J]. Journal of International Business Studies, 2006, 37: 838 – 849.

[171] Buchholz Rogan A. The Corporate Conscience/Measuring Business's Social Performance [J]. Business & Review (Summer), 1975, 7 (14): 56 – 64.

[172] Carol A. Adams, Richard Evans. Accountability, Completeness, Credibility and the Audit Expectation Gap [J]. Journal of Corporate Citizenship (Summer), 2004, (14): 97 – 115.

[173] Carroll Archie B. A Three-dimensional Conceptual Mode of Corporate Performance [J]. Academy of Management Review (Oct), 1979, 4: 497 – 505.

[174] Carroll Archie B. Corporate Social Responsibility [J]. Business & Society (Sep), 1999, 38 (3): 268 – 289.

[175] Carroll Archie B. The Four Face of Corporate Citizenship [J]. Business & Society (Sep), 1998, Issue 100/101: 1 – 7.

[176] Cheryl Linthicum, Austin L. Reitenga, Juan Manuel Sanchez [J]. Social Responsibility and Corporate Reputation: The Case of the Arthur Andersen Enron Audit Failure. Journal of Account and Public, 2010, 35: 123 – 145.

[177] Chieh – Peng Lin, Wei – Ting Hung, Chou – Kang Chiu. Being Good Citizens: Understanding a Mediating Mechanism of Organizational Commitment and

Social Network Ties in OCBs [J]. Journal of Business Ethics, 2008, 45: 79 – 101.

[178] Christopher J. Robertson, Bradley J. Olson, K. Matthew Gilley, Yongjian Bao. A Cross – Cultural Comparison of Ethical Orientations and Willingness to Sacrifice Ethical Standards: China Versus Peru [J]. Journal of Business Ethics, 2010, 75: 547 – 365.

[179] Cooper Christine, Taylor Phil, Smith Newman, CatchpoleLesley. A Discussion of the Political Potential of Social Accounting [J]. Critical Perspectives on Accounting, 2005, 16 (7): 951 – 974.

[180] Cordeiro J, Sarkis J. Environmental Pro-activism and Firm Performance: Evidence from Security Analyst Earning Forecast [J]. Business Strategy and the Environment, 1997, 6 (2): 101 – 112.

[181] Darin W. White, Emily Lean. The Impact of Perceived Leader Integrity on Subordinates in a Work Team Environment [J]. Journal of Business Ethics, 2008, 81: 765 – 778.

[182] David L. Owen, Tracey A. Swift, Mary Bower Man. The New Social Audits: Accountability, Managerial Capture or the Agenda of Social Champions? [J]. The European Accounting Review (May), 2000, 19 (1): 81 – 98.

[183] Denise E. Fletcher. Entrepreneurial Processes and the Social Construction of Opportunity [J]. Entrepreneurship & Regional Development, 2006, 18 (9): 421 – 440.

[184] Dima Jamali. A Stakeholder Approach to Corporate Social Responsibility: A Fresh Perspective into Theory and Practice [J]. Journal of Business Ethics, 2008, 82: 213 – 231.

[185] Dirk Ulrich Gilbert, Andreas Rasche. Opportunities and Problems of Standardized Ethics Initiatives – A Stakeholder Theory Perspective [J]. Journal of Business Ethics, 2008, 82: 755 – 773.

[186] Doz, Y, Prahalad, C. Headquarters' Influence and Strategic Control in MNCs [J]. Sloan Management Review, 1981, 23 (1): 15 – 29.

[187] Edmund F. Byrne. Assessing Arms Makers. Corporate Social Responsibility [J]. Journal of Business Ethics, 2008, 83: 363.

[188] Elias Bengtsson. A History of Scandinavian Socially Responsible Investing [J]. Journal of Business Ethics, 2008, 82: 969 - 983.

[189] Eva E. Tsahuridu, Wim Vandekerckhove. Organizational Whistleblowing Policies: Making Employees Responsible or Liable? [J]. Journal of Business Ethics, 2008, 82: 107 - 118.

[190] Fan, J P H, and Wong, T J. Corporate Ownership Structure and the in Formativeness of Accounting Earnings [J]. Journal of Accounting and Economics, 2002, 33: 401 - 425.

[191] Fernando J Fuentes - Garcia, Julia M. Nunez - Tabales, Ricardo Veroz - Herradon. Applicability of Corporate Social Responsibility to Human Resources Management: Perspective from Spain [J]. Journal of Business Ethics, 2010, 35: 396 - 423.

[192] Freeman, R E, and Liedtka, J. Corporate Social Responsibility: A Critical Approach [J]. Business Horizons, 1991, 34: 92 - 98.

[193] Geert Hofstede. The Cultural Relativity of Organizational Practices and Theories [J]. Journal of International Business Studies (Fall), 1983: 75 - 89.

[194] George A Steiner, John Steiner. Business. Government and Society [M]. New York: Random House, 1988, 10: 321 - 325.

[195] George W. Watson, R. Edward Freeman, Bobby Parmar. Connected Moral Agency in Organizational Ethics [J]. Journal of Business Ethics, 2008, 81: 323 - 341.

[196] Guest, D, Hoque, K. The Influence of National Ownership on Human Resource Management Practices in UK Greenfield Sites [J]. Human Resource Management Journal, 2011, 6: 101 - 121.

[197] Gul Selin Erben, Ayse Begum Guneser. The Relationship between Paternalistic Leadership and Organizational Commitment: Investigating the Role of Climate Regarding Ethics [J]. Journal of Business Ethics, 2011, 61: 507 - 522.

[198] Han Donker, Deborah Poff, Saif Zahir. Corporate Values, Codes of Ethics, and Firm Performance: A Look at the Canadian Context [J]. Journal of Business Ethics, 2008, 82: 527 - 537.

[199] Heung-sik Park, John Blenkinsopp, M. Kemal Oktem, Ugur Omur-gonulsen. Cultural Orientation and Attitudes toward Different Forms of Whistleblow-ing: A Comparison of South Korea, Turkey, and the UK [J]. Journal of Business Ethics, 2009, 9: 46 - 59.

[200] Holmqvist, M. Corporate Social Responsibility as Corporate Social Con-trol: The Case of Work-site Health Promotion [J]. Scandinavian Journal of Manage-ment, 2009, 25 (1): 98 - 112.

[201] Homer H. Johnson. Corporate Social Audits—This Time Around [J]. Business Horizons, May/Jan, 2001, 44 (3): 29 - 37.

[202] Homer H. Johnson. Does It Pay to be Good? [J]. Corporatesocial Re-sponsibility and Financial Performance, 2000, 69: 104 - 112.

[203] Howard R. Bowen. Social responsibility of the business (New York: Harper). Ingrid s. Spangler, Donnalyn Pompper. , 2011, Corporate Social Respon-sibility and the Oil Industry: Theory and Perspective Fuel a Longitudinal View [J]. Public Relations Review, 37: 217 - 225.

[204] Hu, Y S. Global or Stateless Firms are National Firms with International operations [J]. California Management Review, 1992, Winter Issue: 107 - 126.

[205] Ingrid S. Spangler, Donnalyn Pompper. Corporate Social Responsibility and the Oil Industry: Theory and Perspective Fuel a Longitudinal View [J]. Public Relations Review, 2011, 37: 217 - 225.

[206] Jamali D. The Case for Strategic Corporate Social Responsibility in Developing Countries [J]. Business and Society Review, 2007, 112 (1): 1 - 27.

[207] James M. Bloodgood, William H. Turnley, Peter Mudrack. The Influ-ence of Ethics Instruction, Religiosity, and Intelligence on Cheating Behavior [J]. Journal of Business Ethics, 2008, 82: 557 - 571.

[208] Janet Marta, Christina M. Heiss, Steven A. De Lurgio. An Exploratory

Comparison of Ethical Perceptions of Mexican and U. S. Marketers [J]. Journal of Business Ethics, 2008, 82: 539 – 555.

[209] Jennifer C Chen, Dennis M Patten, Robin W Roberts. Corporate Charitable Contributions: A Corporate Social Performance or Legitimacy Strategy? [J]. Journal of Business Ethics, 2008, 82: 131 – 144.

[210] Jesus Cambra – Fierro, Susan Hart, Yolanda Polo – Redondo. Environmental Respect: Ethics or Simply Business? A Study in the Small and Medium Enterprise (SME) Context [J]. Journal of Business Ethics, 2011, 36: 120 – 136.

[211] Ji Li, Jane Moy, Kevin Lam, W. L. Chris Chu. Institutional Pillars and Corruption at the Societal Level [J]. Journal of Business Ethics, 2008, 83: 327 – 339.

[212] Johnson, H H. Does It Pay to Be Good? Social Responsibility and Financial Performance [J]. Business Horizons, 2003, 46: 11 – 12.

[213] J. Strikwerda. How to Combine a Group Strategy with Subsidiary Governance? Working Paper [J]. Ssrn Electronic Journal, 2009.

[214] Julian Barling, Amy Christie, Nick Turner. Pseudo – Transformational Leadership: Towards the Development and Test of a Model [J]. Journal of Business Ethics, 2008, 81: 851 – 861.

[215] Kriger, M P. The Increasing Role of Subsidiary Boards in MNCs: An Empirical Study [J]. Strategic Management Journal, 1988, 9: 347 – 360.

[216] Krista Bondy. The Paradox of Power in CSR: A Case Study on Implementation [J]. Journal of Business Ethics, 2008, 82: 307 – 323.

[217] Kyoko Sakuma, Celine Louche. Socially Responsible Investment in Japan: Its Mechanism and Drivers [J]. Journal of Business Ethics, 2008, 82: 425 – 448.

[218] Ladislao Luna Sotorrio, Jose Luis Fernandez Sanchez. Corporate Social Responsibility of the Most Highly Reputed European and North American Firms [J]. Journal of Business Ethics, 2008, 82: 379 – 390.

[219] Lisa Calvano. Multinational Corporations and Local Communities: A

Critical Analysis of Conflict [J]. Journal of Business Ethics, 2008, 82: 793 – 805.

[220] Li, W and R. Zhang. Corporate Social Responsibility, Firm Performance and Ownership Type: Evidence from China [D]. Working Paper, Peking University, 2011, 232 – 266.

[221] Li, W and R. Zhang. Corporate Social Responsibility, Ownership Structure, and Political Interference: Evidence from China [J]. Journal of Business Ethics, 2010, 96: 631 – 645.

[222] Luc van Liedekerke, Wim Dubbink. Twenty Years of European Business Ethics Past Developments and Future Concerns [J]. Journal of Business Ethics, 2008, 82: 273 – 280.

[223] Luo, Y. Corporate Governance and Accountability in Multinational Enterprises: Concepts and Agenda [J]. Journal of International Management, 2005, 11: 1 – 18.

[224] Manuel Carlos Vallejo. Is the Culture of Family Firms Really Different? A Value-based Model for Its Survival through Generations [J]. Journal of Business Ethics, 2008, 81: 261 – 279.

[225] Maria Dolores Lopez – Gamero, Enrique Claver – Cortes, Jose Francisco Molina – Azorin. Complementary Resources and Capabilities for an Ethical and Environmental Management: A Qual/Quan Study [J]. Journal of Business, 2009, 23: 97 – 112.

[226] Mario Fernando, Shyamali Dharmage, Shamika Almeida. Ethical Ideologies of Senior Australian Managers: An Empirical Study [J]. Journal of Business Ethics, 2008, 82: 145 – 155.

[227] Mark S. Schwartz and A rchieB. Carrol. l. Corporate Social Responsibility: A Three Domain Approach [J]. Business Ethic, Quarterly, 2003, 13: 220 – 230.

[228] Matthew. Haigh. "Managed Investments Managed Disclosures: Financial Services Reform in Practice" [J]. Accounting, Auditing & Accountability Journal, 2006, 19 (2): 186 – 204.

［229］Md. Zabid Rashid，Saidatul Ibrahim. The Effect of Culture and Religios-ity on Business Ethics：A Cross-cultural Comparison ［J］. Journal of Business Eth-ics，2008，82：907 – 917.

［230］M G Serap Atakan，Sebnem Burnaz，Y. Ilker Topcu. An Empirical Investigation of the Ethical Perceptions of Future Managers with a Special Emphasis on Gender – Turkish Case ［J］. Journal of Business，2010，26：78 – 83.

［231］Nan Young Kim，Graham Miller. Perceptions of the Ethical Climate in the Korean Tourism Industry ［J］. Journal of Business Ethics，2008，82：941 – 954.

［232］Nelarine Cornelius，Mathew Todres，Shaheena Janjuha – Jivraj，Adri-an Woods，James Wallace. Corporate Social Responsibility and the Social Enterprise ［J］. Journal of Business Ethics，2008，81：355 – 370.

［233］Nelling，E and E Webb. Corporate Social Responsibility and Financial Performance：The Virtuous Circle Revisited，Review of Quantitative Finance and Accounting ［J］. Forthcoming，2008，36：221 – 249.

［234］Niki A. den Nieuwenboer，Muel Kaptein. Spiraling Down into Corrup-tion：A Dynamic Analysis of the Social Identity Processes that Cause Corruption in Organizations to Grow ［J］. Journal of Business，2009，67：124 – 135.

［235］Ortová，Chramostová. Applicability of The Upcoming ISO 26000 Stand-ard in the Conditions of The Norwegian Economy ［J］. ACC Journal，2010，16：119 – 127.

［236］Preston Lee E，O'Bannon Douglas. The Corporatesocial-financial Per-formance Relationship ［J］. Business & Society （Dec），1997，36 （4）：419 – 430.

［237］Richard. Belle，Deanna Kemp. Social Auditors：Illegitimate Offspring of the Audit Family? ［J］. Journal of Corporate Citizenship （Spring），2005，17：109 – 119.

［238］Roman Lanis，Grant Richardson. Corporate Social Responsibility and Tax Aggressiveness：An Empirical Analysis ［J］. Journal of Account and Public Policy, 2012, 31: 86 - 108.

[239] Roman Ronald M, Hayibor sefa, Agle Bradleg R. The Relationship between Social and Financial Performance [J]. Business & Society (May), 1999, 38 (1): 109 - 128.

[240] Sadok E l Ghoul, Omrane Guedhami, Chuck C. Y. Kwok, Dev R. Mishra. Does Corporate Social Responsibility Affect the Cost of Capital? [J]. Journal of Banking & Finance, 2011, 35: 2388 - 2406.

[241] Sanders, W G & Carpenter, M A. Internationalization and Firm Governance: The roles of CEO Compensation, Top Team Composition, and Board Structure [J]. Journal of Business, 1998, 67: 124 - 135.

[242] See, G K H. Harmonious Society and Chinese CSR: Is There Really A Link? [J]. Journal of Business Ethics, 2009, 89 (1): 1 - 22.

[243] Sprinkle, G B, and Maines, L A.. The Benefits and Costs of Corporate Social Responsibility [J]. Business Horizon, 2010, 53: 445 - 453.

[244] S S Ghonkrokta and Ana Singh Lather. Identification of Role Social Audit by Stakeholder as Accountability Tool in Good Governance [J]. Journal of Management Research, 2007, 7 (1): 80 - 99.

[245] Tammie S Pinkston, Archie B. Carroll. A Retrospective Examination of CSR Orientations: Have They Changed? [J]. Journal of Business Ethics, 1996, 15: 199 - 206.

[246] Tammie S Pinkston, Archie B. Carroll. Corporate Citizenship Perspectives and Foreign Direct Investment in the U. S [J]. Journal of Business Ethics, 1994, 13: 157 - 169.

[247] Tim Kitchin. Corporate Social Responsibility: A Brand Explanation of CSR [J]. Brand Management, 2003, 10: 301 - 332.

[248] Wood D J and R E Jones. Stakeholder Mismatching: A Theoretical Problem In Empirical Research on Corporate Social Performance [J]. International Journal of Organizational Analysis, 1995, 3: 75 - 90.